Eureka!

Coleção Nova Fronteira

História Mundial

Minha Mocidade, Winston S. Churchill
Memórias da Segunda Guerra Mundial, Winston S. Churchill
Hitler, Joachim C. Fest
Stalin, Dmitri Volkogonov
Churchill, Roy Jenkins
Roosevelt, Roy Jenkins
Roosevelt e Hopkins, Robert Sherwood
Grandes Homens do Meu Tempo, Winston S. Churchill
Don Quixote Americano, Richard Powell
Nápoles, 1944, Norman Lewis
Paz em Paris, 1919, Margaret MacMillan
Paz em Berlim, 1945, Charles Mee, Jr.
Homens em Armas, Evelyn Waugh
Oficiais e Senhores, Evelyn Waugh
Rendição Incondicional, Evelyn Waugh
Os Sete Chefes do Império Soviético, Dmitri Volkogonov
Tempos Muito Estranhos, Doris Kearns Goodwin
Vidas Históricas: Winston S. Churchill, Stuart Ball
Almirante Canaris, Misterioso Espião de Hitler, Richard Bassett
História da Guerra Fria, John Lewis Gaddis
Eureka! 100 Grandes Descobertas Científicas do Século XX, Rupert Lee

Eureka!

100 GRANDES DESCOBERTAS CIENTÍFICAS DO SÉCULO XX

RUPERT LEE

Tradução
Gildarte Giambastiani da Silva

EDITORA
NOVA
FRONTEIRA

Título original: *The Eureka! Moment*
The British Library
96 Euston Road

Editora Nova Fronteira S.A.
Rua Bambina, 25 – Botafogo – 22251-050
Rio de Janeiro – RJ – Brasil
Tel.: (21) 2131-1111 – Fax: (21) 2537-2659
http://www.novafronteira.com.br
e-mail: sac@novafronteira.com.br

Edição
Ana Lúcia Kronemberger

Revisão
Eduardo Carneiro

Produção gráfica
Ligia Barreto Gonçalves

Este livro foi impresso em São Paulo, em novembro de 2006, pela Lis Gráfica e Editora, para a Editora Nova Fronteira. A fonte usada no miolo é AGaramond, corpo 12/14. O papel do miolo é offset 75g/m², e o da capa é cartão 250g/m².

CIP-Brasil. Catalogação-na-fonte
Sindicato Nacional dos Editores de Livros, RJ.

L519e Lee, Rupert
Eureka! : 100 grandes descobertas científicas do Século XX / Rupert Lee ; tradução de Gildarte Giambastiani da Silva. – Rio de Janeiro : Nova Fronteira, 2006

Tradução de: The Eureka! Moment
ISBN 85-209-1956-1

1. Descobertas científicas – História – Século XX. I. Título.

06-3238. CDD 500
CDU 50

Prefácio

Em 2001, a British Library encomendou este livro descrevendo cem das mais importantes descobertas científicas do século XX. Quando falei a respeito do projeto com não-cientistas, logo percebi que a maioria liga ciência a invenções e tem uma vaga idéia das descobertas que estão por trás delas. Um comentário típico era "espero que você inclua o telefone celular em sua lista." Certamente o telefone móvel é uma invenção, não uma descoberta. Entretanto, a linha divisória entre descoberta e invenção nem sempre está bem definida e houve alguns casos fronteiriços que envolveram decisões difíceis. Por exemplo, o Processo Haber (método barato de sintetizar amônia a partir de nitrogênio e hidrogênio) pode igualmente ser descrito como descoberta e como invenção. Decidi incluir esse fato, porque teve um importante impacto na indústria química. Porém, em outro exemplo, concluí que a Reação em Cadeia da Polimerase (técnica fundamental na engenharia genética) foi realmente uma invenção e não uma descoberta, de modo que não a incluí. Outra situação fronteiriça ocorreu com o transistor. Nesse caso, decidi incluir um tópico descrevendo a ciência subjacente, apenas mencionando brevemente as dificuldades que seus criadores tiveram para pô-la em prática.

Sei que alguns cientistas podem desaprovar o conceito de ciência deste livro. Dirão, acertadamente, que os mais importantes "momentos de descoberta" não impulsionam, em geral, o avanço da ciência. A maior parte do progresso científico decorre do efeito cumulativo de uma grande quantidade de pequenas descobertas, muitas vezes alcançadas de forma quase tão árdua quanto as mais espetaculares conquistas. Lembro-me de uma caricatura, que vi certa vez, mostrando uma loja de discos com duas estantes, uma destinada a "Ópera: melhores momentos" e a outra, a "Ópera: momentos aborrecidos." Mapear a história da ciência do século XX narrando simplesmente algumas das maiores descobertas é um pouco como apreciar uma composição de música clássica escutando somente os momentos sensacionais de clímax. Entretanto, ninguém pode negar que algumas descobertas são, em grande parte, mais importantes do que outras, e, assim, deveria existir um livro descrevendo algumas das mais relevantes. A expressão Eureka, momento da descoberta, parece também descrever um lampejo ofuscante de inspiração, enquanto que, na realidade, a maior parte das inovações exigiu considerável esforço. Entretanto, sustento que, em cada descoberta, chega um certo dia em particular em que os cientistas envolvidos (normalmente há mais de um) podem comemorar e dizer: "Agora conseguimos." É esse momento que torna suportável todo o árduo trabalho da pesquisa científica.

Este livro baseia-se inteiramente no material contido nas coleções da British Library. Cada tópico traz uma referência ao texto (normalmente publicado em um periódico especializado) onde a descoberta foi pela primeira vez divulgada. Todos os artigos, exceto alguns, fazem parte do acervo da British Library e os dados sobre essas poucas exceções foram encontrados em artigos, ensaios e biografias nas coleções da Instituição. A totalidade desse material pode ser consultada nas salas de leitura do edifício St Pancras, na Euston Road, em Londres; a maior parte das matérias pode também ser obtida em outras bibliotecas que tenham convênio com o centro de documentação da British Library, no West Yorkshire.

Gostaria de agradecer a Anthony Warshaw e seus colegas do departamento de publicações da British Library, por autorizar e apoiar a produção deste livro. Sou grato, também, às seguintes instituições pelo cessão de ilustrações e permissão para reproduzi-las, completa ou parcialmente: Science Museum/Science & Society Picture Library, Londres (*figuras 1, 2, 4-7, 9, 12 e 13*), biblioteca da Jewish National University, Jerusalém (*figura 3*) e The British Library Board (*figura 14*). Finalmente, gostaria de agradecer a todos os inúmeros cientistas profissionais que amavelmente sugeriram descobertas que poderiam ser incluídas e comentaram as diferentes partes do projeto original. Opinaram sobre muitas melhorias e apontaram alguns erros reais que corrigi com satisfação. Não são, absolutamente, responsáveis por quaisquer imprecisões que possam ter permanecido.

Rupert Lee
The British Library
Julho de 2002

Sumário

Ilustrações

1. Einstein ao pé do quadro-negro, na década de 1930. Nessa época, ele tentava, sem sucesso, refutar as teorias de Niels Bohr e Werner Heisenberg (ver *O Átomo Quântico* e *O Princípio da Incerteza*).

2. Rutherford no Cavendish Laboratory, em Cambridge, no início da década de 1930: conversando com um colega e deixando cair cinza de charuto em equipamento sensível. Sua voz provavelmente poderia ser ouvida através da parede. Partes desse prédio foram blindadas com chumbo e concreto por causa dos níveis perigosos de contaminação radioativa.

3. "Das Gesetz von der Äquivalenz von Masse und Energie ($E = mc^2$)" – a Lei da Equivalência entre Massa e Energia. Durante sua carreira, Einstein descobriu diversas maneiras diferentes de deduzir sua famosa equação. Esse é o último manuscrito, datado de 1946 (ver *Relatividade Especial*).

4. A física de então. Bancada no laboratório de Ernest Rutherford, na McGill University, no Canadá, no início da década de 1900. O laboratório de física da McGill era, na época, um dos mais bem equipados no mundo. Foi ali que Rutherford e Frederick Soddy provaram que a radioatividade era causada por átomos instáveis que se desintegravam espontaneamente (ver *Decaimento Radioativo*).

5. A física de agora. Um dos quatro detectores de partículas ligados ao acelerador de elétrons e pósitrons (LEP) no CERN Laboratory, em Genebra. No final do ano 2000, o LEP foi desmontado para permitir a construção de um acelerador ainda maior (ver *Ciência no Ano 2000: Física*).

6. Harrison Schmidt, astronauta, o único geólogo profissional que visitou a Lua, na Missão Apollo 17, em 1972. As rochas coletadas por Schmidt ajudaram a confirmar a idade de 4,55 bilhões de anos do Sistema Solar (ver *A Idade do Sistema Solar*).

7. A Grande Nebulosa de Andrômeda. O centro brilhante da nebulosa é perfeitamente visível a olho nu como uma mancha luminosa, opaca e indistinta, parecendo menor do que a Lua. A foto, tomada com longa exposição, mostra o formato pleno da nebulosa. Na década de 1920, Edwin Hubble mostrou que se tratava de uma galáxia totalmente independente, afastada de nós mais de um milhão de anos-luz (ver *Galáxias*).

8. Placas tectônicas. O mapa original publicado por W.J. Morgan, em 1968, mostra as diferentes "placas" geológicas sobrepostas num mapa dos continentes. Em períodos de dezenas ou centenas de milhões de anos, a posição dos continentes se altera em função dos movimentos das placas. Esses movimentos causam terremotos e erupções vulcânicas ao redor da borda das placas.

9. A descoberta de Plutão. As duas fotografias das estrelas foram tomadas com três dias de intervalo, por Clyde Tombaugh, no Lowell Observatory, em Flagstaff, Arizona, em março de 1930. Uma pequena "estrela" (*marcada com setas*) havia se movido. Deve ser um planeta.

10. "Lucy," o esqueleto de uma fêmea *Australopithecus afarensis* descoberto por Donald Johanson em 1975. É o esqueleto mais completo de um hominídeo fóssil encontrado até agora, e, com quatro milhões de anos, é o mais antigo. Lucy mantinha-se perfeitamente em pé, como os modernos humanos e provavelmente sua altura era pouco menos de 1,2 metro. (Os machos de sua espécie eram mais altos.)

11. Diagrama da molécula de DNA, mostrando sua autoreplicação. As duas cadeias se separam, uma da outra, e duas novas então se formam ao longo das cadeias antigas, resultando em duas cópias idênticas da molécula original. As "letras" do código genético são as "bases" A, C, G e T. Conforme as duas novas cadeias são construídas, as bases tipo C sempre se ligam com as do tipo G; e as do tipo A, com as do tipo T.

12. Mosca-das-frutas *Drosophila melanogaster*, fêmea e macho. Essa mosca foi usada pela primeira vez em pesquisas genéticas por Thomas Morgan, que a empregou em 1910 para mostrar que os genes de um organismo estão localizados nos cromossomos que se encontram em todas as suas células. Desde então, tornou-se um dos organismos mais intensamente estudados, proporcionando-nos muito de nosso atual conhecimento de genética (ver *Os Genes nos Cromossomos; Os Genes Homeobox*).

13. DNA. James Watson com um modelo da molécula do DNA que ele e Francis Crick construíram em Cambridge, em 1953. Na época em que a fotografia foi tirada, em 1994, Watson era o líder do Projeto Genoma Humano.

14. A descoberta da penicilina, 1928. Colônias da bactéria *Staphylococcus aureus* (pequenas gotas redondas) estão em

crescimento sobre uma camada de gelatina numa placa de vidro, no laboratório de Alexander Fleming. A placa acidentalmente foi contaminada pelo fungo *Penicillium notatum*. A colônia de *Staphylococcus* mais próxima do *Penicillium* está sendo eliminada por uma substância produzida pelo fungo.

15. As danças das abelhas. As abelhas-de-mel forrageiras realizam dois diferentes tipos de dança, na superfície da colméia, para mostrar a suas colaboradoras onde achar flores com néctar. A "dança em círculo" significa "há flores perto da colméia." A "dança do requebrado" mostra a direção das flores mais distantes. O ângulo com que a dança é realizada, em relação à vertical, indica a direção das flores com referência ao Sol.

INTRODUÇÃO

A POSTERIDADE LEMBRARÁ de muitos aspectos do século XX. Os futuros livros de história fatalmente darão ênfase a eventos sociais e políticos tais como as duas guerras mundiais; a ascensão e queda do marxismo-leninismo; a elevação dos Estados Unidos da América à condição de superpotência mundial; o fim do Império Britânico e, de modo geral, do colonialismo europeu; e muito possivelmente ao começo da ascensão da China e da União Européia como forças econômicas de importância global. Porém, acima de tudo, esse século será certamente lembrado como uma era de crescimento sem precedentes na economia das nações industrializadas. Apesar das duas mais destrutivas guerras jamais ocorridas em toda a história, de um período de severa depressão econômica nas décadas de 1920 e 1930 e de numerosos problemas econômicos secundários, o auto-intitulado "primeiro mundo" chegou ao final do século incomparavelmente mais rico do que era no seu início. As causas desse extraordinário avanço em prosperidade serão sem dúvida analisadas minuciosamente pelos historiadores, mas um fator certamente será ressaltado: a reunião sinérgica da ciência e da tecnologia. Mais tecnologia resultou na criação de mais riqueza, que financiou mais ciência, que deu origem a mais tecnologia, criando ainda mais riqueza, e assim por diante.

Hoje pode nos parecer estranho constatar que as pessoas nem sempre perceberam a ligação entre ciência e tecnologia. Até meados do século XIX, a ciência era, de modo geral, uma ocupação intelectual amadorística para cavalheiros, enquanto que os empreendedores que efetivaram a Revolução Industrial e a "Era do Vapor" quase sempre tinham pouco conhecimento científico e, até mesmo, nenhum tipo de estudo. Por exemplo, George Stevenson, construtor da ferrovia Manchester-Liverpool e da famosa locomotiva "Rocket" de 1829, já estava bastante avançado em sua profissão antes de sequer ter aprendido a ler e escrever. A relação entre a pesquisa científica e as inovações industriais parece ter sido inicialmente estabelecida na indústria química, com a invenção do celulóide e do corante malveína, na década de 1850, marcando, quem sabe, o nascimento da ciência industrial como a conhecemos. As poucas décadas seguintes também viram a chegada da indústria elétrica, a primeira que se formou como resultado direto de descobertas feitas por cientistas profissionais. A química e a eletricidade geraram, juntas, uma segunda revolução industrial no final do século XIX, um fato que é pouco mencionado nos livros escolares ingleses de história, provavelmente porque o movimento foi liderado pela América e pela Alemanha. Companhias como a General Electric e a I.G. Farben rapidamente se tornaram gigantes industriais, enquanto que a tecnologia britânica que havia liderado a primeira Revolução Industrial foi ultrapassada. Considera-se que foi nesse período que a moderna cultura científica lançou suas raízes. Conforme as indústrias intensivas em tecnologia cresciam, também crescia a necessidade de cientistas profissionais qualificados, e tanto na Europa como na América do Norte ocorreu uma proliferação de departamentos de ciências nas universidades a fim de satisfazer a demanda. Desde o início, muitos desses departamentos (mas não todos) foram envolvidos tanto com a pesquisa como com o ensino.

Portanto, o século XX, borbulhante de ciência, na verdade começou na segunda metade do século anterior. Contudo, a ciência no século XX possui um traço notável todo seu, ou seja, os assim chamados projetos de "grande ciência." Anteriormente, a ciência havia sido uma ocupação bastante solitária, com os pesquisadores trabalhando por conta própria (raramente mulheres), contando no máximo com um punhado de assistentes semiqualificados. Por outro lado, na ciência do século XX prevaleceu o trabalho em equipe, com dezenas, e mesmo centenas, de pesquisadores trabalhando juntos em projetos de larga escala, com enormes verbas à disposição. A "grande ciência" começou na década inicial do século. Talvez a primeira equipe numerosa tenha sido montada por Ernest Rutherford, quando se tornou professor de Física na Manchester University, em 1907, com a cabeça cheia de idéias para a pesquisa da estrutura do átomo. Compreendendo que não poderia executar sozinho toda a investigação, recrutou diversos estudantes de pós-graduação e os colocou trabalhando juntos. Nos quarenta anos seguintes esse trabalho em grupo se tornaria progressivamente a norma na química e na física experimentais. A biologia e a medicina foram mais lentas em seguir o exemplo e, na verdade, algumas pesquisas solitárias ainda hoje ocorrem nos departamentos de zoologia e botânica.

As vantagens do trabalho em equipe são óbvias. Experimentos podem prosseguir o tempo todo e, mais importante, os membros da equipe podem contribuir com a própria perícia e, também, discutir as idéias que surgem no grupo. Um caso clássico foi o da competição para descobrir a estrutura da molécula do DNA, em 1953. Em Cambridge, Francis Crick e James Watson trabalhavam em cooperação, enquanto que no King's College, em Londres, Rosalind Franklin tentava resolver o problema quase sozinha. Como Franklin possuía muito mais dados do que Crick e Watson, deveria ter sido capaz de encontrar a resposta antes deles. Em vez disso, gastou tempo valioso seguindo falsas pistas, e no final foi vencida na corrida. Ninguém insinuou que ela fosse uma cientista menos talentosa do que Crick e Watson; ela é reconhecida por ter sido brilhante pesquisadora. Seu problema foi não ter analisado o trabalho com os colegas, na verdade não tinha familiaridade com eles. Um exemplo mais marcante dos benefícios do trabalho em equipe foi o do Projeto Manhattan. Durante a Segunda Guerra Mundial, tanto os Estados Unidos quanto a Alemanha decidiram investigar a viabilidade de armas nucleares. Os americanos rapidamente formaram uma enorme equipe para o projeto, que no devido tempo produziu dois diferentes modelos de bombas atômicas, ambos lançados sobre o Japão. Na Alemanha, enquanto isso, o governo nazista deixou os físicos trabalhando isoladamente, em laboratórios separados, e eles nem sequer resolveram os problemas teóricos básicos. Se os alemães tivessem mantido seus físicos nucleares trabalhando juntos numa única equipe, o curso da história poderia ter sido muito diferente.

Entretanto, a "grande ciência" tem suas desvantagens. Equipes numerosas podem, muitas vezes, ser perturbadas pela burocracia. Podem precisar estabelecer os objetivos com anos de antecedência e ter dificuldade em mudar de rumo repentinamente. O empecilho se torna mais crítico quando não-cientistas fixam as metas. Esse parece ter sido um problema com a ciência na União Soviética. O governo comunista sempre dedicou muita importância à ciência e criou uma série de importantes institutos de pesquisa. Pessoas com instrução científica foram alçadas aos níveis mais altos da hierarquia dos cargos públicos e políticos (ao contrário das nações ocidentais, onde as elites governantes eram formadas quase que inteiramente com pessoas preparadas em artes e humanidades que muitas vezes pareciam sentir evidente orgulho por sua ignorância em assuntos científicos). A União Soviética também teve vários cientistas brilhantes que obtiveram o respeito internacional. Mesmo assim, suas realizações geralmente se mostravam defasadas em relação às conquistas ocidentais. Nenhuma das descobertas descritas neste livro ocorreu na URSS. (O descobrimento do reflexo condicionado por Pavlov foi feito antes da revolução russa.) Seguramente, houve várias razões para esse rendimento menor, mas o modo como a ciência era administrada provavelmente foi um fator de peso. Parece que os grandes institutos não encorajavam suficientemente o pensamento original e individual dos pesquisadores.

Os institutos de pesquisa na União Soviética e o Projeto Manhattan, nos Estados Unidos, foram dois exemplos de um outro importante fenômeno na ciência do século XX: a pesquisa conduzida por governos. Essa não foi uma modificação inteiramente nova: afinal, o governo inglês já administrava o Royal Greenwich Observatory desde o século XVII. No início do século passado os governos começaram a perceber que, assim como trouxera ganhos para a indústria, a ciência também poderia ser vantajosa em termos de poder político. Pode-se argumentar que a Primeira Guerra Mundial tornou-se possível devido à descoberta de Fritz Haber de um processo para fabricar amônia a baixo custo, matéria-prima com que eram feitos igualmente os fertilizantes sintéticos e os explosivos. Os fertilizantes tornaram a agricultura mais produtiva e com utilização de mão-de-obra menos intensiva, permitindo aos governos recrutar e manter exércitos cada vez maiores, como jamais ocorrera antes. Os explosivos baratos tornaram possíveis os grandes bombardeios de artilharia na frente ocidental. O impacto da ciência de Haber não passou despercebido pelos governos, que logo desenvolveram programas de pesquisa em química, rádio, aeronáutica, medicina (na Inglaterra, o Medical Research Council foi criado durante a Primeira Guerra Mundial) e, no devido tempo, em energia nuclear. Inicialmente, esses eram projetos, na maioria das vezes, militares. Entretanto, conforme o século avançava e os programas governamentais de pesquisa se expandiam, cada vez mais projetos passavam para o setor civil. Após a Segunda Guerra Mundial, as nações vitoriosas deram início a vastos projetos governamentais de energia nuclear para uso pacífico. Essa seria também a era da "corrida espacial" entre os Estados Unidos e a União Soviética (mais tarde compartilhada em menor escala por outras nações). A tecnologia de foguetes tivera origem militar e a corrida para chegar à Lua e conquistar também "na frente" o espaço foi, pelo menos em parte, por motivos relacionados com a defesa, porém muitos dos programas espaciais americanos e russos estavam (e ainda estão) voltados para pesquisas científicas inteiramente pacíficas.

A primeira metade do século presenciou uma enorme expansão nos campos da física e da química. A segunda metade viu a medicina e a biologia começar a alcançá-las. Historicamente, a pesquisa médica, diferentemente de outras ciências, era um trabalho para profissionais, mas, tal como ocorreu com outros setores científicos, recebeu pouquíssimos recursos até a segunda metade do século XIX, com o progresso ocorrendo de forma lenta e ocasional. No século XX, o grau de desenvolvimento cresceu bastante, e a "grande ciência" finalmente estendeu-se às ciências da vida, na década de 1930, quando uma equipe foi reunida na University of Oxford, sob a liderança do professor Howard Florey, a fim de encontrar um modo de tornar a recém-descoberta penicilina um produto utilizável. Após a Segunda Guerra Mundial, a formação de grandes grupos de pesquisa tornou-se cada vez mais comum na biologia, como acontecia na física e na química.

O projeto da penicilina foi criado pelo governo inglês, mas por essa época a bioquímica já estava também se tornando fortemente comercial, com a indústria farmacêutica investindo cada vez mais em importantes pesquisas científicas. No começo do século XX, a produção de fármacos era ainda um negócio de pequeno para médio porte, produzindo elixires e outras panacéias geralmente com um forte odor de charlatanismo. A invenção do Salvarsan, um produto para tratamento de sífilis, em 1909, pode ter marcado o momento em que os fabricantes de medicamentos farmacêuticos perceberam o valor da pesquisa bioquímica. Rapidamente, começaram a organizar seus próprios laboratórios e o sucesso de seus novos produtos, com suporte científico, levou a uma enorme expansão da indústria.

Nos anos finais do século, uma série de fusões resultou em um pequeno número de laboratórios farmacêuticos dominando a pesquisa médica – para preocupação de muitos. Nos primeiros anos de pós-guerra, os governos das democracias ocidentais e do bloco oriental comunista haviam criado, todos, "políticas de bem-estar social" ou iniciativas similares, pelas quais ficava implícito que a medicina e os cuidados com a saúde seriam proporcionados como um serviço para o público. Muitos temiam que a formação de gigantes farmacêuticos significasse que esse princípio estava enfraquecendo e que a medicina novamente se tornava um negócio exercido principalmente pelo lucro, com o inevitável resultado de os pobres serem alijados dos benefícios. O problema era particularmente mais acentuado nas nações em desenvolvimento. Quando o século terminou, a tão esperada expansão dos padrões de saúde do primeiro mundo para os países em desenvolvimento pareceu não ter acontecido, visto que os preços da medicina moderna alcançavam níveis proibitivos no terceiro mundo. Encontrar saída para esse dilema converteu-se em sério problema político, debatido intensivamente tanto pelos próprios cientistas quanto pela população em geral.

A influência das companhias farmacêuticas é apenas um dos muitos aspectos em que tem ocorrido controvérsia. Conforme a ciência se impõe cada vez mais à sociedade, também se intensifica o debate a respeito de quem decide sobre o que os cientistas devem pesquisar e como suas descobertas devem ser usadas. Os cientistas têm, geralmente, defendido que lhes seja dado o máximo de liberdade para estabelecer seus próprios objetivos. São impulsionados por uma ampla variedade de motivações, mas todos têm alto nível de curiosidade e desejo de saber. Geralmente, onde quer que haja uma questão a ser formulada sobre como funciona a natureza, ou um simples sinal de como encontrar a resposta, aí haverá cientistas ansiosos para dedicar-se a esse trabalho. Não lhes agrada que leigos em ciências apontem quais tópicos devem ou não ser pesquisados.

No entanto, conforme os métodos de pesquisa se sofisticam, tornam-se também mais dispendiosos, com os financiamentos provindo, de um modo ou de outro, da sociedade em geral. As pessoas comuns não compartilham do entusiasmo dos cientistas e precisam ser convencidas de que o dinheiro será gasto judiciosamente. À medida que o século XX avançava, os cientistas cada vez mais percebiam a necessidade de justificar suas pesquisas para um público cético e algumas vezes até mesmo hostil. Por que, perguntavam-lhes, deve o mundo despender grandes somas em pesquisas em áreas como cosmologia, que muito provavelmente não renderão benefícios práticos ainda por muito tempo, se é que isso um dia venha a ocorrer? Poderiam os cientistas avaliar, enclausurados em seus laboratórios e obcecados com seus projetos favoritos, as implicações sociais e éticas de suas investigações em campos como os da biologia molecular e da energia nuclear? Como podem os cientistas, que prosperam melhor em tempos de paz e prosperidade, justificar pesquisas em projetos militares?

Esses assuntos são sérios. Não é apenas uma questão de evitar o tipo de pseudociência que foi praticada por médicos e psiquiatras na Alemanha nazista e na Rússia stalinista. Também no mundo livre tem havido muitos exemplos de ciência feita com concessões eticamente desonrosas. É só lembrar da prática largamente difundida da lobotomia frontal, na América, depois da Segunda Guerra Mundial, como uma forma de "curar" neuroses de guerra e estresse pós-traumático, transformando o sofredor em um zumbi indiferente; ou do modo como os exércitos americano e britânico expuseram deliberadamente seu pessoal durante os testes da bomba nuclear, na década de 1950, a fim de estudar os efeitos da radiação. A política científica não se torna necessariamente melhor quando deixada a cargo dos próprios cientistas. A pesquisa militar, é claro, sempre terá fortes oponentes entre pessoas de inclinações pacifistas – inclusive muitos cientistas. No entanto, na última metade do século

XX também ocorreu uma crescente preocupação a respeito da pesquisa pacífica, na verdade sobre toda a ciência de um modo geral. Em especial, os avanços na medicina e na biologia continham profundas implicações éticas e sociais, que os próprios cientistas algumas vezes demoravam em perceber. O movimento antivivissecção, a oposição da Igreja Católica à pílula anticoncepcional e (na Inglaterra) a reação pública contra os alimentos geneticamente modificados, todos esses são exemplos em que a sociedade não-científica sentiu que os cientistas falharam em entender a dimensão moral de suas pesquisas. O caso da pílula anticoncepcional foi apenas parte de um debate muito maior entre "progressistas" e "conservadores," mas em muitos outros assuntos, como o da vivissecção, a linha divisória ficou mais claramente traçada entre os favoráveis e os contra a ciência.

Nesses debates, o problema geralmente se agrava pela falta de comunicação. Falando francamente, os cientistas muitas vezes não se explicam bem. Na década de 1960, C.P. Snow censurou publicamente as "duas culturas" no sistema educacional que forçavam os estudantes, da metade da adolescência em diante, a se especializarem em ciências ou em humanidades, cada grupo crescendo com pouca compreensão ou respeito pelo outro. Desde então, o único progresso real para superar essa condicionante tem sido o aparecimento da "ciência popular," em livros, artigos de jornais e programas de televisão, nos quais alguns cientistas tentam explicar sua ciência para um público mais amplo (muitas vezes tornando-se impopulares entre seus pares com esse procedimento). Esse gênero tem tido enorme sucesso, com alguns livros alcançando grande comercialização e programas de televisão obtendo altos índices de audiência. No entanto, os cientistas ainda têm de enfrentar a dificuldade de explicar seu trabalho para pessoas que consideram detestável o assunto todo. Uma cadeia inteira de pensamento anticientífico, que poderia, talvez, ser resumida por uma única palavra, "Frankenstein," circula pela cultura ocidental. A força desse sentimento foi compreendida por H.G. Wells, cujo filme *Things to Come* – Daqui a Cem Anos – produzido na década de 1930, mostrou o protesto de uma turba anticiência que tentava sustar o lançamento à Lua dos primeiros astronautas. Sua profecia pareceu apropriada no verão de 1969, quando realmente Armstrong e Aldrin pousaram na Lua justamente no auge da contracultura hippie. Próximo ao final do século, alguns ativistas anticiência passaram de fato à ofensiva, juntamente com os auto-intitulados "guerreiros ecológicos" e "defensores dos direitos dos animais," tentando sabotar projetos científicos e até assassinar pesquisadores. Os cientistas seguidamente se queixam de que tal sentimento anticientífico é resultado da ignorância, mas, se assim for, talvez eles mesmos devam aceitar alguma responsabilidade pela deficiência em expressar seus pontos de vista.

A ascensão da ciência no século XX – e a reação que ela sofreu – foi um fenômeno das democracias industrializadas ocidentais. Outras partes do mundo, principalmente o Japão, o bloco oriental, a China e até mesmo algumas nações do terceiro mundo têm também (ou tiveram) programas científicos, mas todos organizaram suas pesquisas tendo como base a ciência do primeiro mundo ocidental. Alguns poderão argumentar que isso é assim porque a cultura do Ocidente se fez unicamente orientada para a ciência, especialmente após o período da renascença e do iluminismo nos primórdios do século XVIII. Entretanto, vale ressaltar que até quinhentos anos atrás o mundo muçulmano era o proeminente na ciência, enquanto que a Europa cristã estava no atoleiro da Idade Média. Apesar disso, a ciência do século XX tem suas raízes nessas culturas que, nos séculos precedentes, muito encorajaram o início da investigação intelectual: os protestantes, os judeus liberais e os humanistas. Há cem anos, isso significava que o centro mundial das ciências estava na Alemanha, na Suíça e na Áustria, com a Inglaterra e a França (esta nominalmente católica romana, mas com forte tradição de humanismo ateísta) disputando o segundo lugar. O alemão chegou perto de ser o idioma internacional da ciência. Entre 1900 e 1932, exatamente cem prêmios Nobel foram concedidos em ciências: trinta e três deles foram para cidadãos suíços e alemães, oito dos quais judeus.

Então veio Hitler. Os cientistas judeus fugiram da Europa continental, a maioria para a Inglaterra e os Estados Unidos, cujas universidades de um modo geral os receberam de braços abertos. (Uma exceção foi Fritz Haber, que era olhado com desagrado por causa de seu papel no desenvolvimento de armas químicas.) Decidiram publicar suas pesquisas em periódicos de língua inglesa. Como resultado, o "centro de gravidade" da ciência passou a ser a Inglaterra e a América do Norte e o inglês surgiu como o idioma internacional para textos científicos. Outros países, como a Rússia e a China, ainda encorajam seus cientistas a publicarem suas pesquisas na própria língua nativa, mas estão lutando uma batalha perdida. Um olhar sobre o idioma em que estão publicados os trabalhos citados neste livro mostra isso claramente. Das trinta e cinco descobertas datadas entre 1900 e 1932, quinze foram publicadas em alemão, dezenove em inglês e uma em francês. As sessenta e cinco descobertas datadas de 1933 em diante foram todas publicadas em inglês, afora cinco, que foram publicadas em alemão.

Isso coloca os cientistas que não falam inglês fluente em desvantagem. Vimos como os cientistas se beneficiam da possibilidade de discutir suas idéias uns com os outros e, nessas discussões, os que não falam inglês claramente se vêem isolados. Um exemplo óbvio foi Nicholas Paulesco, que poderia ter compartilhado o Prêmio Nobel pela descoberta da insulina com Banting e Macleod. Sua pesquisa foi quase completamente ignorada apenas por ter sido publicada em francês. Vivendo na Romênia, e incapaz de falar inglês, não poderia colaborar ou trocar idéias com outros cientistas de sua especialidade e, embora tenha começado bem antes da equipe de Banting, logo foi ultrapassado. Outro exemplo foi a descoberta do fulereno, em 1986, por químicos britânicos e americanos. Eles ignoravam totalmente o fato de que a existência dessa molécula havia sido prevista cerca de quatorze anos antes, num artigo de jornal escrito em japonês. O Japão tem um sólido programa de ciência, que permanece em grande parte isolado do resto do mundo devido à barreira do idioma. Os cientistas russos e chineses sofrem de igual desvantagem. Sem dúvida, um dos motivos por que a ciência soviética se atrasou em relação à ocidental foi por problemas de comunicação, acrescido da cultura comunista do sigilo e da insistência em escreverem em russo. Portanto, quer gostemos, quer não, uma única língua para todos os cientistas é o mais sensato, e nos parece que o inglês está bem encaminhado para ser esse idioma.

O século XX foi verdadeiramente o século da ciência. Em 1900, os cientistas eram ainda um grupo pequeno e marginal na sociedade, muitas vezes aplaudidos por suas conquistas, mas igualmente ridicularizados por suas excentricidades. Na Inglaterra, por exemplo, estima-se que havia, ao todo, apenas algo em torno de 2400 cientistas profissionais. Cem anos depois, faziam parte da elite social e eram vistos com um respeito que muitas vezes chegava à reverência, mas também com suspeita e ressentimento. Possuíam conhecimentos especializados, incompreensíveis aos membros de outras comunidades, que lhes proporcionavam (ou aos seus empregadores) grande poder e prosperidade. As nações ricas e as grandes empresas, as quais podiam manter programas de pesquisa em larga escala, colhiam os benefícios e se tornavam ainda mais ricas, enquanto as nações pobres e empresas menores tendiam a perder terreno. Não há como negar que houve numerosos exemplos em que avanços científicos ajudaram a parte pobre do mundo. A "revolução verde" na agricultura da década de 1960 em países do terceiro mundo (especialmente os asiáticos) é um claro exemplo. Não obstante, a moderna tecnologia, e a ciência que lhe dá suporte, é um dos principais fatores (se não o principal) entre aqueles responsáveis pelo distanciamento cada vez maior entre ricos e pobres, tendência que se evidenciou no final do século XX. É irônico que cientistas, cujos pontos de vista políticos, em média, tendiam a ser muito à esquerda de seus contemporâneos não-cientistas, tenham contribuído desse modo para a desigualdade social. Não é possível saber se essa tendência continuará por muito tempo no século XXI, mas no momento há poucos indícios de que esteja acabando.

MEDICINA

De todas as ciências, certamente a medicina é a que tem impacto mais direto e imediato na vida das pessoas. Temos apenas que comparar uma ida ao médico ou ao hospital na década de 1990 com visita semelhante cem anos antes para avaliar as conquistas científicas no decorrer do século. Há cem anos, se você fosse a um médico (ou, como freqüentemente ocorria, o médico viesse a você) ele seria, muitas vezes, capaz de fazer algum diagnóstico, mas a variedade de tratamentos de que dispunha era pouca. Os farmacêuticos estavam em condições de oferecer uma diversidade de tônicos, purgativos, elixires e panacéias, alguns dos quais podiam às vezes ser úteis, porém, na verdade, a principal arma no arsenal do médico era nada mais que uma atitude tranqüilizadora à cabeceira do doente. Os cirurgiões, enquanto isso, podiam reivindicar a condição de estarem bem mais avançados. A descoberta da bactéria e o advento dos antisépticos para diminuir o risco de infecções já haviam proporcionado reduções apreciáveis nos índices de mortalidade entre os pacientes. Mesmo assim, uma simples operação, como a remoção de apêndice, era ainda um ato de alto risco. Os avanços ocorridos nos cem anos seguintes iriam modificar a prática da medicina de maneira quase irreconhecível.

O século XX presenciou enormes progressos em todos os níveis de saúde das pessoas, especialmente no mundo ocidental. A cada década que passava, a expectativa média de vida continuava a aumentar. A maioria, caso indagada, sem dúvida diria que muito desse progresso resultara das descobertas feitas pela ciência médica ao longo do século. Poderia salientar que a pneumonia havia sido uma habitual assassina até a chegada da sulfa e dos antibióticos; que as vacinas acabaram com as ameaças da difteria e da poliomielite; que as transfusões de sangue reduziram o risco de óbito durante uma cirurgia; e que o diabetes podia agora ser tratado, permitindo aos que dele padecessem uma sobrevida até a velhice. Porém, na verdade, o maior dos benefícios para a saúde resultou não das descobertas científicas, por mais importantes que fossem. As atividades de saúde pública visando melhorar a dieta, a higiene e o saneamento tiveram uma influência muito maior. Bom abastecimento de água potável e serviço adequado de esgotos ajudaram muito mais na luta contra a disseminação de doenças bacterianas do que os antibióticos jamais fariam. A redução do alcoolismo, que no século XIX se tornara um sério problema de saúde entre os trabalhadores, resultou principalmente da decisão dos governos ocidentais de impor taxas sobre as bebidas destiladas e assim fixar um preço fora do alcance da população mais carente. Também a criação de serviços gratuitos de saúde significou, para os pobres, acesso às facilidades médicas que os mais prósperos setores da sociedade tinham. Mais importante ainda, a melhoria na educação significou menor número de pessoas com vida insalubre, simplesmente por ignorância. A descoberta da relação entre o fumo e o câncer pulmonar, por exemplo, teve um impacto significativo no consumo do tabaco, porém esse sucesso é mais visível nos setores da sociedade com maior nível de instrução. Todos esses avanços na saúde pública devem-se tanto à ampla aplicação do senso comum quanto à efetividade da ciência.

Entretanto, a ciência médica do século XX ainda possui uma impressionante lista de sucessos a seu favor e seria admissível esperar que se fizesse respeitada por todos. Em vez disso, as décadas finais do século passado presenciaram um crescimento do ceticismo por parte do público em geral, aliado a uma crescente popularidade de várias terapias "alternativas" e "complementares," cujos terapeutas alardeiam abertamente sua oposição à medicina convencional. Muito desse mal-estar popular quanto à ciência médica pode ocorrer devido ao modo com que ela se auto-apresenta. Cientistas convencionais freqüentemente são considerados pessoas arrogantes que imaginam saber todas as respostas, e que tratam os pacientes como máquinas a serem consertadas. Essa imagem é caricatural, naturalmente, mas não totalmente infundada. Terapeutas alternativos e complementares, ao contrário, falam em "restabelecer" mais do que em "curar," declaram estar "tratando o paciente, não a doença," e geralmente se esforçam para apresentar uma imagem mais solidária. Tal como os médicos convencionais de um século atrás, reconhecem o valor de uma atitude adequada ao lado do leito do enfermo. Entretanto, é bastante comum encontrar pessoas que retornam à medicina convencional a fim de tratar aquilo que esteja realmente lhes ameaçando a vida. Muitos vêem essa atitude com reservas, mas poucos a rejeitam totalmente.

É possível que a desconfiança pública em relação à medicina tenha também outra causa. A pesquisa médica possui uma dimensão ética que pode algumas vezes ser mais bem avaliada pelo público não-cientista do que pelos próprios cientistas. O movimento contra a vivissecção tem forte apelo público, e o conjunto da sociedade nem sempre partilha do entusiasmo dos cientistas por pesquisas envolvendo embriões humanos. Os cientistas usualmente respondem às críticas no que respeita à ética asseverando que essas experiências são o preço necessário a pagar pelo progresso. Por exemplo, a descoberta da insulina exigiu alguns experimentos cruéis em cachorros e, quase certamente, não teria ocorrido com o emprego de meios mais humanitários. A insulina salvou a vida de incontáveis doentes de diabetes, e para a maioria dos cientistas isso é justificativa suficiente. No entanto, os cientistas, na maioria, agora percebem que o assunto é delicado, reconhecem que necessitam submeter-se a padrões mais claros e a praticá-los cuidadosamente, se quiserem preservar o apoio público.

Em 1900, a ciência médica preocupava-se apenas com a determinação das causas da doença e depois com a cura. Em 2000, essa é ainda sua principal prioridade, mas o conhecimento avançou a ponto de a medicina poder também se dispor a metas mais controversas. Alguns cientistas visavam abertamente à clonagem humana – e dessa maneira provocando problemas. A maioria de seus colegas estava convencida de que isso era ainda impraticável, mas poucos se sentiam completamente seguros de que tal fato nunca venha a ocorrer. A pesquisa médica, que há um século parecia inquestionavelmente uma força do bem, apresenta agora uma imagem muito mais ambígua.

O VÍRUS DA FEBRE AMARELA

Primeiro vírus humano identificado

Uma das maiores realizações humanas do final do século XIX foi a descoberta dos germes, organismos vivos muito pequenos para serem vistos a não ser por meio dos microscópios mais potentes, e que são a principal causa das doenças infecciosas. Na década de 1880, Louis Pasteur descobriu a bactéria, a causa da septicemia dos ferimentos, da tuberculose e de muitas outras doenças. Então, na década seguinte, ficou claro que algumas doenças em vegetais eram causadas por agentes pequenos demais para serem vistos no microscópio, mas que apesar disso pareciam vivos. O nome "vírus" foi criado para eles. Mas foi somente a partir de 1900 que se descobriu que os vírus também eram causadores de doenças em animais e seres humanos.

A primeira doença humana que se provou ter o vírus como origem foi a febre amarela. Essa doença, quase sempre fatal, era endêmica em grande parte das regiões tropicais da África e da América, estendendo-se para o norte até o Caribe. Combater a febre amarela tornou-se alta prioridade no corpo médico do exército norte-americano, quando os Estados Unidos se empenharam em reforçar sua presença na América Latina. Em 1898, o major Walter Reed, um cirurgião com experiência tanto em pesquisa de laboratório quanto na linha de frente, recebeu a tarefa de identificar o modo como a febre amarela se disseminava. Formou uma comissão com o bacteriologista Jesse Lazear e o médico James Carrol. Um possível agente de infecção que levantava suspeita era o mosquito *Aedes aegypti*, muito abundante nas regiões subtropicais. Como teste preliminar, em agosto de 1900, Carrol e Lazear, de forma deliberada, se deixaram picar pelos mosquitos. Infalivelmente, doze dias após terem sido picados, adoeceram com febre amarela. Carrol se recuperou, mas Lazear faleceu. Em seqüência a esse resultado, Reed instalou um acampamento especial na Flórida onde voluntários eram expostos ao mosquito. (Aparentemente todos sobreviveram.) O resultado dos experimentos confirmou plenamente suas suspeitas. O sangue de um enfermo de febre amarela continha um agente infeccioso e, então, qualquer mosquito que picasse esse enfermo poderia transmitir a doença para sua próxima vítima.

No entanto, exames bacteriológicos do sangue dos pacientes apresentaram resultados negativos. Reed notou que recentes pesquisas sobre febre aftosa em animais de fazenda mostravam que essa doença também era causada por um agente invisível que podia passar através do mais fino dos filtros. Alvitrou, corretamente, que a febre amarela e a febre aftosa eram ambas causadas por uma nova classe de organismo causador de doenças, o qual era menor até mesmo do que as menores bactérias. Ele mesmo não usou a palavra "vírus," mas logo o termo se tornou corrente.

Por causa da descoberta de Reed, o exército dos Estados Unidos enviou o cirurgião William Gorgas a Havana, em Cuba, com a tarefa de erradicar o mosquito *A. aegypti*. Foi tão bem-sucedido que, em um ano, a febre amarela havia virtualmente desaparecido da cidade. Então, repetiu a operação no Panamá, possibilitando aos empreiteiros americanos iniciar a construção do Canal onde antes fora uma das regiões do mundo mais assoladas pela febre amarela. No entanto, o próprio Reed não pôde desempenhar papel adicional nos acontecimentos, tendo falecido de apendicite.

W. Reed, *Philadelphia Medical Journal*, 6, 790 (1900)

GRUPOS SANGUÍNEOS

Possibilitaram transfusões de sangue

A transfusão de sangue não é uma prática nova. Os incas, no Peru, já a realizavam no século XVI, época em que foram descobertos pelos conquistadores espanhóis. No entanto, quando os médicos europeus do século seguinte tentaram introduzir no sangue de seus pacientes o sangue de outras pessoas, os resultados muitas vezes foram desastrosos, redundando em febre violenta e mesmo em morte. Parecia que o sangue de uma pessoa nem sempre era compatível com o de outra. Caso se tentasse misturá-los, muitas vezes coagulavam numa pasta viscosa. Suspendeu-se a prática depois de algumas poucas experiências.

Entretanto, a idéia não foi inteiramente esquecida. Os primeiros imunologistas do final do século XIX logo estavam indagando: por que a transfusão de sangue dá certo em alguns casos e não em outros? Esse foi o problema que interessou Karl Landsteiner, um assistente do Instituto de Higiene da Universität Wien. Em 1900, começou a misturar amostras de seu próprio sangue com outras retiradas de seus colegas, e no ano seguinte ele pôde anunciar sua descoberta. O sangue de qualquer pessoa pertence a uma de três categorias, ou "grupos sanguíneos," que Landsteiner denominou de A, B e C. (Este grupo sanguíneo C foi posteriormente renomeado como grupo O e um grupo AB seria descoberto no ano seguinte.) A diferença entre os grupos se localiza nas moléculas da superfície das células vermelhas do sangue, conhecidas como "aglutinogênios," e nas moléculas do soro (a parte líquida do sangue) chamadas "aglutininas." Há dois tipos de aglutinogênio, o A e o B, que estão associados a dois tipos de aglutinina, anti-B e anti-A. Quando um aglutinogênio A encontra uma aglutinina anti-A (ou quando um B encontra uma anti-B) eles se interligam. Isso induz as células vermelhas a se amontoarem numa só massa. As pessoas com sangue do grupo O não têm aglutinogênio, mas têm as duas aglutininas. O sistema todo é controlado apenas por um gene.

Landsteiner criou esse sistema observando qual sangue seria compatível com outro. Concluiu que uma pessoa pode receber sangue de qualquer outra do mesmo grupo sanguíneo e, também, que qualquer um pode receber sangue do grupo O. Na Europa, pouco mais de 40% da população têm sangue do grupo A, uma fração um pouco maior tem sangue do grupo O, enquanto os grupos sanguíneos B e AB são raros. No entanto, essas proporções são diferentes em outras partes do mundo. Quase todos os índios nativos do Peru têm o mesmo grupo sanguíneo, razão por que os incas eram capazes de praticar as transfusões de sangue com sucesso, quinhentos anos atrás.

A descoberta dos grupos sanguíneos imediatamente tornou as transfusões de sangue possíveis e, em 1914, foi inventado um meio de estocar sangue doado por longos períodos sem que coagulasse. Isso aconteceu bem a tempo de ser aproveitado na Primeira Guerra Mundial, quando as transfusões de sangue salvaram incontáveis vidas, particularmente entre os aliados. (Estranhamente, as instituições médicas alemãs foram mais lentas em aceitá-las.) Landsteiner, enquanto isso, continuou a pesquisar o assunto pelo resto de sua vida, fazendo diversas descobertas importantes, inclusive a do "fator Rh," que são essenciais em certas condições de risco de vida em crianças recém-nascidas.

K. Landsteiner, *Wien Klinisches Wochenschrift*, 14, 1132-1134 (1901)

VITAMINAS

Necessárias a uma dieta saudável

No início do século XX já se sabia que qualquer ração para animais necessitava de três componentes principais: proteínas, gorduras e carboidratos. Além disso, sabia-se que as proteínas eram formadas a partir de substâncias simples chamadas aminoácidos. Aceitava-se de um modo geral que a ciência dietética já houvesse atingido seus principais alvos e que faltavam apenas detalhes secundários. No entanto, toda a ciência bioquímica estava apenas começando e um dos seus fundadores logo fez uma descoberta que serviu para salientar quanto ainda havia a se aprender.

A carreira de Frederick Gowland Hopkins teve início relativamente tarde pelos padrões científicos – nem sequer havia se matriculado em um curso superior até os vinte e oito anos, em 1888. Em 1906, estava pesquisando a química das proteínas e mantinha ratos com alimentação que consistia inteiramente de aminoácidos purificados, gorduras e amido (carboidratos). Anteriormente, ratos já haviam sido alimentados com rações sintéticas, porém contendo impurezas. Hopkins conseguiu sintetizar alimentos livres de adulterações, mas temia que o resultado não fosse apetecível. Então, primeiro adicionou pequenas quantidades de extratos de carne e de levedura, simplesmente como tempero. Logo viu que isso era desnecessário – seus ratos tinham um vigoroso apetite pela ração sintética sem que nada adicional fosse necessário. Mas também notou algo mais. Os ratos alimentados com a ração sintética pura perdiam peso, enquanto vicejavam aqueles que tinham a alimentação acrescida mesmo com mínimas quantidades de lêvedo. Parecia que o senso comum era um equívoco: proteínas, gorduras e carboidratos não eram suficientes, por si mesmos, para constituir uma alimentação saudável. Devia haver também outras substâncias até então desconhecidas, que apenas precisavam estar presentes em pequenas quantidades. Assim, em 1912, Hopkins levou a efeito um experimento formal: manteve duas populações de ratos, uma mantida com alimentação sintética que imitava leite e a outra alimentada com ração sintética acrescida de leite verdadeiro. O resultado foi claro. Havia algo no leite que era vital para os ratos crescerem e permanecerem saudáveis. Hopkins dedicou grande parte dos dez anos seguintes pesquisando esse misterioso componente, conseguindo identificar várias substâncias que designou de "vitaminas."

Hopkins teve grande dificuldade em persuadir a comunidade médica a aceitar a realidade das vitaminas. O estudo da dietética fora prejudicado sempre por praticantes de modismos e de teorias excêntricas, e muitos cientistas pensavam que Hopkins era mais um deles. O momento em que as vitaminas foram aceitas como ortodoxas ocorreu, provavelmente, em 1917, quando fabricantes de margarina pediram a Hopkins para analisar seu valor nutritivo numa comparação com a manteiga. Ele informou que faltavam as vitaminas A e D e, em 1926, a margarina, com adição de vitaminas, foi lançada no mercado.

A carreira subseqüente de Hopkins foi notável. Veio a ser o primeiro professor de bioquímica da University of Cambridge, onde seu departamento se transformou num importante centro de excelência, tanto em pesquisa como em ensino. Em 1931, tornou-se presidente da Royal Society. Faleceu em 1947, com a idade de oitenta e seis anos.

F.G. Hopkins, *Journal of Physiology*, 44, 425 (1912)

INSULINA

O hormônio do diabetes

O *Diabetes mellitus* é conhecido desde o século XVII. Até a década de 1920 era sempre debilitante e geralmente fatal. A descoberta de sua causa e de como considerá-la tornou-se a primeira vez em que a pesquisa "pura" em fisiologia rendeu um benefício médico importante.

No final do século XIX já se sabia que o diabetes é uma incapacidade de metabolizar açúcar. Também foi mostrado, por meio de experimentos bastante cruéis em cachorros, que se podia causá-lo artificialmente pela remoção do pâncreas de um animal. Em 1990, Eugene Opie estudou o tecido do pâncreas de doentes de diabetes e pôde ver no microscópio defeitos em pequenas estruturas chamadas "ilhotas de Langerhans." Supôs corretamente que essas "ilhotas" produziam algum tipo de hormônio e que o diabetes era causado pela deficiência da secreção.

Foi a partir desse ponto que Frederick Banting, na University of Toronto, decidiu verificar, em 1921, se podia extrair o hormônio e usá-lo como medicamento. Suas experiências iniciais foram bastante grosseiras: simplesmente removia o pâncreas de alguns cachorros e, então, empenhava-se em manter os cães vivos injetando-lhes extrato do pâncreas de um outro cachorro. O principal problema estava em produzir um extrato devidamente purificado. O pâncreas também é uma glândula do sistema digestivo, produtora de enzimas que passam através de um duto para o intestino, e essas enzimas precisavam ser removidas do extrato antes de ele ser injetado com segurança. A idéia original de Banting era bloquear o duto de ligação com o intestino e assim causar a morte dos tecidos que geram as enzimas digestivas, deixando apenas as ilhotas produtoras de hormônio. Mais tarde isso se mostrou desnecessário e até mesmo contraproducente. O êxito só chegou aos poucos e passaram-se muitos meses antes que Banting e seu aluno assistente, Charles Best, anunciassem que haviam obtido sucesso em manter os cachorros com vida por várias semanas sem o pâncreas. No entanto, os efeitos colaterais foram severos e o índice de malogros bastante alto. O extrato que usavam em suas injeções era qualquer outra coisa, menos hormônio puro. Foi trabalho de um terceiro membro da equipe, o professor J.B. Collip, o refino do extrato do pâncreas de vacas até o ponto em que pôde ser usado com segurança para tratar o diabetes em seres humanos. O ingrediente essencial é o hormônio insulina.

A equipe trabalhou de maneira extremamente árdua durante o inverno de 1921-1922 e o estresse se fez sentir. Discutiam violentamente entre si e com o chefe do laboratório, J.J. R. Macleod. O Prêmio Nobel foi, por fim, concedido a Banting e Macleod, embora Macleod não tenha participado pessoalmente dos experimentos. Banting imediatamente deixou claros seus sentimentos ao entregar metade do dinheiro do prêmio a Best, e Macleod igualmente deu metade de seu prêmio a Collip. Controvérsias adicionais ocorreram ao ser divulgado que um romeno, Nicolas Paulesco, fizera experiências semelhantes, e que, em determinado momento, havia estado à frente de Banting e Best. No entanto, nunca chegou ao ponto de refinar a insulina para tratamento de pacientes humanos.

F. Banting e C. Best, *Journal of Laboratory and Clinical Medicine*, 7, 251-266 (1922)

ONDAS CEREBRAIS

O eletroencefalograma

O cérebro humano é, inquestionavelmente, a mais complexa estrutura isolada que conhecemos. Isso o torna o mais fascinante objeto de estudo, mas também o mais difícil. O principal problema está em como registrar sua atividade sem lhe prejudicar as funções. Ademais, os pesquisadores ficam inevitavelmente limitados por fortes considerações éticas. Portanto, não é de surpreender que até a década de 1920 o cérebro tenha sido considerado uma "caixa-preta" cujo funcionamento interno era um completo mistério. Então, em 1929, um desconhecido professor alemão chamado Hans Berger revelou uma maneira de monitorar a atividade cerebral: o eletroencefalograma, ou EEG.

Berger era um homem tímido e reservado que se interessara pela neuropsicologia na década de 1890. Naqueles tempos, pesquisa no cérebro e na mente era competência de duas áreas distintas: a dos neuroanatomistas, que dissecavam cérebros, e a dos psicanalistas, como Freud e Jung. Sem se deixar influenciar por essas duas disciplinas, Berger decidiu que a melhor forma de estudar o cérebro seria achar um meio de fazer um registro físico de sua atividade. Acreditava que assim como as batidas de um coração podiam ter sua atividade elétrica registrada (o "eletrocardiograma"), também as atividades cerebrais deviam produzir algum efeito elétrico característico. Sua persistência era quase inacreditável. Prosseguiu fazendo testes por conta própria por cerca de trinta anos, praticamente sem qualquer sinal de sucesso antes de alcançar sua meta, em 1929.

Nessa época, Berger era diretor da Clínica Psiquiátrica da Universität Jena, onde chefiava sua equipe com uma formalidade quase ao estilo militar. Sem que a maioria do grupo tivesse conhecimento, ficava até tarde na clínica para fazer experiências nos pacientes, pondo eletrodos em suas cabeças numa tentativa de registrar algum sinal elétrico gerado pelo cérebro. Seu primeiro êxito ocorreu com pacientes que tinham sofrido remoção parcial do crânio em cirurgias de tumores cerebrais. Porém, logo conseguiu fazer registros de cobaias com crânios intactos (seu filho adolescente foi o primeiro). Descobriu que o cérebro de uma pessoa desperta, mas em estado de desatenção, com os olhos fechados, produz oscilações rítmicas conhecidas agora como "ondas alfa." Registros posteriores, em pacientes na clínica, mostraram como esse ritmo era afetado por várias doenças mentais, particularmente pela epilepsia.

A pesquisa de Berger ganhou aplauso internacional em 1934, quando dois cientistas de Cambridge, Edgar Adrian e H.C. Matthews, usando equipamento bem mais sofisticado, confirmaram sua descoberta e até mesmo identificaram com precisão a região do cérebro que produzia o ritmo alfa. O EEG abriu o campo da moderna pesquisa cerebral, com toda a potencialidade que possui para diagnósticos e tratamento de doenças mentais. Entretanto, na Alemanha, Berger foi ignorado e até ridicularizado. Viu-se forçado a renunciar ao cargo em 1938 e seu laboratório foi fechado. Sem poder fazer suas pesquisas, horrorizado com o regime nazi e com a guerra, caiu em profunda depressão e cometeu suicídio em 1941, aos sessenta e oito anos de idade.

H. Berger, *Archiv fur Psychiatrie und Nervenkrankheiten*, 87, 527-570 (1929)

PENICILINA

Descoberta casual que foi o maior salto da medicina para a frente

Pode-se dizer, com justiça, que até a década de 1920 havia apenas dois medicamentos que realmente funcionavam no tratamento de doenças infecciosas: quinino, para a malária, e arsênico, para a sífilis. Contra outras infecções pouco havia a fazer, exceto ir para a cama e deixar a natureza seguir seu curso. Então, com poucos anos de intervalo, pesquisadores descobriram três linhas potenciais de ataque contra bactérias: bacteriófagos, sulfas e, finalmente, antibióticos. Os antibióticos clássicos são substâncias produzidas na natureza por mofos ou outros organismos simples que matam as bactérias enfraquecendo sua camada externa de modo a que se rompam. O primeiro a ser encontrado foi a penicilina, descoberta quase que completamente por acidente pelo professor Alexander Fleming, em 1929.

Fleming começara a pesquisar infecções bacterianas durante a Primeira Guerra Mundial, quando os soldados morriam em grande número por causa de infecções nos ferimentos, especialmente gangrena. Nessa época, o único tratamento era o de lavar as feridas com anti-séptico, geralmente o ácido fênico, que é quase tão tóxico para o paciente quanto o é para a bactéria. Após o término da guerra, Fleming continuou sua pesquisa no St Mary's Hospital, em Londres. Em especial, procurava por algo para atacar a bactéria *Staphylococcus aureus*, um germe ubíquo que em pessoas saudáveis apenas causa furúnculos, mas que pode ameaçar a vida de um paciente que se recupera de uma operação. Fleming criava colônias dessas bactérias do modo usual, numa gelatina colocada em pratos de vidro. As colônias tinham a forma de pequenas gotas redondas amarelas, cada uma do tamanho, mais ou menos, das letras desta página.

Num dia de setembro de 1928, Fleming notou que num de seus pratos havia um intruso: uma mancha de mofo estava crescendo perto da borda da gelatina. Acidentes como esse acontecem mesmo nos laboratórios mais bem administrados. Mas ele também notou algo mais. Em volta do mofo, as colônias de *Staphylococcus* estavam se extinguindo (*ver figura 14*). Foram necessários apenas alguns poucos experimentos simples para confirmar que o mofo estava produzindo uma substância que podia matar a bactéria, além de ser inofensivo para outros seres vivos. O mofo foi identificado como sendo da espécie pouco comum chamada *Penicillium notatum.*

Fleming passou vários dias tentando usar extratos desse mofo para tratar infecções bacterianas, mas encontrou grande dificuldade. A substância mortal para a bactéria se decompunha muito rapidamente e perdia sua eficácia. Não foi senão em meados da década de 1930 que uma equipe especial de pesquisa foi reunida na University of Oxford, sob a liderança do professor Howard Florey, a fim de desenvolver métodos para refinar e concentrar um extrato da *Penicillium* em condição de permanecer eficaz por longos períodos. Alcançaram o sucesso ainda em tempo de dispor da "penicilina" para uso na Segunda Guerra Mundial. Como resultado, os aliados ocidentais não sofreram as imensas baixas causadas pela gangrena, como haviam temido.

Atualmente, a penicilina e os outros antibióticos estão causando alguma preocupação. Tornaram-se tão largamente usados que as bactérias adquiriram resistência a eles. Entretanto, apesar disso, os antibióticos permanecem como um dos casos de maior sucesso da medicina e continuam a salvar enorme número de vidas.

A. Fleming, *British Journal of Experimental Pathology*, 10, 226 (1929)

SULFONAMIDAS

A primeira droga antibacteriana eficaz

É crença popular que a penicilina, descoberta em 1928, foi a primeira droga antibacteriana. Mas, como acontece muito, a sabedoria popular está apenas parcialmente correta. A penicilina apenas se tornou um medicamento bem-sucedido no final da década de 1930 e por essa época uma outra classe de drogas, chamadas de sulfonamidas (sulfas), já estava em uso. De certo modo, a descoberta das sulfas foi façanha mais emocionante.

A história realmente começou em 1909, quando o químico alemão Paul Ehrlich inventou o Salvarsan, um medicamento para curar a sífilis, modificando um corante que tingia a bactéria da sífilis para que suas moléculas retivessem o veneno do arsênico. O Salvarsan não tinha efeito sobre outras doenças, entretanto parecia bastante provável que outros corantes viessem a apresentar propriedades antibacterianas mais amplas. Assim, no final da década de 1920, a gigante da indústria química alemã, a I.G. Farbenindustrie, que produzia uma extensa gama de corantes sintéticos, deu início a um programa de pesquisa para verificar a possibilidade de modificação de alguns dos seus produtos a fim de lhes dar potencial medicinal. Gerhard Domagk, um jovem professor de patologia da Universität Münster, foi recrutado e em 1932 finalmente ele alcançou o objetivo. Domagk demonstrou que um corante vermelho chamado "prontosil rubrum" podia proteger camundongos e coelhos contra estafilococos e estreptococos hemolíticos, dois tipos de bactéria que podem causar envenenamento fatal do sangue. Não está claro por que Domagk fez testes em animais se já havia verificado que a tintura era totalmente ineficaz contra a bactéria quando criada em cultura. É provável que apenas estivesse sendo particularmente meticuloso. No entanto, houve rumores de que seus empregadores há muito conjecturavam sobre o potencial da tintura e o haviam instruído para concentrar nela suas pesquisas.

De qualquer forma, logo teve boas razões para ficar satisfeito com sua persistência porque, pouco depois, sua filha adolescente caiu doente com septicemia aguda por estreptococo. Como ela estava morrendo, Domagk deu-lhe, em desespero, uma dose maciça de prontosil que a curou de imediato. Com base nesse sucesso, a I.G. Farbenindustrie rapidamente patenteou a droga, enquanto Domagk publicava um completo relato de sua descoberta em 1935. Sua fama se espalhou com rapidez, principalmente depois que o medicamento foi usado para salvar a vida do filho do presidente F.D. Roosevelt, em 1936.

Domagk foi distinguido com o Nobel em 1939. Porém, Hitler havia proibido os alemães de aceitar esse prêmio (um Nobel da Paz fora recentemente concedido a um dos seus mais violentos críticos), e assim ele ficou impedido de receber a distinção até 1947, quando então a importância correspondente ao prêmio não estava mais disponível. Por essa época, o modo de agir do prontosil havia sido descoberto. Verificou-se que apenas metade da molécula estava envolvida, razão por que funcionava nos animais, mas não em bactérias cultivadas: o corpo de um animal digere a tintura quebrando as moléculas e liberando o componente ativo. Essa substância, chamada sulfanilamida, tornou-se o primeiro medicamento da família das sulfonamidas. A medicação tem sido usada para tratar não só septicemia, mas também pneumonia, gangrena e diversas outras enfermidades, salvando incontáveis vidas.

G. Domagk, *Deutsche Medizinische Wochenschrift*, 61, 250-253 (1935)

REJEIÇÃO DE TRANSPLANTES

Começo da moderna imunologia

De todos os avanços médicos do século XX, poucos foram tão instantaneamente espetaculares quanto as cirurgias de transplante. Da década de 1970 em diante, as substituições de corações, pulmões, fígados e rins tornaram-se praticamente rotineiras. Anteriormente, operações assim eram quase impensáveis. Entretanto, a pesquisa que tornou o transplante possível tem sua origem muito antes, durante a Segunda Guerra Mundial.

Peter Medawar era um jovem zoólogo em Oxford quando pela primeira vez se interessou pela imunologia. O acontecimento que mudou sua carreira foi uma tentativa malograda de salvar a vida de um piloto da Força Aérea que havia sofrido gravíssimas queimaduras. Medawar ficou a perguntar-se: Já que é viável submeter alguém a uma transfusão de sangue, por que não se pode fazer um transplante de pele também? A pele transplantada de uma outra pessoa simplesmente morre ou não se fixa. Medawar decidiu fazer desse tema sua área de pesquisa em período integral e assumiu um cargo no Glasgow Royal Infirmary, onde trabalhou com o cirurgião T. Gibson. Em 1942, fizeram um experimento que pôs Medawar na rota que nos levou à moderna compreensão sobre como o corpo reconhece a diferença entre seus próprios tecidos e os de outras pessoas.

Gibson estava tratando uma jovem que havia sofrido extensa queimadura que atingira a maior parte do seu lado esquerdo. Entretanto, ao contrário do infeliz piloto, muito de seu corpo permanecera ileso, tornando possível retirar várias pequenas lâminas da pele dela e enxertá-las em metade da área queimada. Todas se desenvolveram bem. No restante da queimadura foram aplicadas duas séries de enxertos de pele doada por seu irmão, a segunda série sendo enxertada quinze dias após a primeira. Conforme esperado, essas não tiveram sucesso. A primeira série cresceu durante quinze dias antes de entrar em falência; mas eis que a segunda série nem sequer chegou a se fixar. Medawar imediatamente reconheceu o padrão. Era o mesmo de quando nos deparamos com um organismo atacado, por exemplo, pelo vírus da varicela. Na primeira vez que isso acontece, tem-se febre enquanto o corpo despende vários dias "aprendendo" a reconhecer o vírus para, então, produzir o anticorpo apropriado. Em subseqüentes ataques fica-se imune porque o corpo reconhece o vírus e imediatamente produz um anticorpo para refreá-lo. Assim, Medawar concluiu que a rejeição aos enxertos de pele também devia ser uma reação de imunidade causada pelo organismo, que ataca a pele estranha com anticorpos.

Medawar deu continuidade a essa descoberta por cerca de vinte anos de pesquisa, a qual lhe proporcionou o Prêmio Nobel de medicina, e resultou no desenvolvimento das drogas imunossupressoras usadas atualmente em cirurgias de transplante. Sua carreira de pesquisador parou tristemente em 1969, quando teve o primeiro de vários derrames cerebrais que o deixariam progressivamente inválido. Não obstante, ainda obteve renome como autor de livros sobre ciência e o modo de pensar dos cientistas. Escritos num estilo simples, porém sempre com o maior rigor intelectual, seus livros foram muito lidos. Medawar* foi um homem amável, fã de ópera e de críquete e benquisto pelos colegas. Faleceu em 1987.

T. Gibson e P. B. Medawar, *Journal of Anatomy*, 77, 299-310 (1943)

*Peter Brian Medawar nasceu no Rio de Janeiro em 28 de fevereiro de 1915, de nacionalidade inglesa.
(http://nobelprize.org/medicine/laureates/1960/medawar-bio.html) NT

ANEMIA FALCIFORME

Doença fatal cujo gene protege contra a malária

Em qualquer lista dos maiores cientistas do século XX, Linus Pauling ocupará uma posição de destaque. Em 1932, ele uniu as ciências da física e da química mostrando que a teoria da ligação química de Gilbert Lewis era conseqüência do comportamento de elétrons como descrito por Niels Bohr. No início da década de 1950, realizou relevantes conquistas ao estudar a estrutura das moléculas de proteína. Em 1953, estava perto de descobrir a estrutura da molécula do DNA quando Francis Crick e James Watson se anteciparam. No fim da década de 1940, dirigiu um projeto que levou à descoberta da origem de um dos maiores problemas de saúde do mundo, a anemia falciforme.

Essa doença é causada por uma condição congênita e debilitante, geralmente fatal, que deforma, nos doentes, os glóbulos vermelhos do sangue. Muitas das células apresentam a aparência de foice, em vez da forma normal circular. Os glóbulos vermelhos contêm a proteína hemoglobina, cuja função é levar o oxigênio dos pulmões para outras partes do corpo. Nas pessoas com anemia falciforme, o sangue não transporta o oxigênio tão eficientemente como seria o normal, e as células deformadas podem causar obstruções nos vasos sanguíneos. O baço é progressivamente destruído, resultando na diminuição da resistência às infecções. A doença é quase inteiramente limitada a gente de descendência africana, na qual é bastante comum.

Pauling interessou-se pela anemia falciforme em 1945, quando participava de uma comissão governamental nos Estados Unidos para selecionar quais pesquisas científicas deveriam receber prioridade após o término da Segunda Guerra Mundial. Certa noite, durante o jantar, a anemia falciforme foi discutida e um dos membros da comissão mencionou que as células deformadas apenas apareciam no sangue que entrava nos pulmões e nunca no sangue que dele era expelido. Pauling percebeu imediatamente que a deformidade devia ocorrer em razão de um defeito na hemoglobina, já que essa proteína é a única que passa por mudança quando o sangue flui através dos pulmões e absorve oxigênio. De imediato criou um projeto de pesquisa e logo pôde confirmar sua intuição. E o que foi mais interessante, descobriu que os pais dos portadores da anemia falciforme possuíam uma hemoglobina ligeiramente diferenciada. Estava claro que a doença era causada por um gene "recessivo": para que a condição se desenvolvesse devia ser herdada de ambos os pais. Se a herança fosse de um só dos genitores, o gene causaria sintomas muito brandos. Pauling descobriu que na África as pessoas com anemia falciforme geralmente morriam jovens, porém pareciam ser imunes à malária. Ele concluiu que o gene é comum na África (onde a malária é uma grande assassina) porque se ambos os pais numa família são portadores do gene da doença, então uma quarta parte de seus filhos herdará dois genes da anemia falciforme e morrerá jovem; uma outra quarta parte não herdará genes da doença, mas morrerá de malária; porém a metade de seus filhos receberá apenas um gene anormal, só de um dos pais, tornando-se resistentes à malária e pegando somente uma branda anemia falciforme.

Não há cura completa para a doença em questão, mas, com o conhecimento ganho pela descoberta de Pauling, os médicos podem aconselhar dietas para os pacientes e um estilo de vida que minimize seus efeitos.

L. Pauling et al, *Science*, 110, 543-548 (1949)

FUMAR PODE CAUSAR CÂNCER PULMONAR

Evidência clara da estatística hospitalar

Durante a primeira metade do século XX, a incidência do câncer pulmonar no mundo ocidental cresceu desmedidamente. Várias causas foram alvitradas, mas uma atraiu particular atenção: o alto crescimento no consumo de tabaco, especialmente na forma de cigarros. A partir do final da década de 1930, começaram a aparecer relatos mostrando que a incidência de fumantes entre pacientes que davam entrada em hospitais com câncer pulmonar era mais elevada do que entre pacientes internados com outras doenças. Esses primeiros registros apenas descreviam investigações em escala modesta, mas em 1950 dois grandes estudos foram publicados, os quais agora são vistos como os momentos em que a conexão se estabeleceu firmemente.

O primeiro desses estudos a aparecer publicado foi conduzido pelos americanos E.L. Wynder e E.A. Graham. Eles constataram que, entre 605 homens hospitalizados com câncer no pulmão, menos de 2% eram não-fumantes, e acima de 50% fumavam mais de 20 cigarros por dia. Em comparação, entre 882 pacientes com outras doenças, cerca de 15% eram de não-fumantes e menos de 20% fumavam mais de 20 cigarros por dia. Tão forte ligação entre fumo e câncer de pulmão não podia ser ignorada.

O segundo estudo, que na verdade começara antes do outro, foi feito pelo professor Bradford Hill e pelo Dr. Richard Doll, para o Medical Research Council, na Inglaterra. Em

20 hospitais de Londres, assistentes sociais entrevistaram 649 homens e 60 mulheres com câncer pulmonar, e um igual número de pacientes com outras doenças. Apresentaram, a esses pacientes, várias perguntas sobre seus hábitos de fumantes. Os resultados foram novamente bastante claros: entre doentes com câncer no pulmão, era mais provável encontrar fumantes do que não-fumantes, e a correlação era maior com pacientes que fumavam mais de 20 cigarros por dia. Esse estudo foi mais detalhado e exaustivo do que o de Wynder e Graham, e a Richard Doll, em particular, é freqüentemente dado o crédito de haver descoberto o elo entre o fumo e o câncer de pulmão. Ele deu continuidade a esse projeto inicial fazendo vários outros estudos a respeito do assunto, notadamente uma análise sobre o hábito de fumar e a incidência de câncer de pulmão entre os médicos. Foi uma iniciativa inteligente, pois fez com que a classe médica tomasse consciência do problema de uma forma que, apresentada diferentemente, não teria tanto efeito.

Hill e Doll mostraram-se cautelosos não afirmando que "fumar causa câncer de pulmão." Numerosos fumantes não contraem câncer e muitos pacientes com câncer não fumam. Além disso, em 1950, não foi bem avaliado se o alcatrão na fumaça do tabaco é carcinógeno. Essa cautela foi bem aproveitada pela indústria do tabaco e pelo público fumante, que desejavam rejeitar a argumentação. No restante do século XX, as grandes companhias de tabaco procuraram manter a confiança do público realizando suas próprias pesquisas. No entanto, ficou patente que haviam perdido a discussão quando foi revelado não terem publicado os resultados que mostravam que a fumaça do tabaco é, de fato, uma poderosa causadora de câncer. Nos EUA, essa revelação deixou os fabricantes vulneráveis a ações legais que ainda podem vir a lhes proporcionar sérios reveses.

R. Doll e B. Hill, *British Medical Journal*, 1950/2, 739-748 (1950)
E. Wynder e E. Graham, *Journal of the American Medical Association*, 143, 329 (1950)

VACINA DA POLIOMIELITE

O maior experimento médico de todos os tempos

A poliomielite, comumente chamada de pólio ou paralisia infantil, foi o último grande flagelo do mundo ocidental até a chegada da AIDS. Na América do Norte, atingiu dimensões epidêmicas: nas décadas de 1940 e 1950, um em cada cinco mil americanos ficou paralítico ou morreu por haver contraído o mal. Instalou-se uma corrida para a produção de uma vacina adequada.

O vencedor foi Jonas Salk. Filho de imigrantes judeo-poloneses, Salk ascendeu ao cargo de chefe do laboratório de pesquisas virais da Pittsburgh University. Teve êxito ao associar duas novas descobertas de outros pesquisadores. Em 1949, John Enders descobrira uma maneira de desenvolver o vírus da pólio numa cultura de tecidos retirados dos rins ou dos testículos de macacos, trabalho que lhe proporcionou o Prêmio Nobel. Enquanto isso, os colegas de Salk em Pittsburgh constataram que o vírus podia ser destruído por meio do formaldeído. O vírus inerte, quando injetado numa cobaia como camundongo ou macaco, podia fazer com que o animal produzisse anticorpos exatamente como se o vírus continuasse ativo, tornando-o imune a subseqüentes infecções. Salk usou a técnica de Enders para criar grandes quantidades de vírus da pólio (na verdade, há três diferentes cepas), e os tornou inativos com formaldeído para produzir uma vacina que pudesse ser injetada sem perigo.

Salk testou a vacina primeiramente em si mesmo e em sua família. Convencido de que não havia riscos, em 1952 vacinou 39 crianças escolares e a seguir comparou a quantidade de anticorpos de pólio no sangue dessas crianças com a quantidade encontrada em pessoas que haviam recentemente ficado paralíticas pela pólio e também em pessoas que nunca haviam tido a doença. Realmente, a vacinação elevou os níveis de anticorpos no sangue a graus comparáveis aos das vítimas de pólio. Na esteira desse resultado, a National Foundation for Infantile Paralysis autorizou a maior experimentação médica jamais feita na história. Um total de 650 mil crianças em escolas nos Estados Unidos recebeu a vacina Salk ou um placebo; depois, as crianças foram monitoradas para verificar se tinham contraído pólio. Um grupo de controle formado por 1,18 milhão de crianças ficou também em observação. O resultado mostrou claramente que a vacina protegia, e em 1955 teve início um programa de vacinação em todo o território nacional.

Salk foi tratado como celebridade pelo público americano e pela mídia, mas as comunidades médica e científica foram menos entusiastas. Viam-no como alguém empenhado em autopromoção e que usara as descobertas de outras pessoas sem lhes dar os créditos. Estavam muito mais impressionadas com seu rival Albert Sabin, que pesquisava o uso de vírus ativos que haviam sido "atenuados," isto é, enfraquecidos de maneira a torná-los inofensivos. Esse trabalho levou, em 1961, a uma vacina que podia ser misturada a um torrão de açúcar e engolida. Esse produto agora substitui amplamente a versão original de Salk.

Salk continuou a trabalhar em pesquisa de vírus até sua morte, em 1995. Ele também criou o prestigioso Salk Institute, na Califórnia, um laboratório independente onde muitos biólogos de renome têm realizado pesquisa pura, sem a responsabilidade de dar aulas em universidades ou a necessidade de produzir resultados para empregadores na indústria.

J. Salk, *Journal of the American Medical Association*, 151, 1081-1098 (1953)

INTERFERONS

Esperança no tratamento de viroses e tumores

A maioria das doenças infecciosas é causada por bactérias ou por vírus. O advento de antibióticos e de sulfonamidas, em meados do século XX, foi um grande sucesso na luta contra as doenças bacterianas, porém até agora a maior parte das infecções viróticas permanece incurável. Entretanto, em 1957, uma equipe liderada pelo Dr Alick Isaacs, do National Institute for Medical Research, em Mill Hill, nos arredores de Londres, fez uma descoberta que pode ainda vir a ser considerada de grande importância: uma substância química que nossos corpos produzem normalmente quando lutam contra uma infecção por vírus.

Isaacs e seu grupo estudavam o fenômeno da "interferência" nas infecções viróticas. Quando contraímos tal tipo de doença, a substância que produzimos nos protege temporariamente de infecções adicionais. É incomum pegarmos duas viroses ao mesmo tempo. Aparentemente, quando partículas viróticas invadem um tecido vivo, algo ocorre nesse tecido que o protege de novas invasões. Isaacs estudava esse efeito usando pedaços de membranas da parte interna de um ovo de galinha na fase de incubação, tecido que se desenvolve bem em tubos de ensaio. Começou expondo amostras de membranas ao vírus da gripe "atenuado," isto é, tornado inócuo por meio de aquecimento a 50° C durante uma hora. Então, retirou com água o vírus atenuado e expôs as amostras de membrana a vírus infecciosos ativos. Isaacs verificou que, se as amostras de membranas ficassem expostas por apenas cinco minutos ao vírus atenuado, uma resistência ao vírus ativo se instalaria em uma hora, aproximadamente, desde que as amostras fossem mantidas aquecidas. Concluiu que o vírus atenuado devia ter estimulado a membrana a gerar uma substância que interferia nos outros vírus. Denominou essa substância de "interferon."

A pesquisa sobre o interferon progrediu passo a passo por cerca de vinte anos. Descobriu-se que havia três diferentes tipos, alfa, beta e gama, e que todos são proteínas. Nos seres humanos, essas proteínas são produzidas por determinadas células brancas. Então, perto do fim da década de 1970 e começo da seguinte, as poucas referências à pesquisa nas publicações subitamente se transformaram num dilúvio. Com os últimos avanços em biotecnologia, os interferons sintéticos podiam ser produzidos em grandes quantidades, abrindo-se a perspectiva de usá-los como medicamento para tratar infecções viróticas.

Hoje em dia, parece que os interferons não corresponderam às expectativas iniciais como remédio mágico. Funcionam desencadeando uma variedade de mecanismos defensivos nos tecidos vivos que os tornam quase tão venenoso como o próprio vírus. Na verdade, estão na raiz de muitos dos sintomas de febre. Entretanto, algumas infecções virais persistentes, particularmente as hepatites B e C, cedem ao tratamento pelo interferon, especialmente em combinação com outros medicamentos. Recentemente, foi constatado também que os interferons podem ser úteis no tratamento de uma variedade de doenças que não são causadas por vírus. Vários tipos de câncer, inclusive algumas leucemias, a esclerose múltipla e, possivelmente, o diabetes e a artrite reumatóide, todos parecem responder ao tratamento por interferon, pelo menos temporariamente. Assim, apesar de não constituírem uma panacéia, os interferons sintéticos podem ainda se transformar em importante arma no arsenal médico.

A. Isaacs e J. Lindemann, *Proceedings of the Royal Society of London B*, 147, 258-267; A. Isaacs et al, *Proceedings of the Royal Society of London B*, 147, 268-273 (1957)

PRÍONS

Moléculas destruidoras da EEB

Nas últimas duas décadas do século XX, o público inglês tornou-se desconfortavelmente cônscio de que nova e terrível doença estava abatendo nosso rebanho. A "doença da vaca louca," ou encefalopatia espongiforme bovina (EEB), para dar-lhe o nome completo [*BSE - Bovine Spongiform Encephalopathy*], provocava nas vacas a perda do controle sobre seus corpos, tornava-as dementes e finalmente as matava. O Governo assegurou a todos que a doença não podia ser transmitida para os seres humanos, afirmação que se comprovou errada quando as primeiras mortes de pessoas por EEB começaram a ocorrer em 1995. Foi amplamente (e bem possível de forma errada) divulgado que a EEB havia de início atingido o rebanho por intermédio de ração artificial para gado contendo restos de carneiros que tinham uma doença similar chamada "scrapie." A doença era, então, transmitida via alimento para gado preparado com carcaças de vacas infectadas. Providências para manter a carne infectada fora das rações para animais chegaram tarde demais para evitar a grande epidemia que ainda não foi controlada e que agora está se espalhando por outros países.

O governo foi extensamente criticado por sua complacência, mas os cientistas que o advertiram chegaram a conclusões perfeitamente naturais ao valerem-se das evidências que tinham na época. A scrapie fora endêmica no rebanho ovino por séculos, durante os quais muito carneiro infectado deve ter terminado seus dias como refeição. E apesar disso a scrapie nunca contagiara seres humanos. Portanto, se alguém não pode contrair scrapie comendo carne de carneiro infectada, parecia seguro presumir que não era possível pegar a doença ingerindo carne de bovino doente. No entanto, torna-se óbvio agora que a EEB não é na verdade a scrapie, mas outra doença, capaz de se propagar de uma espécie para outra.

O problema com a scrapie e a EEB é que, diferentemente de outras doenças infecciosas, não são causadas por bactérias ou vírus, mas por algo bastante fora do comum chamado "príon," cuja natureza singular foi demonstrada por Stanley Prusiner e seus colegas no distante ano de 1983, mas suas descobertas eram tão estranhas que até recentemente ainda havia cientistas que se recusavam a acreditar nelas. Um príon é simplesmente uma versão modificada de uma proteína existente no sistema nervoso dos animais. Se apenas uma minúscula quantidade dessa proteína modificada penetra no sistema nervoso do animal, faz com que todas as proteínas normais mudem para uma versão modificada por meio de algo como o efeito dominó. As células nervosas que contêm a proteína modificada se deformam, fazendo com que o cérebro do animal infectado pare progressivamente de funcionar. A doença é invariavelmente fatal.

No começo do século XXI, não estava ainda claro quão séria seria uma epidemia de EEB entre os seres humanos. Havia a impressão de que nem todos eram suscetíveis à doença e que mesmo a ingestão da carne contaminada nem sempre resultava automaticamente em infecção. Mas também ficou claro que as precauções tomadas para manter os produtos infeccionados longe dos açougues nem sempre foram cuidadosamente seguidas. A doença tem um período de incubação de vários anos e não é provável que saibamos do pior ainda por algum tempo.

S. Prusiner et al, *Cell*, 35, 57-62 (1983)

HIV

O vírus da AIDS

O aparecimento da AIDS, no início da década de 1980, como uma doença letal foi sem dúvida a maior calamidade a se abater sobre a humanidade no século XX. Apenas na África, a quantidade de mortes já perfaz dezenas de milhões. Inicialmente, muitos duvidavam que a AIDS fosse causada por um organismo infectado. (Alguns ainda têm essa dúvida, mas um esmagador volume de evidências científicas as contraria.) No entanto, para pesquisadores, um vírus sempre parece ser a causa mais provável e vários laboratórios logo se dedicaram à tarefa de identificá-lo.

Quase de imediato viu-se que os pacientes de AIDS perdiam determinadas células brancas do sangue, chamadas linfócitos T, parte vital do sistema imunológico. Em conseqüência, seus sistemas defensivos entravam em colapso, deixando-os susceptíveis a qualquer infecção orgânica. Essa descoberta atraiu o interesse de Robert Gallo, no laboratório do National Cancer Institute dos Estados Unidos, nos arredores de Washington. Gallo havia recentemente descoberto dois vírus que atacavam as células T, embora esses vírus, em vez de matá-las, fizessem com que começassem a se multiplicar incontrolavelmente, resultando em leucemia. Enquanto isso, Luc Montagnier, no Institut Pasteur, em Paris, também começava uma caçada ao vírus. Inicialmente, os dois laboratórios colaboraram e, em 1983, publicaram simultaneamente artigos na revista *Science*, reivindicando a descoberta de evidências de que a AIDS era causada por um tipo de vírus semelhante ao da leucemia. O artigo da equipe de Montagnier (seu principal redator foi Françoise Barre-Sinoussi) continha inclusive uma fotografia tirada com um microscópio eletrônico, mostrando as partículas do vírus. Era um "retrovírus" – o que carrega seus genes numa molécula de RNA, em vez do DNA usual. Quando infecta uma célula T, faz cópias de seus genes no DNA, que então se incorporam ao genoma da célula T.

Após a descoberta inicial, a história se torna torpe. As equipes francesa e americana deram fim à estreita colaboração; uma corrida se desencadeou e cada laboratório, separadamente, procurou provar que sua própria cepa de vírus era de fato a causa da AIDS, tentando preparar culturas viáveis e seqüenciar seu genoma (isto é, todo seu conjunto de genes). O vencedor colheria não só o renome científico, como também os direitos de propriedade da tecnologia para diagnosticar infecção pelo vírus. Em determinado momento, Gallo foi acusado de fraudulentamente apresentar vírus das amostras de Montagnier como suas. Uma investigação pelo Office of Scientific Integrity dos Estados Unidos não comprovou fraude deliberada, mas criticou veementemente seu laboratório pelo uso de tecnologia inferior e por falta de adequada manutenção de registros. Por fim, os governos francês e americano chegaram a um acordo para partilhar os disputados direitos de patente.

Gallo e Montagnier são hoje em dia reconhecidos como parceiros na descoberta do vírus conhecido agora como HIV. A antiga convicção de Gallo de que era um vírus semelhante ao da leucemia se mostrou incorreta. Mais propriamente, trata-se de vírus da subfamília dos "lentivírus," da família dos retrovírus, os quais eram anteriormente conhecidos por causarem doenças de lento desenvolvimento em animais de fazenda. O HIV deve ter infectado primeiramente seres humanos na África ocidental, na década de 1930. Vírus similares foram encontrados em macacos e podem ter sido transmitidos aos humanos numa luta entre um caçador e um chimpanzé.

F. Barre-Sinoussi et al, *Science*, 220, 868-871 (1983)

HELICOBACTER PYLORI

A bactéria da úlcera estomacal

Queixas de úlcera gástrica são bem conhecidas. Numa pessoa saudável, o revestimento estomacal secreta sucos com altas concentrações de ácido clorídrico, que ajudam a esterilizar os alimentos antes que passem para os intestinos a fim de serem digeridos. O revestimento do estômago, em si, é protegido do ácido por uma camada de mucosidade. No entanto, o muco falha em seu trabalho algumas vezes e, como conseqüência, o estômago e o duodeno (a extremidade superior do intestino) ficam sujeitos a queimaduras ácidas. São muito dolorosas e debilitantes, e quem delas padece muitas vezes não pode comer sem vomitar. Há muito se notou que as úlceras são mais comuns em pessoas que levam vida estressante e, assim, o tratamento tradicional tem sido permanecer em repouso na cama e se alimentar com uma dieta de leite até a dor cessar. Esse procedimento é efetivo, mas demorado, e não evita a recorrência de úlceras no futuro. Um tratamento bem mais rápido se tornou disponível no final da década de 1970, com a chegada de medicamentos que reduzem a quantidade de ácido secretado no estômago. Esses medicamentos podiam interromper os sintomas em um ou dois dias, mas ainda assim não havia garantia de que a cura fosse permanente. (As drogas, em conseqüência, tornaram-se imensamente lucrativas para seus fabricantes.)

No entanto, alguns poucos médicos sempre suspeitaram que o ácido em excesso não era a causa real das úlceras. Entre esses estava Barry Marshall, do Freemantle Hospital, na Austrália, que se convencera de que alguma infecção bacteriana estava envolvida no processo. Sua opinião foi recebida com ceticismo generalizado até 1985, quando ele a comprovou realizando um simples experimento em si mesmo. Isolou algumas bactérias do estômago de pacientes com gastrite, uma inflamação do revestimento do estômago que geralmente precede o desenvolvimento pleno de úlceras. Cultivou-as com nutrientes e, quando a cultura se desenvolveu bem, bebeu-a. Após uma semana, contraiu gastrite, que perdurou por cerca de quinze dias. Amostras retiradas de seu revestimento estomacal mostraram que as bactérias haviam se fixado sob a camada de mucosidade, a qual se tornara mais fina do que o normal. Marshall, então, deu seguimento à experiência com exames em pacientes com úlceras de estômago e constatou que a grande maioria deles tinha a bactéria. Entre pessoas sem úlceras, no entanto, eram muito mais raras.

A bactéria, que desde então foi denominada *Helicobacter pylori*, é extremamente comum. Nas nações ocidentais afluentes, está em declínio, porém nos países em desenvolvimento é provável que grande parte das pessoas a possua. Sem dúvida, a maioria não contrai úlcera e, assim, a *H. pylori* não é inteiramente "a causa" da úlcera por si só. Entretanto, descobriu-se que as úlceras podem ser curadas ao se atacar a *H. pylori* com antibióticos, e, melhor ainda, que essa cura é permanente. A *H. pylori*, tudo leva a crer, é bastante inofensiva em circunstâncias normais. No entanto, algumas vezes, principalmente quando alguém passa por estresse prolongado, parece que seu corpo não consegue mais competir com a bactéria, e é nesse momento que a úlcera se desenvolve. Um estilo de vida menos estressante seria a melhor cura, mas, se isso falhar, a remoção da bactéria faz com que o estresse pare de causar úlceras.

B.J. Marshall et al, *Medical Journal of Australia*, 142, 436-439; 439-444 (1985)

CÉLULAS-TRONCO DE EMBRIÃO CRIADAS ARTIFICIALMENTE

Possibilidade de reversão de doenças degenerativas – ou da criação de seres humanos geneticamente modificados

Há muito se sabe que um embrião inicial consiste em grande parte de uma massa de células, todas aparentemente iguais e claramente não especializadas para o desempenho de qualquer função. Essas são as "células-tronco embrionárias." Sua importância para a pesquisa médica está no fato de que, sob condições adequadas, qualquer tipo de tecido pode se desenvolver a partir delas. Fetos mais desenvolvidos também possuem células-tronco, mas estas se tornam cada vez mais comprometidas com a formação de tecidos específicos. Por exemplo, células-tronco de tecidos nervosos retiradas de fetos abortados têm sido recentemente usadas para tratar o mal de Parkinson, implantando algumas delas no cérebro do paciente. (Até agora esse tratamento deu resultados bastante incertos.) Células-tronco embrionárias, diferentemente, não estão destinadas a se tornar tecidos específicos.

Entretanto, para se usar células-tronco embrionárias com finalidade médica, as células precisam ser antes cultivadas artificialmente em larga escala. Isso foi alcançado em 1997, quando o Dr John Gearhart, da John Hopkins University, em Baltimore, conseguiu cultivar células-tronco tiradas de fetos abortados cerca de sete semanas após a concepção e manter as culturas com vida e em crescimento por várias semanas. Seu comunicado teve grande repercussão, mas criou sérias preocupações em muita gente, inclusive em vários cientistas. De imediato compreendeu-se que havia a possibilidade de o processo ser usado na produção de seres humanos modificados geneticamente, ou mesmo na clonagem de pessoas, embora o próprio Gearhart estivesse interessado apenas em utilizar sua descoberta no tratamento de doenças.

A produção de células-tronco embrionárias em culturas não é novidade. Fez-se pela primeira vez com células-tronco de embriões de camundongos em 1981, por Martin Evans e M.H. Kaufman, na Cambridge University, e de forma independente por Gail Martin na University of California, San Francisco. Mas a técnica empregada não podia ser usada em seres humanos devido às leis que proibiam experiências com embriões humanos. Esse foi o motivo pelo qual Gearhart usou tecidos de fetos abortados. Nos EUA não existe lei contra o uso de material assim obtido, contanto que não haja aborto deliberado com esse propósito. Gearhart identificou uma pequena parte do feto chamada de "crista gonadal," que parece ainda continuar contendo células-tronco embrionárias quando o feto atinge oito semanas de idade.

A façanha de Gearhart causou ansiedade porque, em camundongos, as células-tronco embrionárias são regularmente utilizadas para produzir indivíduos geneticamente modificados. Não é difícil modificar o genoma de uma célula-tronco e, se células-tronco geneticamente modificadas forem injetadas num embrião normal, ele pode transformar-se em um adulto que produza descendência geneticamente modificada. Poucas pessoas simpatizam com a perspectiva de essa técnica ser usada em seres humanos. Entretanto, células-tronco embrionárias podem ser geneticamente modificadas de forma a ser possível transplantá-las para uma pessoa adulta sem que sejam rejeitadas. Células-tronco, dessa maneira, podem ter um potencial enorme no tratamento de todos os tipos de doenças degenerativas, em que um órgão ou tecido parou de funcionar e necessita ser substituído. O consenso geral entre pesquisadores médicos é o de que esse benefício potencial não seja prejulgado e que a pesquisa em célula-tronco humana deve prosseguir.

J.D. Gearhart, *13th International Congress of Developmental Biology* (1997)

HISTÓRIA DA VIDA

De todos os ramos da ciência, poucos têm alcançado tanta simpatia popular como a paleontologia, o estudo da história da vida na Terra. Sem dúvida, fósseis têm sido familiares em toda parte desde tempos imemoriais. Até o final do século XVIII era largamente aceito serem ossos de animais que foram exterminados no dilúvio de Noé. No entanto, no início da década de 1800, geólogos já estavam acreditando que a Terra era bem mais antiga do que se suspeitara anteriormente e que as camadas rochosas com seus fósseis haviam se depositado muito gradualmente através de um período enorme de tempo. O "Catastrofismo," crença de que a Terra inteira tenha sido submetida a uma imensa inundação (e provavelmente a vários outros cataclismos anteriores), veio a ser considerado como não-científico e saiu de moda. Essa revolução no pensamento dos geólogos foi seguida por toda uma série de descobertas fósseis no século XIX, primeiro na Europa e mais tarde na América do Norte. Tais achados logo se tornaram familiares para o público em geral. Do mesmo modo como anteriormente as pessoas imaginavam monstros fictícios, tais como dragões e unicórnios, agora podiam se deleitar com a idéia de dinossauros reais. Paleontologia era assunto divertido.

No século XX, o estudo dos dinossauros progrediu rapidamente. Fora de dúvida, a mais importante descoberta foi a resposta definitiva à velha pergunta: Por que se extinguiram?

Há quase certeza agora de que todos pereceram quando um asteróide atingiu a Terra, provocando uma nuvem de poeira que bloqueou a luz do Sol por anos a fio. Na verdade, a extinção dos dinossauros não foi a única, nem mesmo a maior extinção em massa na história da Terra, e é possível que pelo menos alguns dos outros eventos exterminadores tenham sido também causados por asteróides. Essa descoberta fez muitos cientistas sentirem-se em situação desconfortável. Por mais de um século foram ensinados a absterem-se do "catastrofismo." Agora parecia terem realmente acontecido catástrofes globais várias vezes no passado e que elas tenham mudado o curso da história da vida. Previsivelmente, vários cientistas têm se mostrado grandemente céticos acerca dessas catástrofes e tentam demonstrar que as destruições em massa não foram na verdade tão repentinas ou misteriosas. No entanto, esses contra-argumentos estão agora se desgastando, conforme surgem crescentes evidências.

Sem dúvida, é divertido estudar os dinossauros, mas para a maioria dos não-cientistas esses animais são na verdade apenas entretenimento. Em contraste, as questões passíveis de nos afetar mais profundamente são: Como a vida começou? E de onde a espécie humana surgiu? Em tempos mais antigos (e na maior parte do mundo ainda hoje em dia), essas dúvidas têm sido da alçada da religião, e quando a ciência volta sua atenção para esses temas inevitavelmente mexe com as emoções. O estudo de como a vida começou tem recebido pouca publicidade relativamente, talvez porque os cientistas envolvidos percebam quão pouco têm a dizer. No início do século passado, o russo Aleksander Oparin especulou sobre a maneira como substâncias químicas inorgânicas podiam se juntar para formar os primeiros seres vivos, mas experimentações sérias somente foram iniciadas depois de passados cinqüenta anos. Um século após Oparin, continuamos especulando. Tudo o que se pode dizer, na verdade, é que agora conhecemos alguns processos inorgânicos que podem gerar as moléculas básicas a partir das quais os seres vivos são formados. Quanto ao que acontece a seguir, várias idéias estão circulando, mas ainda somos totalmente incapazes de testá-las em experimentos.

A busca pelos ancestrais da humanidade, em contraste, tem feito enorme progresso durante os últimos cem anos, e a rapidez com que as descobertas acontecem ainda está aumentando. Entretanto, a natureza emocional do assunto tem repetidamente levado a comportamentos altamente lastimáveis entre os cientistas envolvidos. Na primeira metade do século, paleontólogos mostraram atitudes racistas ao assumirem que nossos ancestrais devem ter vivido na Europa e na Ásia, apesar do fato de a maioria dos outros grandes macacos viver na África. Quando o peso da evidência finalmente os forçou a reconhecer nossa ascendência africana, imediatamente procuraram denegri-los retratando-os, ao amparo de parcas evidências, como canibais homicidas. Pior ainda foi o mal-afamado Homem de Piltdown "descoberto" pelo paleontólogo Charles Dawson, em 1912, numa escavação ao sul da Inglaterra, e apresentado à comunidade científica como sendo o "elo perdido" entre os macacos e os humanos. A fraude, criada com a junção do crânio de um ser humano com a mandíbula de um orangotango, foi revelada somente em 1953. Provavelmente jamais saberemos se Dawson foi quem efetivamente perpetrou tal ato, ou se foi ludibriado por um colega, mas quem quer que tenha sido o verdadeiro culpado, obviamente queria nos convencer de que a espécie humana se originara na Europa Ocidental. Uma alternativa seria ele ter tido a intenção de um trote destinado a fazer de tolos os rivais profissionais. Nesse caso, não seria a primeira vez em que a inveja profissional levou eminentes paleontólogos a se comportarem de forma imprópria. Ao se depararem com ossos de nossos ancestrais, até mesmo cientistas treinados tendem a assumir comportamentos excessivamente emotivos e toda a comunidade é tomada pelas mais imoderadas disputas e animosidades.

A necessidade da criação de mitos parece impregnar a

sociedade humana. No mundo ocidental laico, em que o livro do Gênesis não é mais aceito literalmente, as pessoas seguidamente se voltam para os registros fósseis a fim de satisfazer essa necessidade. Nos livros populares, a história da vida tem sido repetidamente contada como um progresso continuado, que se inicia com o mais simples dos organismos e se dirige inexoravelmente para cima, em nossa direção. Na verdade, a evidência sugere um relato de puros acasos e bem mais emaranhado. Nossos ancestrais imediatos também têm repetidamente sido mitificados, inclusive por atores supostamente sérios, que os apresentam como selvagens embrutecidos ou como infantilmente inocentes, de acordo com a preferência pessoal. A verdade é que ciência não é religião e quem quer que deseje transformar um registro fóssil numa narrativa moral terá de exagerar muito ao prosseguir.

Esta parte do livro foi organizada diferentemente das outras. Nas demais, as descobertas estão em ordem cronológica. Nesta, estão dispostas em função do período da história da vida à qual se referem, começando com as descobertas dos primórdios da vida e terminando com os fósseis mais recentes.

PRESENÇA INICIAL DE VIDA NA TERRA

Preparando a primeva sopa

A questão de como a vida surgiu na Terra é um dos mais irredutíveis problemas que os cientistas se autopropuseram. Todos os seres vivos conhecidos necessitam um mínimo de dois tipos de moléculas – ácidos nucléicos (DNA ou RNA), para transportar a informação genética; e proteínas para permitir a produção de cópias dos ácidos nucléicos a fim de serem passados para a geração seguinte. Porém, no mundo atual, os dois tipos nunca são encontrados isoladamente. Os ácidos nucléicos são necessários para a produção de proteínas e estas, para dar origem aos ácidos nucléicos. São, também, as mais complexas de todas as moléculas conhecidas; assim nos confrontamos com estas questões: Como surgiram pela primeira vez; e como se juntaram? Tem havido uma grande quantidade de trabalho teórico, mas as evidências experimentais chegam muito lentamente.

O mais antigo e famoso experimento foi executado por Stanley Miller na University of Chicago, em 1953. Junto com o astrônomo Harold Urey, decidiu verificar se as substâncias químicas na atmosfera primordial da Terra poderia ter provido a matéria-prima da qual os primeiros seres vivos foram feitos. No período inicial da história da Terra sua atmosfera era muito diferente da que existe na atualidade. Com toda a certeza não havia oxigênio livre, porque esse é um gás altamente reativo produzido por plantas verdes. Urey acreditava que a atmosfera provavelmente era constituída pelos gases metano (um composto de carbono e hidrogênio, o principal componente do "gás natural" que usamos nos aquecedores), amônia (um composto de hidrogênio e oxigênio), vapor de água e hidrogênio. Miller misturou esses gases e os colocou num aparelho em que faíscas elétricas eram repetidamente passadas através da mistura. A idéia era simular o efeito das descargas elétricas atmosféricas. Após uma semana desse tratamento, Miller analisou os resultados químicos. Uma mistura viscosa amarela de compostos orgânicos se acumulara no fundo do aparelho, contendo quantidades significativas de aminoácidos, moléculas a partir das quais se formam as proteínas. Miller e Urey sugeriram que no início da história da Terra os aminoácidos eram formados durante as tempestades elétricas e que a chuva então arrastava-os para o mar, onde proporcionavam os blocos a partir dos quais os primeiros seres vivos se autoconstruíam.

É oportuno dizer que esse experimento tem seguidamente sido citado com excessivo espalhafato. Miller não chegou nem sequer perto de demonstrar como a vida surgiu. Além disso, acredita-se agora que Urey usou uma composição da atmosfera inicial completamente errada. Atualmente é consenso que a atmosfera primitiva consistia de dióxido de carbono, nitrogênio e vapor de água. No entanto, desde então repetiu-se o experimento utilizando essa mistura de gases e o resultado tem sido muito similar. Parece ser fácil criar aminoácidos e até mesmo nucleotídeos, os blocos de construção dos ácidos nucléicos, podem ser obtidos por meio desses processos simples. O principal significado dos experimentos de Miller-Urey foi o de mostrar que a questão de como a vida surgiu pode ser investigada em laboratório e não precisa permanecer objeto de pura especulação para todo o sempre.

S.L. Miller, *Science*, 117, 528-529 (1953)

PRIMEIRAS PISTAS DE COMO A VIDA COMEÇOU

Prova de vida há quase quatro bilhões de anos

Fósseis sempre prenderam a imaginação do público. Inúmeros livros têm sido publicados descrevendo animais e plantas do passado, desde os trilobites do Período Cambriano, passando pela época dos dinossauros, até chegar aos mamutes e aos tigres-dente-de-sabre de tempos mais recentes. No entanto, esses livros populares tendem a dar uma impressão equivocada. Parecem sugerir que a vida na Terra começou há menos de 600 milhões de anos e que animais e plantas altamente complexos surgiram quase que simultaneamente. Na verdade, a vida esteve presente na Terra por um tempo maior do que seis vezes esse período, embora o registro fóssil seja muito escasso.

É provável que na maior parte da história da Terra a vida tenha consistido inteiramente de organismos muito simples. Eram, em geral, microscopicamente pequenos, embora freqüentemente vivessem em grandes colônias. Até agora, as mais antigas rochas, aceitas como contendo fósseis, estão no noroeste da Austrália, com idade variando de 3,3 a 3,5 bilhões de anos. Vestígios nessas rochas se parecem com células semelhantes a bactérias, enfileiradas juntas em pequenas séries, cada uma com, talvez, uma dúzia de elementos. Entretanto, por mais simples que pareçam ser, esses seres devem ter evoluído de precursores ainda mais simples. Esses precursores provavelmente não deixariam fósseis reconhecíveis, portanto deve-se esperar apenas encontrar indícios indiretos de sua existência.

Essa prova foi encontrada em 1996, por uma equipe chefiada por S.J. Mojzsis, do Scripps Institute of Oceanography, da Califórnia. O grupo estudava rochas na costa oeste da Groenlândia, datadas de 3,5 a 3,8 bilhões de anos, o que as torna as formações rochosas mais antigas encontradas em toda a superfície terrestre. As rochas contêm carbono e a pergunta feita por Mojzsis foi: Esse carbono se originou de organismos vivos ou penetrou na rocha por meio de algum processo inorgânico? O carbono ocorre numa mistura de dois isótopos, o carbono 12, com seis nêutrons em cada átomo, e o bem menos abundante carbono 13, com sete. Quando seres vivos absorvem carbono do meio ambiente, consomem mais facilmente o carbono 12 do que o 13. Isso significa que é possível saber se o carbono existente numa rocha antiga se origina de organismos vivos pela quantidade de carbono 13 encontrado. Mojzsis analisou a porcentagem de dois isótopos nas rochas da Groenlândia e constatou uma nítida falta de carbono 13. Isso, disse ele, mostrava que o carbono devia ter passado por organismos vivos.

A descoberta de Mojzsis mostrou que a vida deve ter aparecido na Terra tão logo tenha sido possível. A Terra tem 4,55 bilhões de anos de idade. Acredita-se que, cerca de 3,9 bilhões de anos atrás, ela recebeu um maciço bombardeio de asteróides que devem ter fundido toda a sua superfície por dezenas de milhões de anos. Depois disso, a vida parece ter aparecido bem rapidamente. Isso abre uma intrigante possibilidade. A vida realmente se originou aqui na Terra ou veio do espaço exterior num asteróide? Esta possibilidade tem sido aventada várias vezes durante os últimos duzentos anos, mas anteriormente a maioria dos cientistas descartava a como sendo completamente excêntrica. Desde a descoberta de Mojzsis, no entanto, vários pesquisadores começaram a considerar a hipótese mais a sério.

S.J. Mojzsis et al, *Nature*, 384, 55-59 (1996)

A ORIGEM DOS ORGANISMOS SUPERIORES

Como nossos ancestrais evoluíram da bactéria? Formando uma cooperativa

Quando a maioria pensa em seres vivos, imagina criaturas grandes o bastante para serem vistas a olho nu: gente, árvores etc. Mas essas são exceções, por dois motivos. Primeiro, são grandes – enquanto a imensa maioria dos seres vivos é microscopicamente pequena. Depois, todos pertencem ao mais complexo dos dois principais tipos de seres vivos – os "eucariontes." O outro tipo, os "procariontes," são todos microscópicos e de uma arquitetura bem mais simples. Os procariontes mais conhecidos são as bactérias, e elas são de longe os mais numerosos entre todos os seres vivos. Nenhum biólogo duvida que os eucariontes descendem de ancestrais procariontes. Entretanto, o salto em complexidade entre os dois tipos é enorme, induzindo à pergunta: de que modo a evolução deu esse passo gigantesco?

Há duas grandes diferenças entre as células dos procariontes e dos eucariontes. Primeiro na arrumação dos genes. Os procariontes (que consistem de uma só célula) contêm apenas um conjunto de genes, em sua maior parte em um só grande laço de DNA. Já as células eucariontes contêm duas cópias de cada gene armazenadas em estruturas chamadas de cromossomos. A segunda diferença é que as células eucariontes (que geralmente são muito maiores do que as procariontes) contêm várias partes complexas de mecanismo que as procariontes não possuem. Contam, em especial, com organelas em forma de salsicha chamadas mitocôndrias, que cumprem a tarefa de extrair energia dos alimentos e do oxigênio. As plantas (todas eucariontes) também contêm organelas verdes, em forma de ovo, chamadas de cloroplastos, que absorvem os raios solares e usam essa energia para produzir açúcar a partir da água e do dióxido de carbono. Estranhamente, as mitocôndrias e os cloroplastos carregam seus próprios genes dentro de si, dividem-se e reproduzem-se exatamente como pequenos organismos independentes.

Foi Lynn Sagan (hoje, Lynn Margulis), da Boston University, quem primeiro reconheceu a implicação desse fato. As mitocôndrias e os cloroplastos assemelham-se a bactérias, disse ela, porque é exatamente isso que são. Seus ancestrais costumavam viver dentro de outra bactéria maior, por volta de dois bilhões de anos atrás, numa época em que a atmosfera da Terra começava a conter grandes quantidades de oxigênio. Durante as mudanças ecológicas que se seguiram, com as transformações geológicas na superfície, alguns organismos descobriram a vantagem competitiva da simbiose, com pequenas bactérias se abrigando dentro de organismos maiores para realizar suas reações químicas vitais. Sagan também notou que os menores eucariontes nadam por meio de "flagelos" – filamentos com aspecto de chicote que eles agitam para a frente e para trás. Assemelham-se muito a algumas bactérias filamentares e podem, também, ter surgido como um organismo isolado. Sagan alvitrou que os genes dos flagelos vieram a formar parte dos cromossomos dos eucariontes, os quais evoluíram simultaneamente.

Hoje em dia, a interpretação de Sagan é universalmente aceita como basicamente correta. Entretanto, demorou a se difundir e por vários anos foi considerada como um tipo de forasteira dissidente. Os biólogos geralmente pensam na evolução como sendo grandemente impulsionada pela competição entre os organismos e acham difícil aceitar que tão importante desenvolvimento resulte de diferentes organismos se juntando para viver em cooperação.

L. Sagan, *Journal of Theoretical Biology*, 14, 225-274 (1967)

A NÊMESIS DOS DINOSSAUROS

Um asteróide bate na Terra

Os dinossauros sempre fascinaram nossa imaginação. Começaram a evoluir há cerca de 170 milhões de anos e dominaram o reino animal pelos seguintes 110 milhões de anos. Então, de repente, por volta de 65 milhões de anos atrás, foram extintos, juntamente com aproximadamente metade de todas as espécies vivas de animais e plantas marinhas. (Curiosamente, a maioria das plantas terrestres sobreviveu.) Muitas teorias foram propostas para explicar essa extinção em massa, algumas delas totalmente fantásticas, antes que a causa mais provável fosse encontrada.

Em 1980, o geólogo Walter Alvarez estudava rochas calcárias na Itália, juntamente com seu pai Luis, outrora um eminente físico, mas já oficialmente aposentado. Estudavam rochas com restos fossilizados de plâncton que haviam se depositado num antigo leito de mar por volta do período da grande extinção. Justamente na exata época do extermínio havia uma interrupção no calcário marcada por uma camada de argila de cerca de um centímetro de espessura. Descobriu-se que essa argila continha, anormalmente, grandes quantidades de irídio, um metal raro geralmente associado a asteróides. Alvarez examinou rochas em outros locais, na Dinamarca e na Nova Zelândia, e em toda parte encontrava a mesma anomalia. No momento em que os dinossauros foram extintos, uma repentina ocorrência de irídio surgira no mundo todo.

Alvarez concluiu que havia uma única explicação plausível para a camada de irídio. Sessenta e cinco milhões de anos atrás um asteróide com diâmetro de dez quilômetros ou mais atingira a Terra, causando uma explosão equivalente a cem milhões de toneladas de TNT, emitindo uma nuvem de poeira que entrou na atmosfera superior e se espalhou por todo o globo. A luz solar ficou inteiramente bloqueada por vários anos. É também possível que fragmentos incandescentes tenham caído no mundo inteiro, matando todos os animais terrestres grandes demais para se abrigarem. É extraordinário que algum ser vivo tenha resistido.

Não é de surpreender que muitos cientistas contestem esse roteiro melodramático. Assemelha-se demais com ficção científica ou mesmo com mitologia. A extinção dos dinossauros parece repentina, diziam, mas na realidade provavelmente se estendeu por mais de um ou dois milhões de anos. A causa mais provável é que mudanças importantes tenham ocorrido no clima do mundo, possivelmente provocadas por maciças erupções vulcânicas que aconteciam na Índia naquela época. Entretanto, esses críticos foram completamente silenciados quando geólogos anunciaram terem encontrado o local do impacto. Na costa do Yucatan, no México, há uma cratera de meteorito de uns duzentos quilômetros de diâmetro, agora cheia de sedimentos e entulhos. Em 1991 foi calculada sua idade, descobrindo-se ter justamente 65 milhões de anos. Mesmo o mais determinado cético teve que concordar que esse impacto é a mais provável causa da camada de irídio e deve ter originado um holocausto dos seres vivos no mundo inteiro.

Essa descoberta levou os cientistas a perguntarem: isso pode acontecer novamente? E se observarmos um asteróide avançando na direção da Terra, poderemos evitar ser atingidos? Muito do esforço das pesquisas atuais sobre asteróides visa responder a essas perguntas.

L.W. Alvarez et al, *Science*, 208, 1095-1108 (1980)

"LUCY"

O esqueleto de um ancestral pré-humano

A partir da década de 1920, cada vez mais os cientistas vêm constatando que a raça humana se originou na África e não na Europa ou na Ásia, como fora anteriormente suposto. O mais antigo ser humano foi o *Homo habilis*, que viveu na África oriental em torno de dois milhões de anos atrás. Presume-se que era descendente de um gênero de macacos chamados *Australopithecus*. Parece ter havido pelo menos três espécies de *Australopithecus*, possivelmente até mais. Alguns eram de constituição pesada, com maxilares fortes, enquanto outros eram mais esguios e parecidos com humanos. Entretanto, até a década de 1970 nosso conhecimento sobre esses seres era muito pequeno, a maior parte obtida de fragmentos de crânios. Ossos de outras partes do corpo eram mais difíceis de estudar, principalmente porque ninguém havia ainda encontrado algo como um esqueleto completo.

Isso mudou em 30 de novembro de 1974. Nesse dia, Donald Johanson, do Cleveland Museum of Natural History, estava chefiando uma expedição em Hadar, na Etiópia. Relutando em enfrentar uma papelada em sua barraca, saiu comTom Gray, um estudante seu assistente, em busca de fósseis no leito de um rio próximo. Por volta do meio-dia, sob um calor intolerável, inesperadamente começaram a encontrar um osso após outro. A excitação deles aumentou quando perceberam que todos os ossos haviam pertencido ao mesmo indivíduo. Logo estavam com a metade do esqueleto completo de uma pequena fêmea

Australopithecus afarensis, uma espécie primitiva que viveu há cerca de quatro milhões de anos. Imediatamente deram-lhe o nome de "Lucy," tirado da canção dos Beatles "Lucy in the Sky with Diamonds." Lucy nos elucidou mais sobre nossos ancestrais pré-humanos do que qualquer outro fóssil isolado (*ver figura 10*).

O fato mais notável sobre Lucy é o quanto ela parecia humana. Sua cabeça lembrava a de um chimpanzé e tinha dedos curvos próprios para agarrar galhos de árvores, mas as formas de sua pelve e dos fêmures mostravam que Lucy caminhava tão ereta quanto um humano moderno, apesar de as pernas serem bastante curtas. Portanto, para responder à velha pergunta – "Quando a humanidade desceu das árvores?" – podemos agora dizer que foram nossos ancestrais pré-humanos que o fizeram e provavelmente Lucy viveu precisamente na época em que ocorreu essa transição.

É tentador também perguntar: Quão perto Lucy está do mito do "Elo Perdido" entre os humanos e outros primatas? Entretanto, os cientistas há muito cessaram de falar sobre um Elo Perdido, porque é evidente que houve mais de um. Uma espécie chamada *Homo habilis*, que viveu cerca de dois milhões de anos atrás, provavelmente está perto do elo entre o *Australopithecus* e os humanos. No entanto, não temos ainda nada que se aproxime do ancestral comum imediato dos hominídeos ou de nossos mais próximos parentes vivos, os chimpanzés. Análises genéticas sugerem que as linhagens que levam aos chimpanzés e aos humanos divergiram há cerca de seis milhões de anos, um período em branco no registro fóssil. Na verdade, não temos qualquer vestígio dos ancestrais dos chimpanzés – a menos que, como acham alguns, eles sejam descendentes do *Australopithecus* que voltaram a subir nas árvores.

D.C. Johanson e M. Taieb, *Nature*, 260, 293-297 (1976)

A "CRIANÇA DE TAUNG"

Um fóssil pré-humano da África

A busca por fósseis de hominídeos – os ancestrais da humanidade – sempre estimulou as pessoas. Os cientistas se deparam com perguntas como "Quando nossos ancestrais desceram das árvores?" ou "Encontramos o Elo Perdido?" A busca também afeta as emoções. Até o dia de hoje existe muita gente, especialmente na América do Norte, que não consegue admitir o fato de que descendemos dos macacos. Pesquisadores profissionais, enquanto isso, se empenham em acaloradas discussões sobre a interpretação de seus achados fósseis e assim todo esse tema tem sido prejudicado por choques de personalidade entre os relativamente poucos cientistas ativamente envolvidos.

No início do século XX, fósseis humanos datados de meio milhão de anos já haviam sido encontrados. Os mais antigos vinham da Ásia oriental e era amplamente aceito que os ancestrais do *Homo sapiens* viveram em algum lugar na Europa ou na Ásia. Portanto, quando fósseis hominídeos ainda mais antigos começaram a surgir na África, a maioria dos especialistas se recusou a acreditar que pudessem pertencer à linhagem humana. O primeiro a ser encontrado foi a famosa "Criança de Taung," o crânio de um jovem macaco com algumas notáveis características humanas, desenterrado em uma jazida de calcário na África do Sul.

O descobridor da Criança de Taung, Raymond Dart, não era um especialista em fósseis, embora tivesse um forte interesse amadorístico pelo assunto. Dart era professor de anatomia na

Witwatersrand University e, em 1924, soube por um dos seus alunos de uma jazida onde ossos fósseis de macacos estavam sendo encontrados. Visitou o sítio e pediu ao proprietário que lhe enviasse quaisquer fósseis que fossem descobertos no local. Enviaram-lhe, então, um agregado de rochas do qual sobressaíam partes de um crânio. Dart passou cerca de dois meses retirando o crânio e no final ficou pasmo com o que descobrira. Dart pouco sabia de crânios, mas conhecia bastante a respeito de fósseis, e aquele era extraordinário. Era um macaco, porém com uma caixa craniana anormalmente grande e redonda. E ainda mais surpreendente, o orifício de onde a medula espinhal emergia posicionava-se no lado inferior da caixa craniana em lugar de ficar na parte posterior, mostrando que o animal havia, ao menos parcialmente, se mantido ereto como um humano. Dart o denominou *Australopithecus africanus* ("macaco do sul da África"). Estimou-se inicialmente que o achado tivesse cerca de um milhão de anos de idade, duas vezes mais antigo do que os fósseis asiáticos. Acredita-se agora que seja mais antigo ainda – perto de dois milhões de anos de idade.

Levou perto de vinte anos para que o mundo científico aceitasse que o *Australopithecus* fosse relacionado com os humanos. Somente quando vários crânios similares e mais outros ossos foram descobertos no sul da África é que a opinião virou a favor da idéia. Muitos deles mostravam sinais de terem sido massacrados, dando ensejo a que Dart propusesse a mais sombria das teorias sobre selvageria e canibalismo de nossos ancestrais. Entretanto, acredita-se agora que a maior parte desses fósseis sejam vestígios de hominídeos que mais provavelmente tenham sido devorados por hienas e leopardos do que por seres de sua própria espécie.

R. Dart, *Nature*, 115, 195-199 (1925)

BIOLOGIA

MAIS DO QUE QUALQUER OUTRO ramo da ciência, a biologia atingiu a maioridade no século XX. Em 1900, quem pesquisava biologia pertencia, geralmente, a duas classes: fisiologistas e pesquisadores em medicina, os quais podiam alegar que praticavam a ciência verdadeira por meio de teoria, experimentos e observação; e os "naturalistas," que ainda pouco faziam além de catalogar fatos e abastecer museus com espécimes. Darwin e Wallace haviam proposto uma completa teoria científica sobre a evolução cerca de cinqüenta anos antes, mas ninguém tinha realmente idéia de como testá-la. No início do século XX, quase todos os biólogos importantes tinham como verdadeiro que a evolução era um fato, mas em geral não aceitavam que fosse comandada pela seleção natural do modo como Darwin e Wallace sustentavam. Eles não conheciam coisa alguma de genética e quase nada de ecologia, as duas ciências que, juntas, mostram como a evolução funciona. Enquanto isso, a ciência da bioquímica tinha ainda que surgir; toda a magnitude e complexidade das moléculas biológicas ainda deixavam os químicos totalmente perplexos.

Um século depois o quadro mudara completamente. A fisiologia havia progredido de modo bastante regular. Mas, em ambos os seus lados (por assim dizer), a bioquímica, a ecologia, as ciências comportamentais e evolucionistas, todas decolaram juntamente com a genética, cujo despontar é descrito em outra parte deste livro. No caso da bioquímica, o principal agente dessa mudança foi, sem dúvida, o desenvolvimento de novas técnicas, especialmente a análise da difração dos raios X, que tornou possível estudar a estrutura e a composição de moléculas grandes. A fisiologia se beneficiou do desenvolvimento de novos métodos, especialmente na produção de tecidos vivos em culturas, e também da invenção do microscópio eletrônico, que pode realizar ampliações muito maiores do que as obtidas pelo microscópio óptico convencional. Entretanto, o surgimento das disciplinas tipo "organismo total" de ecologia, comportamento e evolução parece ter sido resultado principalmente do esforço de alguns poucos pioneiros, que de forma determinada retiraram suas áreas da simples observação e descrição do mundo natural e deram início a análises e experimentos importantes. Anteriormente, os naturalistas empregavam apenas palavras para descrever seus estudos; agora, começavam a utilizar também a matemática.

Entretanto, as realizações dos cientistas orientados para o "organismo total" não são detalhadamente tratadas neste livro. A análise das danças das abelhas, por von Frisch, e o estudo de Lack sobre os tentilhões das ilhas Galápagos, são as duas únicas descobertas nesse campo que foram incluídas. Isso porque essas ciências progridem, ainda mais do que outras, quase que inteiramente em pequenos passos, por efeito acumulativo de muitas descobertas menores. Grandes saltos acontecem raras vezes. Isso é provavelmente o que o geneticista Francis Crick quis dizer quando supostamente declarou que "não existe Prêmio Nobel para ser dado à ecologia." Tem havido vários importantes avanços teóricos, como a aplicação da teoria dos jogos à biologia evolucionária, por John Maynard Smith, na década de 1970, porém a verificação de como essas teorias se aplicam a organismos e ambientes reais é trabalho lento e fragmentado.

As ciências biológicas inevitavelmente cativam o interesse do público em geral porque se referem diretamente a nós. Foi também inevitável que os estudos da evolução, ecologia e comportamento causassem controvérsias e que os biólogos se vissem sob ataques contínuos vindos principalmente de duas direções. Primeiro, havia os "criacionistas," em sua maioria na América do Norte, que de modo nenhum podiam aceitar, por razões religiosas, a teoria da evolução e tentavam argumentar que os biólogos evolucionistas interpretavam as provas de forma errada. Era fácil demolir seus argumentos de um ponto de vista científico, mas isso de nada valia para diminuir o poder que tinham entre as pessoas com pouca ou nenhuma educação científica. A limitação das referências à evolução, nos livros didáticos da escola secundária, teve um grave efeito no modo como a biologia era ensinada. Reiteradas investidas contra essa atitude, baseadas na primeira emenda da constituição americana, que impede o ensino de religião em escolas mantidas pelo governo, reprimiram apenas parcialmente a ameaça à ciência praticada com seriedade.

O segundo ataque que os biólogos enfrentaram dizia respeito ao assunto "sociobiologia." Dois livros populares publicados na década de 1970, *Sociobiology*, de E.O. Wilson e *The Selfish Gene,** de Richard Dawkins, conseguiram dar a muita gente a impressão de que os evolucionistas tomaram uma posição extremada no debate "natureza versus criação" sobre o comportamento humano. Os autores foram acusados de negar a existência do livre-arbítrio e de descrever as pessoas como autômatos sem controle sobre seus impulsos. Essas acusações eram totalmente injustas, mas a controvérsia foi artificialmente estimulada pela mídia, onde jornalistas e outros comentaristas tentaram fazer sensacionalismo sobre aquilo que, em contexto diverso, seria um debate científico sério. Não-cientistas (e também alguns cientistas) freqüentemente tomam partido de acordo com seus pontos de vista políticos, com esquerdistas sustentando sua tradicional postura de que a natureza humana é infinitamente maleável e pode ser melhorada por meio da engenharia social, enquanto

* *O Gene Egoísta*, Richard Dawkins, ed. Itatiaia, São Paulo, 2001

que a ala direitista procura usar a linguagem da sociobiologia para justificar seu programa reacionário. O fato de Dawkins, Wilson e seus colegas nem sempre terem mantido os pontos de vista que lhes atribuíam fez com que amainasse o calor da discussão. No final do século a poeira estava começando a baixar e por dilatada maioria os sociobiólogos foram considerados os vencedores da discussão. A visão da extrema esquerda, de que a herança genética não tem participação na formação da natureza humana, perdeu o favoritismo e as pessoas estavam simplesmente deixando de discutir sobre quanto e de que modo os genes que possuímos contribuem para nosso comportamento e atributos mentais.

Este capítulo, compreendendo todas as ciências da vida não incluídas em outras seções, contém descobertas provenientes de uma grande variedade de campos de atividade. Biólogos são algumas vezes acusados de "reducionismo," de dizerem que tudo na vida "nada mais é do que química." Essa fama é claramente injusta – se fosse verdade não haveria sociobiólogos, ecologistas ou mesmo fisiologistas, porque teriam todos há muito abandonado essas ciências e se dedicado à bioquímica. Seres vivos são de longe os mais complexos objetos no universo inteiro e os biólogos compreendem plenamente que estudá-los em sua totalidade está além do alcance de uma só disciplina.

REFLEXOS CONDICIONADOS

Os cães de Pavlov

Poucos ramos da ciência provocam debates tão acalorados como os relacionados com a conduta animal, especialmente quando incluem o comportamento humano nas considerações. Freqüentemente os cientistas envolvidos se vêem no centro de controvérsias sociopolíticas, muitas vezes contra a própria vontade. Parece lógico inferir que tudo o que um biólogo disser sobre o modo como os animais procedem deve necessariamente trazer implicações para nós e para a maneira como organizamos a sociedade. George Bernard Shaw certa vez descreveu Charles Darwin como tendo "um jeito de agradar àqueles em que estava pessoalmente interessado." Esse era, sem dúvida, o caso de Ivan Petrovich Pavlov.

Pavlov era um fisiologista que no final do século XIX efetuou demorados estudos sobre o sistema digestivo dos cachorros e, em particular, de como se conectava com o sistema nervoso. Esse trabalho tornou-o devidamente merecedor de um Prêmio Nobel em 1904. Entretanto, foi somente depois disso que Pavlov iniciou o trabalho que o levaria à sua maior descoberta. Interessou-se pelo modo como o cérebro agia no processo de aprender alguma coisa. Fixando-se estritamente ao assunto que dominava melhor, observava se o processo de aprendizagem podia afetar o sistema do trato digestivo. Como todos sabemos, ao se pôr comida na boca ocorre um copioso fluxo de saliva. Isso é chamado de "ação reflexa" – e parece ser algo totalmente fora de controle do setor do cérebro que toma decisões. No entanto, Pavlov descobriu que acionando uma campainha sempre que colocava comida na boca de um cão, após um período de alguns dias apenas o som da campainha seria suficiente para fazer o cão salivar. Claramente, as partes do cérebro ligadas à audição e, ainda mais importante, as que são responsáveis pelo reconhecimento do som de uma campainha, têm estreita ligação com os setores que regulam as ações reflexas como o fluxo salivar. "Condicionamento" foi o termo que Pavlov usou para descrever esse processo de mudar o estímulo que causa a ação reflexa.

Isso teria interessado aos biólogos sob qualquer circunstância, porém Pavlov anunciou sua descoberta numa época em que o pensamento marxista estava rapidamente ganhando terreno entre os intelectuais europeus, em especial na sua Rússia de nascimento. O marxismo clássico defendia que a natureza humana básica é inteiramente um produto da sociedade na qual vivemos (e somente assim), e que se podia eliminar atributos indesejáveis como ganância e egoísmo simplesmente criando uma sociedade na qual tais atributos não fossem recompensados. A descoberta de Pavlov foi música para os ouvidos dos marxistas, que, na primeira metade do século XX, geralmente descreviam todo comportamento humano em termos de "condicionamento." Nos anos iniciais da União Soviética, o estado exibia Pavlov como o principal cientista russo, embora ele fosse abertamente crítico a respeito do novo regime e do comunismo em geral. Hoje em dia, com o marxismo fora de moda, o feito de Pavlov é ainda visto como uma importante conquista, mas ninguém mais acha que sua descoberta seja a explicação para todo comportamento animal e humano.

I.P. Pavlov, *Huxley Lecture*, Charing Cross Hospital, Londres, 1º de outubro de 1906

BACTERIÓFAGOS

Atacando as bactérias com vírus

Desde o século XIX sabe-se que as doenças infecciosas podem ser causadas por dois diferentes tipos de agentes: bactérias, que são vistas apenas através de potentes microscópios, e vírus, muito menores ainda. Sabemos agora que os vírus não são coisas vivas propriamente, mas sim "genes parasitas," protegidos por minúsculos envoltórios de proteína, que invadem as células vivas fazendo com que produzam mais vírus. Durante a segunda década do século XX, descobriu-se que há vírus que até mesmo atacam bactérias. Esses são chamados de "bacteriófagos," expressão freqüentemente abreviada para "fagos." Atualmente podemos vê-los com microscópios eletrônicos. Parecem minúsculas seringas que se fixam na parte externa da bactéria e injetam seu DNA através da membrana exterior. Em pouco tempo esse DNA toma posse da bactéria, fazendo com que sejam produzidos mais centenas de bacteriófagos, que então eclodem e passam a atacar outras bactérias.

Há divergência sobre quem primeiro observou os bacteriófagos em ação. O inglês F.W. Twort relatou em 1915 uma doença que parecia estar infeccionando algumas culturas bacterianas com que trabalhava e que os bacteriófagos podiam ser a causa. No entanto, a primeira inequívoca descrição foi feita pelo francês François d'Herelle dois anos mais tarde. Ele trabalhava com a bactéria causadora da disenteria Shiga. Certo dia extraiu, do excremento de um paciente, algumas bactérias que logo morreram em suas culturas de proveta, ao invés de se multiplicarem como de costume. O paciente começou rapidamente a melhorar e d'Herelle, com o interesse aguçado, decidiu fazer experiências com a inusitada cultura bacteriana. Constatou que uma pequena amostra retirada do nutriente podia eliminar outras culturas e que sua capacidade de matar aumentava com o tempo. Claramente, algo mortal para as bactérias estava se multiplicando. E tinha que ser um vírus.

A descoberta de d'Herelle causou considerável repercussão, porque trazia a esperança de um tratamento efetivo para infecções bacterianas. Seria possível interromper uma infecção dando ao paciente uma solução contendo bacteriófagos. Dentro de poucas horas se multiplicariam entre as bactérias, destruindo-as. No entanto, essa pesquisa logo enfrentou uma série de dificuldades. Os cientistas em pouco tempo perderam o ânimo e mudaram a atenção para as novas drogas, sulfonamidas e antibióticos, com as quais tinham mais facilidade para lidar. Somente na Polônia e na União Soviética continuaram as pesquisas sobre terapia bacteriofágica, que cessou em 1989, quando a economia do Bloco Oriental entrou em colapso. Hoje em dia, no entanto, vários cientistas começam a mostrar interesse renovado nos bacteriófagos, pois cada vez mais as bactérias se tornam resistentes a antibióticos. Pode ser que tenha chegado a oportunidade do novo tratamento.

Enquanto isso, os bacteriófagos se revelaram uma verdadeira dádiva para os geneticistas. Nas décadas de 1950 e 1960, foram realizadas muitas investigações analisando os genes bacteriófagos e verificando que tipo de proteínas codificavam. Os bacteriófagos foram os primeiros organismos a terem seus genomas mapeados em detalhe, num programa de pesquisa que pavimentou o caminho para a moderna biotecnologia.

F. d'Herelle, *Comptes Rendues – Academie des Sciences*, 165, 373 (1917)

O ORGANIZADOR DOS VERTEBRADOS

Chave do desenvolvimento do embrião

Os embriologistas estudam uma das mais óbvias e difíceis indagações de toda a biologia. Como é que um simples ovo arredondado se transforma no corpo complexo de um animal? Até a década de 1920 os biólogos estavam divididos entre as teorias rivais da "pré-formação," que afirmava que um corpo animal microscópico acha-se presente no ovo desde o início, e da "epigênese," que defendia que o embrião gera sua estrutura complexa à medida que cresce. No final do século XIX, estudiosos começaram a trabalhar com embriões de salamandras, porque são (na justa medida) suficientemente grandes para uma intervenção cirúrgica e não estão envolvidos por uma casca, como os ovos das aves. Tentaram verificar se determinado segmento de um ovo sempre se desenvolvia numa parte em especial do animal adulto ou se seria possível obter-se um animal completo a partir de apenas uma parte do ovo. Os resultados se apresentaram um pouco conflitantes.

Um desses primeiros experimentadores foi Hans Spemann, cientista sênior da Kaiser Wilhelm Gesellschaft, em Berlim. Ele usou ovos de duas espécies de salamandra, a de crista e a alpina. Os embriões da salamandra de crista são brancos, enquanto que os da salamandra alpina são pretos; assim, se parte do embrião de uma espécie for substituída por um enxerto do embrião da outra, pode-se facilmente verificar, pelas cores, quais partes da composição resultante cresce a partir do enxerto. Em 1921, Spemann deu para uma estudante de pós-graduação,

Hilde Proescholdt, o projeto de enxertar uma parte chamada "lábio dorsal" do embrião de uma salamandra de crista no lado inferior de um embrião de salamandra alpina. O "lábio dorsal" faz parte da borda do "blastóporo," um pequeno orifício em forma de crescente que aparece no lado superior de um embrião poucos dias após o nascimento, com um progressivo espaço vazio em seu interior. Spemann queria saber como um embrião cresceria se tivesse dois lábios dorsais, um em cima e outro na parte inferior.

Foi uma operação difícil e de várias centenas de embriões apenas cinco sobreviveram por um período apreciável de tempo. Mas esses cinco mostraram um claro resultado. Todos começaram a desenvolver dois dorsos, com duas medulas espinhais, colunas vertebrais e outros tecidos. O lábio dorsal transplantado cresceu em alguns dos tecidos do dorso adicional, mas a segunda medula cresceu a partir dos tecidos do embrião hospedeiro. De alguma forma a presença do lábio dorsal enxertado influenciou o crescimento das partes adjacentes do embrião hospedeiro, presumivelmente pela secreção de uma ou mais substâncias químicas. Spemann chamou o lábio dorsal de "organizador." Essa descoberta foi a justificativa final da doutrina da "epigênese" e o fim da "pré-formação." O feito pode ser considerado, legitimamente, como o começo da moderna embriologia.

Hilde Proescholdt casou-se com outro dos alunos de Spemann, Otto Mangold. Em 1924 teve um filho e publicou, junto com Spemann, os resultados de seus experimentos. Spemann continuou com as pesquisas, como um dos principais embriologistas do mundo, porém infelizmente Hilde Mangold faleceu alguns meses depois, vítima da explosão de um aquecedor a óleo em sua cozinha.

H. Spemann e H. Mangold, *Wilhelm Roux's Archiv für Entwicklungsmechanik der Organismen*, 100, 599-638 (1924)

URÉASE

A primeira enzima a ser isolada

Não é exagero dizer que toda a bioquímica baseia-se nas propriedades e no comportamento das enzimas. Para os não-cientistas a palavra "enzima" pode trazer à lembrança uma ou duas associações. Os sabões em pó "biológicos" contêm enzimas sintéticas que quebram as moléculas orgânicas das manchas de nossas roupas; muita gente provavelmente sabe que temos enzimas em nosso sistema digestivo que decompõem quimicamente a comida que ingerimos. Entretanto, para os biólogos, as enzimas têm uma importância bem maior. Todos os seres vivos funcionam por meio de reações químicas meticulosamente controladas, e são as enzimas que proporcionam esse controle. São catalisadores muito específicos, e todos os incontáveis processos químicos que ocorrem nos organismos vivos possuem enzimas que os governam.

Tem-se ampla informação da existência de enzimas desde a metade do século XIX. Em 1900, algumas até mesmo tinham nomes, tais como zimose, a enzima do lêvedo que controla a conversão de açúcar em álcool, e a quimosina, a enzima retirada do estômago das vacas que é usada para coalhar o leite e fazer queijo. No entanto, a fim de estudar uma enzima e seu funcionamento em todos os detalhes, primeiro é necessário isolar uma amostra isenta de impurezas. A primeira vez que se teve êxito nessa tarefa foi em 1926, quando James Sumner, da Cornell University, nos Estados Unidos, extraiu cristais puros da enzima uréase do feijão-de-porco.

A uréase talvez não seja o mais importante dos compostos orgânicos. Parece que Sumner a escolheu porque era simples de estudá-la. É uma enzima que quebra a uréia, um composto simples de carbono, nitrogênio, hidrogênio e oxigênio, para produzir amônia (um composto de nitrogênio e oxigênio) e dióxido de carbono. Os feijões contêm uréia porque o composto é uma molécula simples com nitrogênio em sua composição. Os pés de feijão têm bactérias em suas raízes que podem extrair nitrogênio da atmosfera e incorporá-lo a compostos orgânicos. Depois as plantas usam esses compostos como fonte de nitrogênio para a produção de proteínas. A obtenção da amônia a partir da uréia é apenas uma etapa nesse processo.

Os experimentos de Sumner eram pouco refinados. Usava um cereal comercializado como alimento, que ele preparava com acetona, um solvente orgânico. A uréase aparecia como minúsculos cristais octogonais. Quando uma pequena porção desses cristais era adicionada a uma solução de uréia, instantaneamente gerava uma grande quantidade de amônia. Sumner realizou uma análise bastante básica sobre os cristais, que mostrou de modo bem claro que se tratava de algum tipo de proteína. Isso foi um grande feito, porque até então as opiniões se dividiam sobre o tipo de composto a que as enzimas pertenciam.

Sabemos agora que enzimas são enormes moléculas. A própria uréase é formada por mais de 100 mil átomos. Em alguma parte dessa imensa estrutura está o "sítio ativo," precisamente configurado para se ligar a uma molécula de uréia e quebrá-la. Essa é a forma com que todas as enzimas agem. A estrutura exata do sítio ativo é o que dá à enzima sua capacidade específica para controlar apenas uma determinada reação química.

J. Sumner, *Journal of Biological Chemistry*, 69, 435-441 (1926)

PROGESTERONA

O hormônio da Pílula

Pode-se perfeitamente afirmar que "a Pílula," o contraceptivo feminino por via oral, é uma das mais importantes invenções de todos os tempos em termos de impacto social. Ao remover efetivamente a ligação automática entre sexo e gravidez revolucionou o lugar da mulher na sociedade e (discutivelmente) o papel do sexo nos relacionamentos pessoais. Certamente não é coincidência que tanto o "feminismo" – a convicção de que as mulheres devem ter os mesmos direitos e aspirações que os homens – e a "sociedade permissiva" – a aceitação social do sexo fora do casamento como um direito igual para homens e mulheres – ocorreram poucos anos após a Pílula se tornar largamente acessível. O principal ingrediente da Pílula é uma versão sintética da progesterona, um hormônio produzido nos ovários das fêmeas mamíferas. Sua descoberta, em 1929, deve ser considerada como um momento decisivo na história da ciência e da sociedade.

Em 1900, sabia-se que os ovários de mamíferos, além de óvulos, produziam pelo menos um hormônio envolvido no ciclo reprodutivo, e em 1920 o primeiro deles, o estrogênio, já havia sido identificado. Entretanto estava claro que o estrogênio não era o único hormônio envolvido. Em especial, parecia provável existir um hormônio que causava o crescimento do útero na preparação para a gravidez e o mantinha dilatado no caso de ocorrer a gestação.

A existência desse hormônio foi provada em 1929,

pelo americano George Washington Corner, um estudioso que combinou pesquisa ativa em fisiologia com uma notável carreira como historiador da ciência. Ele estava interessado no "corpo lúteo," uma pequena massa de tecido que aparecia no ovário após a liberação de um óvulo. Se o animal fica prenhe, o corpo lúteo permanece durante a gravidez, caso contrário desaparece repentinamente. Sua presença parece estar sempre associada com um útero dilatado. Corner decidiu que o corpo lúteo devia ser a fonte do suposto hormônio e se dispôs a comprovar sua teoria. Junto com Willard Allen, preparou um extrato de corpo lúteo e o injetou em algumas coelhas. Os úteros dos animais imediatamente começaram a crescer tal como durante uma gravidez. Num segundo experimento, removeu os ovários de coelhas prenhes, uma operação que normalmente causaria aborto. No entanto, se as coelhas recebessem injeções do extrato de corpo lúteo, a gestação continuava normalmente. Nos anos seguintes, outros pesquisadores purificaram e analisaram o hormônio do extrato, que adquiriu um nome, progesterona.

O que Corner e Allen não mencionaram é que enquanto um corpo lúteo estiver presente os ovários não produzem qualquer outro óvulo. Cerca de vinte anos depois é que o Dr. Gregory Pincus, freqüentemente citado como o "Pai da Pílula," mostrou que esse também é um efeito da progesterona. Percebendo as possibilidades que essa descoberta proporcionava, em 1952 deu início às experimentações clínicas usando progesterona como contraceptivo. O resultado desses testes levou à produção da primeira pílula anticoncepcional contendo progesterona sintética, pela G.D. Searle Ltd, em 1956.

G.W. Corner e W. M. Allen, *American Journal of Physiology*, 88, 326-339, 340-346 (1929)

O CICLO DE KREBS

A fonte de energia universal para tecidos vivos

Todos sabemos que é necessário comer para viver. Mas de que maneira, exatamente, nossos corpos extraem energia dos alimentos? A mais simples das explicações que nos fornecem na escola dá a entender que simplesmente queimamos nosso alimento para produzir dióxido de carbono, vapor de água e grandes quantidades de calor. Porém é óbvio que não fazemos tais coisas. Não existem chamas ou fumaça em nossos corpos. As reações químicas têm de ser mais sutis do que isso.

Compor esse quadro foi uma das principais tarefas dos bioquímicos no meado do século XX. A peça maior do quebra-cabeça se encaixou em 1937. Tratava-se do "ciclo do ácido cítrico," comumente chamado de "ciclo de Krebs" em referência a seu descobridor, Hans Krebs, membro mais velho de uma família que produziu vários outros eminentes cientistas. Em seus experimentos, na Sheffield University, Krebs e seu assistente W.A. Johnson picaram músculos de pombos recém-abatidos. A massa de carne crua continuava a respirar, como se ainda estivesse viva, pelo menos por vinte minutos, permitindo a Krebs e Johnson analisar as reações químicas que ocorriam. O que descobriram foi uma pequena seqüência de reações sutis que se mantinham num ciclo interminável. Começa com uma substância química que Krebs denominou "triose" (conhecida agora como "acetil coA"), derivada do alimento ingerido pelo pombo, que se combina continuamente com uma substância química chamada ácido oxaloacético, produzindo ácido cítrico, o qual é então quebrado, reaparecendo o ácido oxaloacético, que é usado por completo novamente. Durante o processo, é obtida energia e gerado o dióxido de carbono.

Krebs percebeu que havia se deparado com algo importante e rapidamente enviou um artigo para a *Nature*, revista que publicou diversas descobertas descritas neste livro. Porém, dessa vez a *Nature* perdeu a oportunidade de dar a notícia em primeira mão. O editor não percebeu do que se tratava e respondeu dizendo ter oito semanas de acúmulo de matérias para publicação e que, portanto, não precisava de outra justamente naquele momento. Desse modo, o prestígio de anunciar o grande feito coube a uma desconhecida revista holandesa, *Enzymologia*, que publicou o artigo dois meses após receber o original. Os cientistas de hoje podem apenas sonhar com a época em que os artigos eram publicados rapidamente – uma correspondência enviada para a *Nature* normalmente tem de aguardar alguns meses antes de sua publicação e outros periódicos podem levar um ano ou mais para publicá-la.

A descoberta foi ainda mais importante do que Krebs imaginou na época. Sabemos agora que o ciclo, ou suas pequenas variantes, ocorre praticamente em quase todos os tecidos dos seres vivos e devem ter surgido bastante cedo na história da vida na Terra. Nas células, o ciclo desempenha um papel tão importante quanto a energia elétrica na indústria pesada – está na base do funcionamento de quase tudo. Não é apenas usado como uma fonte de energia, mas também como um ponto de partida para a produção de muitos dos compostos químicos com os quais os tecidos vivos são formados.

H. Krebs e W.A. Johnson, *Enzymologia*, 4, 148-156 (1937)

ATP

A molécula de energia

Todos os seres vivos necessitam de energia para viver e crescer. Praticamente toda ela vem do Sol, é fixada pelas plantas verdes e usada para o funcionamento das microscópicas usinas químicas nos tecidos que produzem açúcares e outros compostos. Outros seres vivos – animais, fungos e bactérias – quebram então esses compostos novamente e, no decorrer do processo, liberam a energia neles contida. Mas como essa energia é transportada? Nas fábricas e máquinas, a energia é usualmente conduzida na forma de eletricidade ou calor: qual é o equivalente nos seres vivos, onde não existem cabos elétricos e nada queima produzindo chamas e fumaça?

A resposta está no papel do "grupo fosfato" da bioquímica. O fosfato é um "íon" – uma molécula incompleta que consiste de um átomo de fósforo e quatro de oxigênio. Geralmente precisa fixar-se a outra molécula por meio de uma ligação química que implica o emprego de energia. Todas as reações químicas, ou quase todas, que ocorrem num organismo vivo requerem o movimento do grupo fosfato de uma molécula para outra, conduzindo energia. Usualmente, uma das moléculas envolvidas é o trifosfato de adenosina, também conhecida como ATP [*Adenosine triphosphate*], que facilmente libera um grupo fosfato para se tornar difosfato de adenosina, ou ADP. Nos seres vivos, a conversão do ATP em ADP e a posterior desconversão é a maneira universal de a energia se movimentar.

O ATP foi originalmente descoberto em 1929, por Kurt

Lohmann, da University of Heidelberg. No entanto, Lohmann não percebeu sua importância, que apenas lentamente foi se tornando óbvia ao longo dos vinte anos seguintes, quando os bioquímicos começaram a deslindar as reações químicas que aconteciam nos organismos vivos. Sua função completa foi primeiramente mostrada por um antigo colega de Lohmann, Fritz Lipmann, que trabalhava na Cornell Medical School, em Nova York. Num detalhado exame do papel do fosfato no transporte de energia, ele descreveu sua circulação como semelhante a uma corrente elétrica, com o recém-descoberto Ciclo de Krebs agindo como fonte de energia. Conforme as reações do ciclo de Krebs produziam dióxido de carbono de forma rápida e em grande quantidade, fixavam também grupos fosfato a moléculas orgânicas, que então continuavam a empregá-los em qualquer processo que requeresse uma fonte energética. Lipmann não disse que esses fosfatos orgânicos eram sempre ATP, mas listou quatorze reações conhecidas em que o ATP estava envolvido. Isso, claro, era uma fração muito pequena da verdade total.

Há inumeráveis substâncias químicas diferentes nos seres vivos, mas os processos centrais que toda vida tem em comum são, em sua totalidade, baseados em torno de umas poucas moléculas. O ATP, por exemplo, é constituído de adenosina e três grupos fosfato, como seu nome indica. Esses grupos aparecem amplamente por toda parte nos seres vivos. A molécula DNA, de que os genes são feitos, também contém fosfato e adenina, uma molécula muito similar à adenosina. O modo com que tantos processos dependem inteiramente das mesmas poucas moléculas deu aos biólogos motivo de esperança de que, sob toda uma complexidade superficial, a base química da vida pode realmente ser bastante simples.

F. Lipmann, *Advances in Enzymology*, 99-162 (1941)

A DANÇA DAS ABELHAS

A complexa comunicação entre insetos

Nesta época em que programas de televisão sobre história natural pretendem, confiantes, explicar as atividades de todos os tipos de animais, os espectadores podem não avaliar exatamente a dificuldade para estudar o comportamento dos animais e chegar a conclusões seguras. Não é só a questão de observar os animais e tomar nota do que fazem. Os zoólogos precisam reunir dados que possam ser analisados matematicamente e, sempre que possível, tentar a realização de experimentos a fim de testar suas idéias. Executar experiências em laboratório, como Pavlov fez com seus cães, é relativamente simples. Muito mais difícil é fazer experimentos com animais em seus hábitats, com o cuidado de perturbá-los o mínimo possível. Um dos primeiros cientistas a fazer isso com sucesso foi Karl von Frisch, num duradouro projeto que se estendeu da década de 1920 à de 1940. Através desse período catastrófico da história alemã, von Frisch esteve tranqüilamente trabalhando com abelhas-de-mel na reclusão do Jardim Botânico de Munique. Sua pesquisa não só permitiu o conhecimento detalhado de um dos mais notáveis de todos os animais, como também ajudou a iniciar toda uma nova disciplina científica: etologia, o estudo do comportamento animal fora das condições de laboratório.

A pergunta que von Frisch se fez foi: como as abelhas obtêm alimento tão eficientemente? Não podem, todas, apenas procurar por flores aleatoriamente. A resposta foi que, no momento em que uma abelha encontra flores com abundância de néctar e pólen, voa de volta para a colméia e informa às outras abelhas o local do achado. Faz isso por meio da "dança" – executando pequenos movimentos estereotipados na superfície de um favo de mel, enquanto as outras abelhas se apinham à sua volta. Há dois tipos de dança: a "dança em círculo," que simplesmente significa "existem flores com néctar perto da colméia," e a "dança do requebrado," que na realidade mostra em que direção as abelhas devem voar a fim de encontrar flores mais distantes (*ver figura 15*). É surpreendente que um inseto, cujo cérebro é tão pequeno que é quase certo não ter conhecimento de sua própria existência, possa se comunicar com seus companheiros dessa forma.

O método de von Frisch foi direto, porém lento. Primeiramente, ele e seus assistentes construíram uma "colméia para observação" – com painéis de vidro nas paredes, instalada no interior de uma cabana onde pudesse ser observada, porém com a abertura da entrada colocada para o lado de fora. A seguir, montaram "flores artificiais," que consistiam de pequenas vasilhas contendo caldo açucarado, dispostas sobre pedaços de papel de cores brilhantes para atrair as abelhas. Quando os insetos visitavam as flores artificiais, von Frisch as marcava com tinta para que pudessem ser reconhecidas quando retornavam à colméia. O cientista logo percebeu a dança das abelhas e, ao longo de vários anos de esmerados experimentos, decifrou as danças observando suas variações quando as flores artificiais eram movidas de um lugar para outro.

Não há Prêmio Nobel para biologia, mas, em 1973, von Frisch, juntamente com dois outros etólogos pioneiros, Niko Tinbergen e Konrad Lorenz, foi agraciado com o prêmio de fisiologia e medicina, em reconhecimento por sua obra de criação de uma nova ciência.

K. von Frisch, *Osterreicher Zoologischer Zeitschrift*, 1, 1-48 (1946)

EVOLUÇÃO IMPULSIONADA PELA COMPETIÇÃO

Darwin estava certo

O amadurecimento da teoria da evolução foi demorado. A idéia surgiu no final do século XVIII, porém somente se tornou uma verdadeira teoria científica na década de 1850, quando dois biólogos britânicos, Charles Darwin e Alfred Russell Wallace, de forma independente, propuseram um mecanismo para a evolução: a seleção natural. De acordo com Darwin e Wallace, a força que impulsiona a evolução é a permanente luta pela existência, para a qual todos os seres vivos precisam se adaptar ou então perecer. É defensável dizer-se que essa teoria consiste na idéia mais radical que a ciência jamais produziu. Entretanto, por cerca de cem anos os cientistas apenas em parte concordaram com seus princípios. Na primeira metade do século XX a maioria dos biólogos aceitava o conceito de evolução, mas não concordava com a idéia de que fosse impulsionada pela seleção natural. Pelo contrário, viam a seleção natural como algo que impedia a mudança, por eliminar quaisquer organismos que fossem diferentes dos seus antepassados, e desse modo (presumivelmente) menos bem-adaptados ao seu ambiente.

O primeiro indício de que Darwin e Wallace podiam estar certos apareceu na década de 1920, quando o teórico R.A. Fisher pela primeira vez colocou o princípio da evolução em termos matemáticos e mostrou sua eficácia. No entanto, naquela época pouquíssimos biólogos eram matemáticos e a única coisa que poderia convencê-los seria uma sólida evidência. Essa comprovação foi finalmente fornecida em 1947 por um ornitólogo inglês chamado David Lack. Ele tomou a atitude lógica ao começar exatamente onde Darwin havia parado. Pouco antes da Segunda Guerra Mundial, Lack foi para as Ilhas Galápagos estudar os pássaros que tanto impressionaram Darwin um século antes: os tentilhões das Galápagos. Nessas ilhas existem 14 espécies de tentilhões e todas são tão semelhantes que ninguém duvida que descendam de um ancestral comum. São pássaros com aparência monótona, de cor preta e marrom. Diferenciam-se no tamanho, especialmente na dimensão do bico, e na alimentação. Darwin esteve nas Galápagos apenas por poucos dias e não teve tempo de fazer mais do que coletar alguns espécimes. Lack permaneceu vários meses e estudou a ecologia dos tentilhões intensivamente. Descobriu que duas espécies com bicos de mesmo tamanho, sempre que vivendo em ilhas diferentes, tinham hábitats semelhantes e alimentavam-se da mesma maneira. Porém, onde quer que as mesmas duas espécies fossem encontradas juntas, numa mesma ilha, viviam em hábitats diversos e tinham alimentação diferente.

A Segunda Guerra Mundial forçou Lack a retornar para a Inglaterra. Ele passou os sete anos seguintes debruçado sobre os dados que recolhera e foi levado a uma conclusão. Os pássaros deviam competir ativamente entre si por recursos, e não havia lugar para os perdedores. Uma espécie não podia partilhar seu espaço com outra cujo bico e dieta fossem similares aos seus. A partir disso, era lógico inferir que a competição havia impulsionado os tentilhões das Galápagos a evoluir em diferentes espécies, com diferentes bicos e alimentação. Lack publicou seus estudos em 1947, e desde então poucos biólogos têm procurado outra justificativa para a evolução. No fim, Darwin estava certo.

D. Lack, *Darwin's Finches*, Cambridge University Press (1947)

COMO OS NERVOS FUNCIONAM

O potencial de ação

Todos os animais, exceto os mais simples, possuem um sistema nervoso, uma rede de células para passar informações pelo corpo. Na maioria dos animais existe um centro, ou "cérebro," onde as células nervosas se conectam, umas às outras, em imensa quantidade, e de onde se irradia um sistema de nervos que serve para reunir informações captadas pelos sentidos dos animais e também para levar instruções de comportamento para outras partes do corpo. Os nervos consistem de feixes de tubos ultrafinos denominados axônios, cheios de fluido, cada um saindo de uma única célula. Num nervo em atividade, os sinais percorrem esses axônios. Porém qual é, precisamente, a natureza desse sinal?

A primeira pista surgiu na distante década de 1790, quando o pioneiro da eletricidade, Luigi Galvani, demonstrou que as pernas dissecadas de uma rã podiam reagir se um pulso de corrente elétrica fosse aplicado nos nervos. Parecia que os sinais nervosos eram de natureza elétrica. Essa descoberta inspirou o clássico romance *Frankenstein*, de Mary Shelley, porém maior compreensão sobre o fenômeno somente ocorreria em meados do século XX. Na década de 1930, Alan Hodgkin, da University of Cambridge, também trabalhando em nervos de rãs, mostrou que a membrana externa de um axônio age como um capacitor elétrico. Suas partes exteriores têm uma carga elétrica positiva em relação ao fluido da parte interna. No entanto, quando um sinal nervoso (ou "potencial de ação") passa ao longo de um axônio, essa carga é momentaneamente invertida. O potencial de ação consiste numa pequena região de carga invertida, deslocando-se ao longo do axônio em alta velocidade.

A pesquisa de Hodgkin foi interrompida pela Segunda Guerra Mundial, mas no final da década de 1940 ele associou-se a Andrew Huxley (irmão do romancista Aldous Huxley) e começou a trabalhar em axônios de lulas. A maior parte dos axônios são microscopicamente finos, mas as lulas também possuem "axônios gigantes," com cerca de um milímetro de diâmetro, grandes o suficiente para a introdução de eletrodos. Numa série de quatro artigos publicados em 1952, Hodgkin e Huxley mostraram que o mecanismo do impulso nervoso funciona com átomos carregados positivamente ("íons") de sódio e potássio. Quando um axônio está em repouso, mantém um considerável excesso de íons de sódio na sua parte externa e um excesso semelhante de íons de potássio no interior. À medida que um potencial de ação se movimenta ao longo de um axônio, sua membrana externa se torna "despolarizada" – repentinamente, ela deixa os íons de sódio fluirem para dentro do axônio, invertendo a carga elétrica. Uma fração de segundo mais tarde, os íons de potássio fluem em sentido contrário e a carga elétrica original é restaurada. Essa inversão de carga elétrica dispara uma despolarização adicional nas regiões adjacentes do axônio, fazendo com que o potencial de ação se movimente como uma onda.

Essa descoberta deu à neurologia uma firme base química. Um progresso posterior nesse campo comprovou ser de imenso valor médico, no desenvolvimento de drogas psicoativas e na compreensão de algumas enfermidades limitantes, inclusive o mal de Parkinson e o alcoolismo. Seu uso no desenvolvimento de "gás de nervos" para uso militar, no entanto, é menos digno.

A.L. Hodgkin et al, *Journal of Physiology*, 116, 424-448; A.L. Hodgkin e A.F. Huxley, *Journal of Physiology*, 116, 449-472; 473-496; 497-506 (1952)

COMPOSIÇÃO QUÍMICA DA INSULINA

A primeira molécula de proteína com a seqüência de aminoácidos analisada

A vida tem base em dois tipos de moléculas: os ácidos nucléicos e as proteínas. Os ácidos nucléicos, as moléculas de que os genes são feitos, são os transportadores de informações. As proteínas, entretanto, formam a máquina de um organismo vivo. O primeiro passo para a compreensão disso deve ser o de descobrir a composição e a estrutura das moléculas protéicas. São feitas de pequenas unidades, chamadas aminoácidos. Existem vinte diferentes tipos desses compostos e o modo exato pelo qual estão ligados entre si, numa molécula de proteína, determina toda sua configuração e funcionamento. A primeira proteína a ter sua composição plenamente analisada foi a insulina, o hormônio que controla a taxa com que nosso corpo absorve o açúcar. Isso foi realizado pelo bioquímico de Cambridge Frederick Sanger, um dos pouquíssimos a ganhar dois Prêmios Nobel.

Em 1944, Sanger começou a trabalhar no projeto que o ocupou, e a seus associados, por doze anos. Escolheu a insulina principalmente por estar comercialmente disponível em forma altamente purificada para uso no tratamento do diabetes. Havia também a vantagem de a insulina ser uma molécula convenientemente pequena, como acontece com as proteínas. Sanger já sabia que a molécula consiste de duas cadeias torcidas em que cada elo é um aminoácido. Essas cadeias ligavam-se por meio de quatro "pontes." A tarefa de Sanger foi separar primeiramente as duas cadeias, uma da outra, e então achar a seqüência de aminoácidos em cada uma – admitindo-se sua existência. Nem todos os bioquímicos acreditavam nessa possibilidade; alguns suspeitavam que, embora a composição em geral das moléculas de insulina fosse a mesma, a exata seqüência de aminoácidos poderia variar aleatoriamente de uma particular molécula para outra. Sanger mostrou que esse não era o caso. Todas as moléculas de insulina são na verdade idênticas e a exata seqüência de aminoácidos é bastante específica. Seu método de decompor essa seqüência consistiu em quebrar as cadeias em pequenos fragmentos sobrepostos, analisar a composição desses segmentos e, depois, determinar de que modo se sobrepunham. Era uma tarefa cercada de dificuldades, mas finalmente, em 1953, Sanger foi capaz de anunciar uma seqüência completa para cada cadeia, mostrando 21 aminoácidos na primeira cadeia e 30 na segunda. A análise foi por fim completada em 1955, quando ele mostrou as posições de seis grupos "amino," todos constituídos de um átomo de nitrogênio e dois de hidrogênio, ligados a aminoácidos em cada uma das cadeias.

Sanger teve que desenvolver suas técnicas conforme ia avançando no trabalho, descobrindo no seu decorrer muita coisa a respeito da composição básica das proteínas. Hoje em dia, organizar proteínas em seqüência é uma atividade comercial rotineira, na maior parte realizada com equipamento de laboratório automatizado e programas de computador especialmente criados. As moléculas de proteína, na maioria, são bem maiores do que as moléculas de insulina e os bioquímicos não anotam completamente as seqüências quando publicam seus resultados. Preferem colocá-las em imensos bancos de dados onde qualquer pessoa que necessite poderá obtê-las. No entanto, os métodos usados para produzir esses dados ainda são essencialmente aqueles desenvolvidos por Sanger, há mais de cinqüenta anos.

F. Sanger e E.O.P. Thompson, *Biochemical Journal*, 53, 353-366; 366-374 (1953)

A ESTRUTURA DA VITAMINA B12

Análise completa de uma molécula biológica

Os compostos químicos dos quais os seres vivos são feitos – proteínas, ácidos nucléicos e todo o resto – são de longe os mais complexos que existem, cada molécula contendo milhares ou mesmo milhões de átomos. Os biólogos sempre souberam que, se realmente quisessem conhecer como os seres vivos funcionam, precisariam analisar essas moléculas para descobrir não só sua composição química, como também sua exata estrutura e forma. No entanto, até meados do século XX a tarefa parecia difícil demais para ser enfrentada. A percepção tridimensional de uma molécula – as posições de todos os seus átomos constituintes – é propiciada pela difração de raios X em sua estrutura cristalina, uma técnica desenvolvida no início do século XX. O método requer a emissão de um feixe de raios X através do cristal de uma substância com alto grau de pureza. A estrutura cristalina faz o feixe se espalhar num padrão complexo, que poderá então ser analisado matematicamente para mostrar a posição de cada átomo na molécula. Não é muito difícil analisar compostos simples por esse método, porém aplicá-lo a moléculas biológicas gigantes já é todo um outro problema.

No entanto, o tamanho da tarefa não intimidou Dorothy Hodgkin (nascida Crowfoot), uma jovem bioquímica da University of Oxford. Iniciando seu projeto no término da década de 1930, seu primeiro sucesso ocorreu com a penicilina, uma molécula contendo 39 átomos. Então, após alguns anos infrutíferos tentando determinar a estrutura da insulina (finalmente obtida em 1969), ela e sua equipe voltaram a atenção para a Vitamina B12, a substância necessária para prevenir a anemia perniciosa, cuja molécula contém perto de duzentos átomos. Em 1955, ela conseguiu publicar uma análise preliminar da estrutura molecular do composto, seguindo-se uma versão mais definitiva um ano depois.

A Vitamina B12 não é nem mesmo uma molécula muito grande pelos padrões biológicos, porém foi de longe a maior de todas analisadas naquela época. Um dos inventores originais da análise por meio dos raios X, W.L. Bragg, descreveu mais tarde o feito de Hodgkin como a "quebra da barreira do som" em sua área. Dois fatores contribuíram para torná-lo possível. Antes de tudo, sua equipe teve acesso a um dos primeiros computadores de grande porte, possibilitando a realização de cálculos que seriam impensáveis anteriormente. Depois, diferentemente da maior parte das moléculas biológicas, a Vitamina B12 contém um átomo de um metal pesado, o cobalto. A presença de átomos pesados ajuda grandemente na análise da difração dos raios X. Ao lidar com uma molécula que já continha um átomo pesado, Hodgkin teve o trabalho mais facilitado do que o de cientistas como Max Perutz e John Kendrew, em Cambridge, que estavam começando a analisar moléculas de proteínas adicionando-lhes artificialmente átomos pesados.

Dorothy Hodgkin foi uma das apenas quatro mulheres que receberam um Prêmio Nobel de ciência. Era uma pessoa alegre e estimada, imensamente respeitada por seus muitos alunos e colegas. Além de sua pesquisa científica, também ficou famosa por sua atividade de pacifista, especialmente como uma das organizadoras das prestigiosas conferências em Pugwash, onde cientistas se reuniam para discutir formas de reduzir o risco de uma guerra nuclear. Dorothy Hodgkin faleceu em 1994.

D.C. Hodgkin et al, *Nature*, 178, 64-66 (1956)

O CICLO DE CALVIN NA FOTOSSÍNTESE

Como as plantas verdes nos dão comida e oxigênio

Como todos sabem, as plantas verdes retiram dióxido de carbono do ar e água do solo e os transformam em oxigênio e compostos de carbono, usando a luz solar como fonte de energia. Todos os outros seres vivos, nós incluídos, contamos com esse processo como a fonte principal do alimento que ingerimos e do oxigênio que respiramos. O processo é denominado "fotossíntese" e seus aspectos gerais são conhecidos desde o final do século XVIII. Mas quais são exatamente as reações químicas envolvidas? Essa foi uma pergunta feita por Melvin Calvin, um bioquímico da University of California, Berkeley, juntamente com seus colegas James Bassham e Andrew Benson. O grupo descobriu o conjunto das reações químicas no âmago da fotossíntese, desde então chamado de "Ciclo de Calvin."

O método usado pela equipe envolveu o emprego de carbono 14, um isótopo radioativo. A idéia de Calvin (a partir de então amplamente adotada em bioquímica) foi usar a radiação proveniente do carbono 14 para rastrear a localização dos átomos. O vegetal estudado foi um dos mais simples – um micróbio aquático chamado *Chlorella pyrenoidosa*, desenvolvido em cultura sob luz forte, na presença de dióxido de carbono borbulhando. A técnica consistia na introdução momentânea de uma diminuta porção de dióxido de carbono obtido com o isótopo radioativo e então, alguns segundos depois, matar a *Chlorella* e analisar os compostos de carbono nela existentes.

Quaisquer compostos radioativos deviam ser causados pela fotossíntese, produzidos a partir do dióxido de carbono radioativo a que a *Chlorella* havia sido exposta.

Calvin e sua equipe consumiram cerca de dez anos trabalhando nesse projeto e identificaram uma série de compostos que deviam estar envolvidos no processo. Parecia que as reações químicas seguiam um ciclo no qual o dióxido de carbono era incluído em determinado ponto e a glicose de açúcar surgia em outro ponto. Porém nem todas as evidências pareciam se ajustar entre si. Então, em 1958, Calvin teve um momento de "eureka." A história é mais bem contada com suas próprias palavras: "Certo dia, eu esperava sentado no carro enquanto minha esposa fazia compras. Enquanto estava lá, atrás do volante, a identificação do composto que faltava me ocorreu assim – não mais que de repente. E também repentinamente, em questão de segundos, a natureza do ciclo completo do percurso do carbono se tornou evidente para mim (...) tudo me ocorreu em cerca de trinta segundos." O elo perdido no ciclo, que Calvin tinha acabado de descobrir, era um composto chamado ácido fosfoglicérico. A substância é obtida a partir de um composto que Calvin já conhecia, chamado ribulose difosfato, pela adição de dióxido de carbono. O produto final da fotossíntese, a glicose, é gerado numa cadeia de reações que converte o ácido fosfoglicérico de volta em ribulose difosfato, para ser reutilizado.

Calvin acreditava firmemente em promover ligações entre cientistas de diferentes especialidades. Ao se tornar chefe de um grande laboratório em Berkeley, projetou um prédio sem divisórias com essa finalidade, para que os pesquisadores pudessem ter acesso fácil entre si. Esse princípio salutar apenas recentemente começou a ser implantado em outros laboratórios, em diversos lugares.

M. Calvin, *Science*, 135, 879-889, (1962)

ANTICORPOS MONOCLONAIS

Como produzir em massa um anticorpo por encomenda

Uma das extraordinárias capacidades do corpo humano é o seu "sistema imunológico," pelo qual reconhecemos organismos estranhos tais como bactérias ou tecidos transplantados de outro organismo. O que o corpo executa parece quase inacreditável: de imediato identifica uma proteína estranha e rapidamente cria um "anticorpo" – outra proteína que se cola à intrusa e só a ela. Laboratorista algum jamais foi tão versátil. Então, em 1975, encontrou-se o modo de reforçar o sistema produzindo em laboratório um anticorpo em quantidades ilimitadas; o fato teve grande repercussão.

Anticorpos são produzidos por células brancas do sangue chamadas linfócitos B. Cada linfócito B gera um só anticorpo, porém novos linfócitos que geram outros anticorpos se criam todo o tempo. Se, por exemplo, o corpo de alguém se depara com uma proteína estranha pertencente a alguma bactéria invasora, de alguma forma o linfócito B monitora o que acontece. Tão logo é encontrado um anticorpo que se fixe à bactéria, grandes quantidades adicionais de linfócitos B, que produz aquele determinado anticorpo, são formadas e a bactéria invasora (ou o que for) é logo sufocada pelos anticorpos e destruída.

Quando os biólogos compreenderam melhor como funcionava esse mecanismo, imaginaram utilizá-lo para finalidades próprias. Uma produção em massa de anticorpos podia ser usada como droga inteiramente específica para combater doenças. Alternativamente, podia-se empregá-la como ferramenta de pesquisa, visando uma proteína em particular – capacidade que tem muitas aplicações possíveis em medicina e biologia. Mas para a produção em massa de um anticorpo parecia necessário fabricar o linfócito que o gerava também em grandes quantidades, e isso não era possível de ser feito. Os linfócitos são produzidos na medula óssea, porém, diferentemente da maioria das outras células de nossos corpos, não se reproduzem por si mesmos, portanto não podem crescer em culturas de tubo de ensaio.

Esse foi o problema resolvido pelo alemão Georges Kohler e pelo argentino César Milstein, trabalhando no Laboratory of Molecular Biology, do Medical Research Council, em Cambridge. O método foi o da fusão de linfócitos B com um tipo de célula cancerosa chamada "mieloma," a qual é potencialmente imortal – pode continuar a se reproduzir indefinidamente. Eles denominaram a célula híbrida resultante de "hibridoma," que combinava a habilidade de produção de anticorpos dos linfócitos com a imortalidade do mieloma. Então, separaram as células hibridomas e clonaram aquelas que estavam produzindo o anticorpo desejado. Uma cultura dessas células clonadas produziu o "anticorpo monoclonal" – um anticorpo específico em quantidades ilimitadas.

Os anticorpos monoclonais foram logo usadíssimos para pesquisas científicas, mas seu emprego medicinal foi difícil, e até agora apenas um número reduzido das células está disponível comercialmente como remédio. O problema é que os hibridomas são todos derivados de ratos, e não de seres humanos. O corpo humano pode reconhecer os anticorpos de camundongos como estranhos e os atacará com seus próprios anticorpos. No entanto, as pesquisas estão agora voltadas a encontrar maneiras de "humanizar" os anticorpos de camundongos para que o corpo humano os aceite, e há justificada esperança de que esse problema venha a ser resolvido dentro em breve.

G. Kohler e C. Milstein, *Nature*, 256, 495-497 (1975)

GENÉTICA

Se considerarmos a primeira metade do século XX como a grande era da física, então a segunda metade certamente será a da genética. Especialmente nas décadas de 1940 e 1950, a genética foi vista como a ciência do momento, onde as descobertas mais estimulantes aguardavam vir à luz. De modo geral, essa expectativa ocorreu depois da revelação de que os genes eram feitos de DNA. A técnica para determinar a estrutura da molécula do DNA – análise da difração de raios x – estava disponível e era evidente que dentro em pouco aconteceriam grandes conquistas. Esse fato levaria, por seu turno, ao avanço em um dos maiores mistérios da ciência: de como seres vivos funcionam no nível molecular, as reações químicas que diferenciam a vida da não-vida. Sem a genética, o resto da bioquímica só poderia contar a história pela metade.

No entanto, as conquistas alcançadas nos cinqüenta anos anteriores, embora tivessem ocorrido mais lentamente, não foram menos importantes. Em 1900, a genética era de fato um livro ainda fechado. As bases da ciência tinham sido estabelecidas no distante passado da década de 1860 pelo monge austríaco Gregor Mendel, mas seu trabalho passou quase despercebido na época, e somente seria redescoberto no começo da década de 1900. Esse redescobrimento pavimentou o caminho para toda uma série de avanços quando os geneticistas chegaram a uma definição adequada do que realmente é um "gene;" identificaram com precisão onde estão localizados dentro de um organismo vivo e determinaram como passavam de uma geração para outra.

Inicialmente, essas descobertas ajudaram a dar uma base sólida à teoria da evolução. Poucas pessoas hoje se dão conta de que na década de 1850, quando Darwin apresentou sua teoria pela primeira vez, a idéia estava manifestamente incompleta. Ele não sabia da existência de genes distintos que podem ser tanto estimulados como reprimidos. Ou melhor, Darwin acreditava, assim como a maioria das pessoas, que um organismo herda características de seus genitores numa combinação contínua. Isso significava que, caso surgisse uma característica nova, mutante, num indivíduo, a mudança não seria totalmente transmitida para todos os seus descendentes, mas se diluiria até se extinguir no período de poucas gerações. É difícil compreender como a evolução poderia ocorrer se isso fosse verdadeiro, e Darwin estava perfeitamente ciente desse problema em sua teoria. As primeiras descobertas de T.H. Morgan e de seus colegas forneceram a solução, permitindo aos biólogos desenvolverem a teoria evolucionista "neodarwinista" aceita atualmente.

Desde o começo, o mundo, em geral, se interessou pela genética. As pessoas perceberam de imediato que se tratava de uma ciência com implicações para toda a sociedade. Na primeira metade do século XX, no entanto, o principal impacto adveio não dos geneticistas mais eminentes, mas de pessoas que entenderam erradamente o assunto. O efeito causado foi totalmente nocivo. Primeiro foi a "eugenia," popular nos EUA e também praticada como política oficial na Alemanha nazi. A noção de que se pode melhorar a "capacidade" de uma população humana requer, primeiramente, que todos concordem no que seja uma pessoa "capaz" (para os eugenistas, o conceito usualmente parecia estar relacionado à capacidade de vencer). Ainda mais grave, é aceito que "capacidade" é uma característica que pode ser herdada. Isso está longe de ser verdade. Todos nossos genes interagem entre si, e também com fatores ambientais, de incontáveis maneiras. Impedir por meios despóticos que os indivíduos menos "capazes" tenham filhos, jamais livrará a sociedade de membros "incapazes," qualquer que seja o termo que se escolha para defini-los. A eugenia apenas restringe a liberdade das pessoas de constituir famílias, inutilmente.

O movimento eugênico foi um produto da sociedade capitalista, na qual é comumente aceito que a desigualdade social é uma realidade da vida. A eugenia foi exaltada como "solução" para o "problema" dos membros menos competitivos da sociedade. Na União Soviética, enquanto isso, o comunismo gerou Trofim Lysenko. Charlatão que caiu nas graças de Stalin, Lysenko insistia que os geneticistas ocidentais estavam errados e que os seres vivos podiam transmitir suas características adquiridas durante seu período de vida. Essa noção era popular entre os marxistas porque, se fosse verdade, seria mais fácil para a sociedade comunista produzir o "novo homem" profetizado por Marx, livre de tendências egoístas. Lysenko ascendeu ao cargo de diretor do Instituto de Genética da Academia Soviética de Ciências e nessa posição impingiu essa ortodoxia para cientistas genuínos, interrompendo, assim, toda pesquisa biológica séria na União Soviética. Os cientistas que se opunham a seus pontos de vista eram perseguidos em seus empregos e, algumas vezes, até mesmo presos e fuzilados. Enquanto isso, tentativas de aplicar suas doutrinas à agricultura contribuíram para a desastrosa escassez do período stalinista. Ciência e pensamento fantasioso não se misturam.

Atualmente esses modismos tornaram-se antiquados. No entanto, a genética não cessou de ser controvertida, na verdade ocorre exatamente o oposto. Da década de 1960 em diante, os geneticistas tornaram-se cada vez mais interessados na possibilidade de pôr o recém-adquirido conhecimento em uso prático, manipulando material genético. As implicações éticas eram óbvias. Primeiro, existia a questão elementar de segurança. Poderiam os cientistas, inadvertidamente (ou mesmo deliberadamente), criar uma nova e devastadora doença mudando o genoma de uma bactéria ou de um vírus? Além disso, há dúvidas mais gerais e filosóficas. Até que ponto é aceitável que cientistas possam modificar seres vivos, inclusive possivelmente seres humanos, pela manipulação de seus genes? Em que tipo de mundo novo, exatamente, estaríamos prestes a viver? É preciso que se diga que nem todos os cientistas são tão aquiescentes no apoio à engenharia genética como seus oponentes os retratam. Porém, é provavelmente justo dizer que eles tendem a considerar as possibilidades futuras mais estimulantes e menos assustadoras do que julgam os não-cientistas. Cabe aos cientistas o ônus de convencer o mundo de que a engenharia genética é realmente tão desejável quanto eles pensam ser.

UM GENE — UMA ENZIMA

A verdadeira definição de gene

No ano 2000, a ciência da genética era vista como uma das heranças mais importantes do século XX para o futuro, provavelmente mais significativa até mesmo do que a física nuclear ou a tecnologia da informação. Os genes foram incessantemente discutidos em livros, artigos de jornal e palestras, freqüentemente por pessoas que pareciam apenas vagamente entender o que fosse um gene. No entanto, para os próprios geneticistas, era vital saber exatamente o que seria um gene, a fim de começar o estudo de como ele podia atuar.

O conceito original de gene vem dos experimentos de Gregor Mendel e, em particular, dos biólogos que redescobriram seu trabalho no início do século XX. Para eles, um gene era uma "unidade de hereditariedade," elemento de informação que determina uma característica distinta no organismo. Por exemplo, Mendel verificou que suas ervilhas podiam ser tanto de cor verde como amarela e que um elemento distinto de informação que passasse de uma geração para a seguinte determinaria se o pé de ervilha produziria ervilhas verdes ou amarelas. Portanto, havia um gene para cada cor de ervilha. Essa descrição muito nos diz sobre o que um gene faz. Porém nada nos diz ainda sobre o que um gene realmente é. Hoje em dia, ensina-se aos alunos de biologia que a verdadeira natureza do gene foi descrita pela primeira vez por dois americanos, George Beadle e Edward Tatum, em 1941, com a expressão: "os genes (...) regulam reações específicas (...) determinando as especificidades de enzimas" (freqüentemente citada como "um gene – uma enzima"). Todas as reações químicas de um organismo vivo são controladas por enzimas, moléculas protéicas que agem como catalisadores extremamente precisos. A estrutura molecular de uma enzima é crucial para seu funcionamento e o gene é a especificação da estrutura.

Entretanto, Beadle e Tatum não foram os primeiros a demonstrar a ligação entre genes e enzimas. Essa honraria pertence a Archibald Garrod, um fisiologista britânico que fez essencialmente a mesma descoberta cerca de trinta anos antes. Em 1909, ele realizou uma série de palestras para o Royal College of Physicians, relatando seus estudos sobre uma rara doença denominada "alcaptonúria," em que a urina da pessoa fica escura quando exposta à luz. Em sua primeira palestra ele descreveu a alcaptonúria como uma condição herdada e mostrou que essa era "uma rara característica recessiva, na acepção mendeliana" – em outras palavras, causada por um único gene mutante. Então, na terceira exposição, Garrod relatou uma série completa de experimentos, por meio dos quais determinou que a alcaptonúria é causada pela carência de uma determinada enzima que participa da assimilação de dois componentes orgânicos comuns, tirosina e fenilalanina. A decomposição química permanece semi-acabada, deixando um indesejável subproduto denominado ácido homogentísico. Esse é o composto que se torna escuro à luz do dia.

A genética não era o principal interesse de Garrod, o que talvez explique por que ele não se importou em juntar suas duas descobertas e anunciar que havia identificado a verdadeira natureza do gene. Ele a percebera claramente, mas parece não ter considerado o fato importante. Como resultado, seu nome foi praticamente esquecido, enquanto Beadle e Tatum receberam um Prêmio Nobel.

A.E. Garrod, *Inborn Errors of Metabolism*, Oxford University Press (1909)

OS GENES NOS CROMOSSOMOS

O nascimento de uma nova ciência

Conforme aprendemos na escola, a ciência da genética foi criada no século XIX por um monge alemão chamado Gregor Mendel, cuja obra foi rapidamente esquecida por trinta anos e redescoberta em torno de 1900 por cientistas que haviam começado a estudar a hereditariedade nas plantas, apenas para constatar que alguém já havia feito aquele trabalho antes. A principal descoberta de Mendel havia sido o fato de que as características dos seres vivos são herdadas na forma de uma combinação de elementos distintos que agora chamamos de genes, os quais ocorrem aos pares. Alguns são mutantes, mas esses são geralmente "recessivos" – o efeito deles ficaria mascarado, a não ser que ambos os genes de um par fossem mutantes. As primeiras questões que se apresentaram aos biólogos foram: Onde esses genes se localizam? De que eles são feitos?

Na década de 1900, alguns pesquisadores começaram a suspeitar que os genes podiam estar localizados nos cromossomos, pequenos corpos em forma de filamento encontrados no núcleo das células de todos os organismos. Muita coisa foi sendo descoberta sobre os cromossomos; como ocorriam aos pares, exceto no ovo e nas células espermáticas, que têm apenas um cromossomo de cada par; e como um cromossomo era o "X" ou "cromossomo sexual." Na maioria dos organismos, os indivíduos do sexo feminino são "XX" – possuem dois cromossomos X idênticos, enquanto que os indivíduos do sexo masculino possuem usualmente "XY" – falta grande parte de um dos cromossomos do par. Esses fatos indicam que os cromossomos deviam ter algo a ver com a hereditariedade. Poderiam os pares de genes de Mendel se localizarem nas duplas de cromossomos? Parecia uma idéia razoável, mas nem todos estavam convencidos disso. Um dos céticos era Thomas Hunt Morgan, professor de zoologia na Columbia University, nos Estados Unidos. Ele optou por utilizar em seus experimentos a pequena mosca-das-frutas *Drosophila melanogaster*, abundante nas quitandas (*ver figura 12*). Eram fáceis de criar em laboratório, e uma nova geração de moscas surgia mais ou menos a cada doze dias. Rapidamente se tornaram as favoritas de todos os geneticistas, e Morgan logo iria fazer a descoberta que, pode-se dizer, marcaria o início da moderna genética.

Certo dia de 1909, entre as moscas de Morgan apareceu um espécime estranho; um macho com olhos brancos, em vez de vermelhos, como é o normal. Morgan logo notou que os olhos brancos da mosca eram causados por um gene "recessivo," mas com uma diferença: sempre era apenas o espécime macho que apresentava olhos brancos. Estudos posteriores levaram-no à conclusão de que o gene devia estar localizado no cromossomo X, especificamente naquela parte do cromossomo X que falta no cromossomo Y masculino. Portanto, quando um macho tem uma cópia do gene relativo a olhos brancos, não existe nenhuma cópia correspondente a olhos vermelhos em outro cromossomo para ocultar sua influência. A surpresa de Morgan fica patente pelas expressões usadas no artigo escrito para a revista *Science*, que nem mesmo contém a palavra "cromossomo," embora o uso dos termos "X" e "XX" deixe claro sobre o que está sendo tratado. Contrariamente às suas convicções anteriores, os cromossomos são na verdade os locais onde os genes residem, e ele até poderia ter apontado para a posição de um cromossomo em particular e dizer: "O gene que controla a cor dos olhos está localizado aqui."

T.H. Morgan, *Science*, 32, 120-122 (1910)

GENES SÃO FEITOS DE DNA

A "molécula da vida"

Nas primeiras décadas do século XX ficou claramente estabelecido que os genes de um organismo estão localizados em seus cromossomos. Mas do que eles são feitos? Estranhamente, as sugestões de que pudessem ser constituídos de DNA (ácido desoxirribonucleico, para dar seu nome completo) foram feitas na distante década de 1880, mas ninguém na época levou a idéia a sério. Sabia-se que os cromossomos eram feitos de proteína e de DNA, mas as pessoas supunham que os genes estavam na porção protéica. O DNA parecia ser uma molécula sem interesse, composta apenas de seis partes: ribose, fosfato e as quatro "bases" – guanina, citosina, adenina e timina. De que modo uma substância química tão ordenada poderia transportar toda a informação necessária para a construção de um organismo vivo? Muito provavelmente, diziam, o DNA proporcionava algum tipo de andaime aos cromossomos, onde estariam organizados os genes constituídos de moléculas de proteínas.

Como freqüentemente acontece na pesquisa científica, a verdade se torna aparente a partir de várias diferentes peças de evidência. A primeira, e mais importante, foi gerada por um médico pesquisador, Oswald Avery, que em 1944 trabalhava, nos Estados Unidos, com *Diplococcus pneumoniae*, a bactéria causadora da pneumonia. Essa era uma pesquisa da mais alta importância porque, antes do advento dos antibióticos, a pneumonia era a maior causa isolada de morte no mundo ocidental. Avery havia lidado com esse problema por muitos anos e estava quase se aposentando. Ele tentava encontrar um meio de conter a virulência da doença e sabia que a bactéria se manifestava de duas maneiras: a comum, mortal, com uma capa externa lisa, e a forma mutante "rugosa," que era muito menos virulenta – caso estivesse presente de modo autônomo. No entanto, já se sabia há cerca de dezoito anos que as bactérias "rugosas" precisavam apenas entrar em contato com as bactérias "lisas" para recuperar seu "aspecto liso" e sua capacidade letal. Ainda mais estranho, *a bactéria "lisa" tinha esse efeito transformador mesmo se estivesse morta.* As bactérias rugosas podiam evidentemente se tornar lisas absorvendo uma substância das bactérias mortas, quando então passavam seu aspecto liso adquirido para a descendência. Quase que por definição, aquilo que as bactérias haviam absorvido devia ser o gene da característica liso. Avery e uma equipe de colaboradores começaram a trabalhar para descobrir de que o gene era feito.

Essa era uma tarefa imensa. As bactérias mortas continham proteínas, gorduras, carboidratos, ácidos nucleicos, inclusive DNA, e muito mais. A abordagem escolhida por Avery foi a de remover ou destruir cada um desses componentes da mistura, um após outro, até achar o ofensor. Logo excluiu as proteínas. Ele tratava as bactérias lisas mortas com enzimas poderosas que podiam quebrar qualquer proteína e a mistura inteiramente desestruturada resultante ainda mantinha sua capacidade transformadora. As enzimas que quebravam gorduras ou carboidratos eram igualmente ineficazes. Finalmente, Avery experimentou uma enzima que quebrava o DNA. Imediatamente as bactérias mortas tornaram-se inofensivas.

Avery era homem modesto e o artigo anunciando o resultado de seu trabalho não proclamava que "genes são feitos de DNA." Mas nem precisava. Todos viram que só podia ser isso.

O.T. Avery et al, *Journal of Experimental Medicine*, 79, 137-157 (1944)

RECOMBINAÇÃO DE GENES NA BACTÉRIA

Sexo, de certa forma

A ciência freqüentemente progride por pura sorte. Um acaso bastante feliz foi a decisão dos geneticistas em concentrar a maior parte de suas pesquisas na bactéria *Escherichia coli*, apenas por ser extremamente comum, fácil de ser produzida em cultura e (no geral) completamente inofensiva. Somente mais tarde constatou-se que a *E. coli* possui uma habilidade, realmente útil, que só é compartilhada por relativamente poucas espécies de bactérias: favorece a recombinação entre genes ou o "sexo bacteriano." Essa descoberta, de muita utilidade, permitiu que os geneticistas elaborassem mapas do genoma da *E. coli* e esclarecessem o modo como os diferentes genes interagem entre si.

Joshua Lederberg era um eminente geneticista da Yale University. Em 1946, trabalhava com seu aluno E.L. Tatum estudando a habilidade das bactérias de se apossarem e usarem o DNA das outras. Isso já era conhecido há uns cinco anos, desde que Avery pela primeira vez notara e deduzira que o DNA é a molécula de que os genes são feitos. Com relação à maior parte dos tipos de bactérias, não sabemos realmente como agem, mas provavelmente absorvem o DNA de moléculas que morrem. Porém Lederberg e Tatum perceberam que a *E. coli* fazia algo diferente: a maior parte das bactérias não tomava o DNA umas das outras, mas algumas poucas o tomavam parcialmente, de modo a obterem variadas combinações de genes. Mais tarde verificou-se que as bactérias tinham que entrar num efetivo contato, cada uma com as demais, a fim de alcançar esse resultado. A explicação mais simples era de que as bactérias vivas ocasionalmente se agrupavam e trocavam entre si partes de seus genomas.

Estudos posteriores sobre esse fenômeno mostraram que quase todo o genoma da *E. coli* está contido numa grande laçada de DNA, mas que ocorre às vezes um outro pequeno laço chamado de "plasmídeo," o qual contém genes que induzem a bactéria a produzir um pequeno tubo para injetar o plasmídeo em outra bactéria. Esse processo é denominado "conjugação." Apenas ocasionalmente o plasmídeo se emenda com a laçada principal de DNA, e quando isso acontece uma parte ou toda a laçada principal é injetada em outra bactéria, juntamente com o próprio plasmídeo. Isso é "recombinação." Leva cerca de noventa minutos para uma bactéria transferir todo o seu genoma, mas o processo geralmente é interrompido antes disso, e então apenas parte do genoma é transferida. Os experimentadores foram rápidos em antever as possibilidades que isso proporcionava. Pode-se fazer um mapa da localização de todos os genes do genoma da *E. coli* observando quantos minutos se passam na conjugação entre duas bactérias antes que cada gene seja transferido. (Isso é feito misturando-se duas culturas com diferentes genes identificáveis, para então separá-los em um liquidificador de cozinha, após um determinado período de tempo.) Pode-se também usar esse método para observar de que modo a ação de um gene é afetada pela presença ou ausência de outro gene. Foi essa descoberta que deu início à revolução da genética nos cinqüenta anos seguintes.

J. Lederberg e E.L. Tatum, *Nature*, 158, 558 (1946)

TRANSPÓSONS

Genes saltantes

A ciência nunca é tão romântica quanto no momento em que alguém "de fora" prova que está certo. Barbara McClintock sempre foi geneticista respeitada, trabalhando em alguns dos mais prestigiados laboratórios, mas por trinta anos sua pesquisa só encontrou incompreensão e desinteresse. A partir da década de 1940, dedicou-se à genética das plantas, especialmente do milho, no tempo em que a maioria dos geneticistas se concentrava em bactérias e vírus. Grande parte deles não conseguia entender por que ela escolhera estudar hereditariedade em organismos que apenas produziam uma nova geração por ano, quando todos os demais trabalhavam com moscas cujo ciclo de vida se repetia a cada dez dias ou micróbios, que se reproduziam a cada vinte minutos. Parecia um capricho da parte dela. No entanto, seu trabalho ensejou uma descoberta com vastas implicações.

Sua pesquisa mostrou que nem todos os genes permanecem para sempre localizados no mesmo lugar, nos seus cromossomos. Há partes do DNA que podem saltar de um lugar para outro com importantes efeitos sobre outros genes das proximidades. Alguns desses "transpósons" na verdade contêm o código para determinadas proteínas, porém muitos deles afetam principalmente outros genes, tornando-os inativos. Como esse fato pode anular a ação de vários genes de uma só vez, as conseqüências tornam-se consideráveis. Os transpósons são encontrados em todos os seres vivos, inclusive nas bactérias. Aliás, uma das principais descobertas do Projeto Genoma Humano é a de que uma importante fração do DNA humano consiste de

1. Einstein ao pé do quadro-negro, na década de 1930.

2. Rutherford (à direita) em seu laboratório em Cambridge, no início da década de 1930 (ver *Fusão Nuclear*).

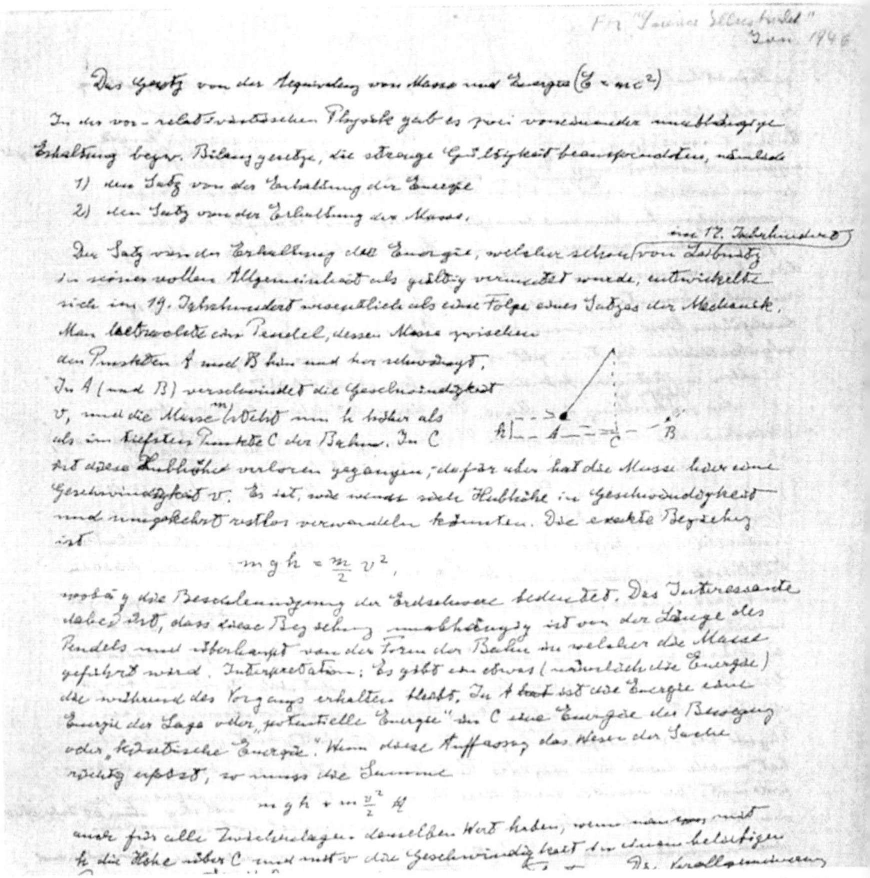

Das Gesetz von der Äquivalenz von Masse und Energie ($E = mc^2$)

$$mgh = \frac{m}{2} v^2$$

$$mgh + m \frac{v^2}{2}$$

3. A Lei da Equivalência entre Massa e Energia ($E = mc^2$). Manuscrito de Einste
datado de 1946.

4. (À esquerda) A física de e
tão. Laboratório de Ernest R
therford na McGill Univers
no Canadá, no início de 190

5. (À direita) A física de ago
Um dos quatro detectores
partículas ligados ao acele
dor de elétrons e pósitrons
CERN.

6. Harrison Schmidt, astronauta, o ún co geólogo profissional que foi à Lua, r Missão Apollo 17, em 1972 (ver *A Idac do Sistema Solar*).

7. A Grande Nebulosa de Andrômeda que Edwin Hubble demonstrou ser uma galáxia to mente independente e afastada de nós mais de um milhão de anos-luz.

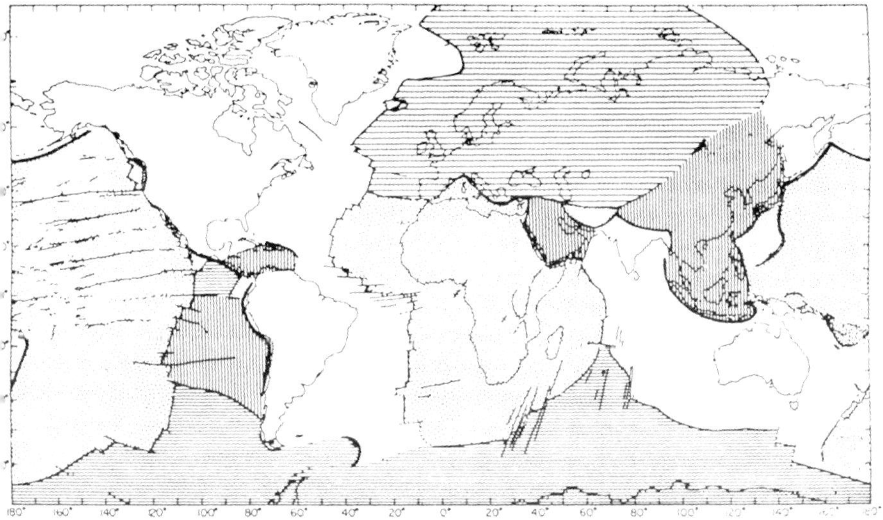

Placas tectônicas. O mapa original publicado por W.J. Morgan, em 1968, mostra as crentes “placas” geológicas sobrepostas num mapa dos continentes. Em períodos de zenas ou centenas de milhões de anos, a posição dos continentes se altera em função s movimentos das placas. Esses movimentos causam terremotos e erupções vulcânicas redor da borda das placas.

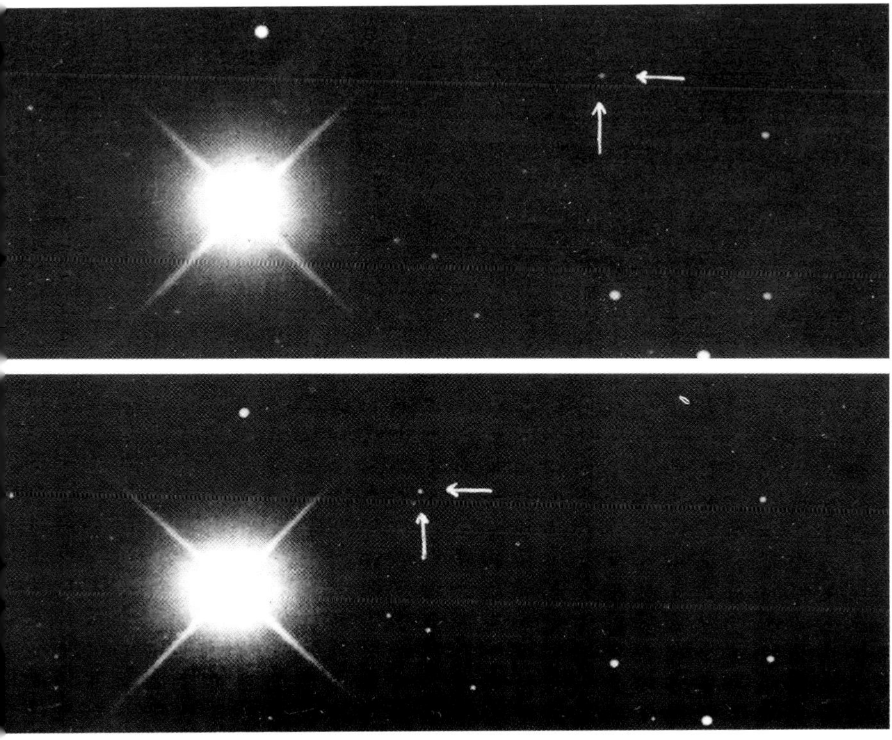

Plutão. Duas fotografias de estrelas tiradas com três dias de intervalo, em março de 30. Plutão (*marcado com setas*) é a “estrela” que se moveu.

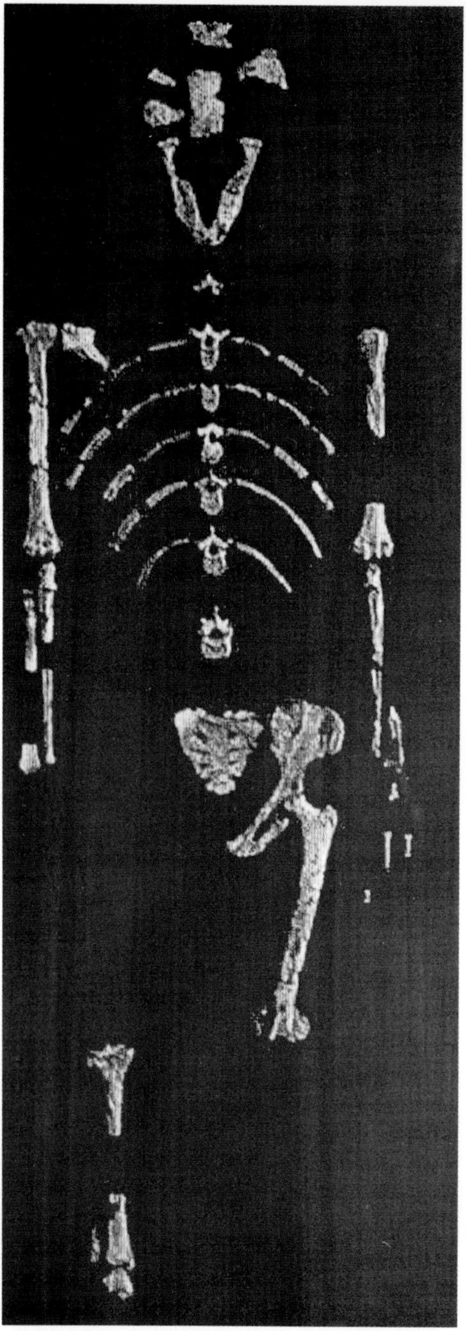

10. "Lucy", o esqueleto de uma mulher *Australopithecus afarensis* descoberto por Donald Johanson em 1975.

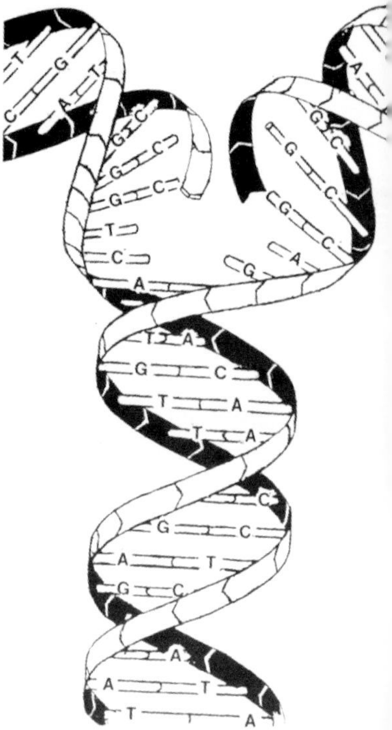

11. Diagrama da molécula de DNA, mo trando sua auto-replicação. As bases ti A sempre se ligam com as do tipo T e do tipo G, com as do tipo C.

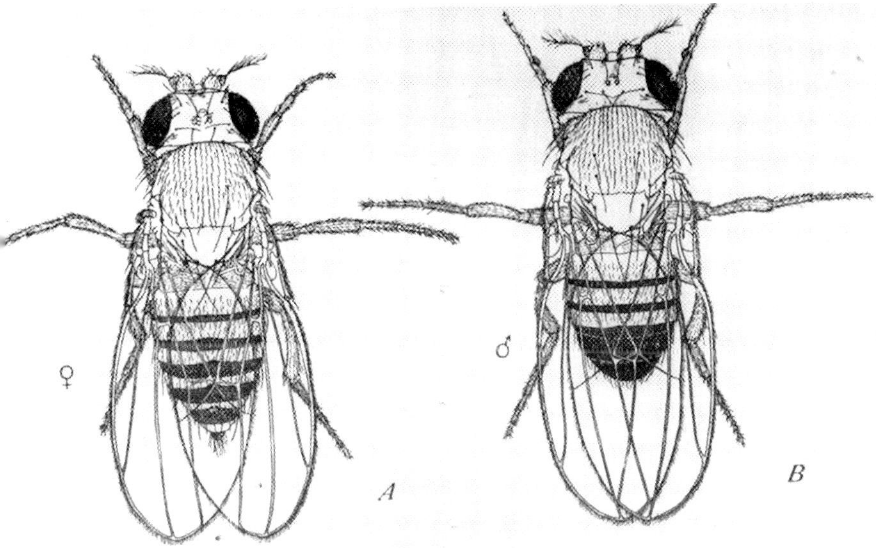

A mosca-das-frutas *Drosophila melanogaster,* fêmea (à esquerda) e macho (à direita) r *Genes nos Cromossomos; Genes Homeobox).*

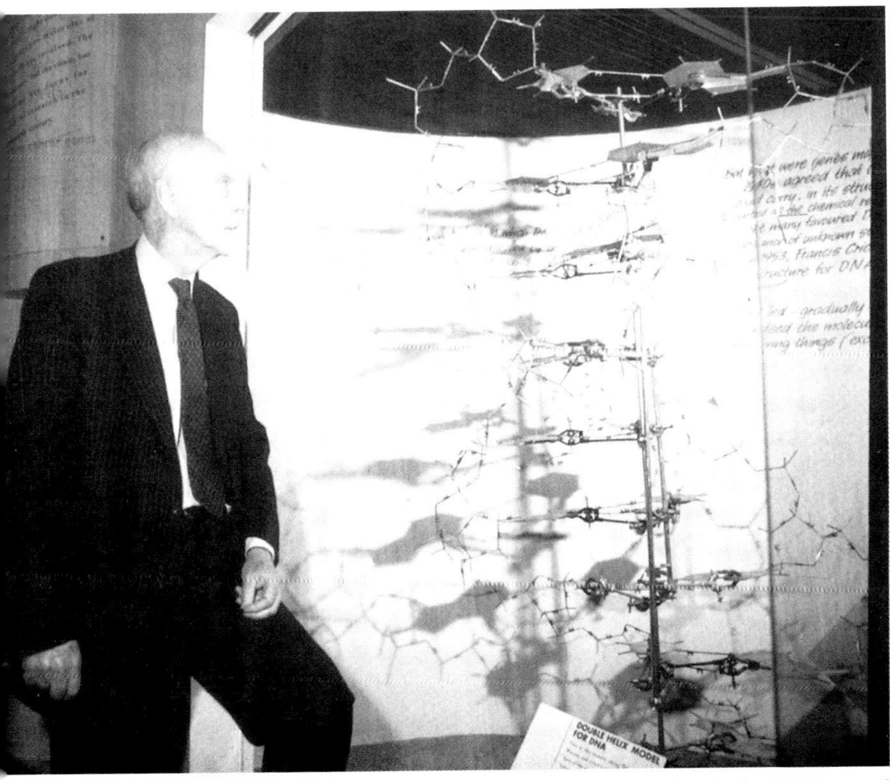

. DNA. James Watson fotografado em 1994 com o modelo da molécula do DNA que ele e ancis Crick construíram em 1953.

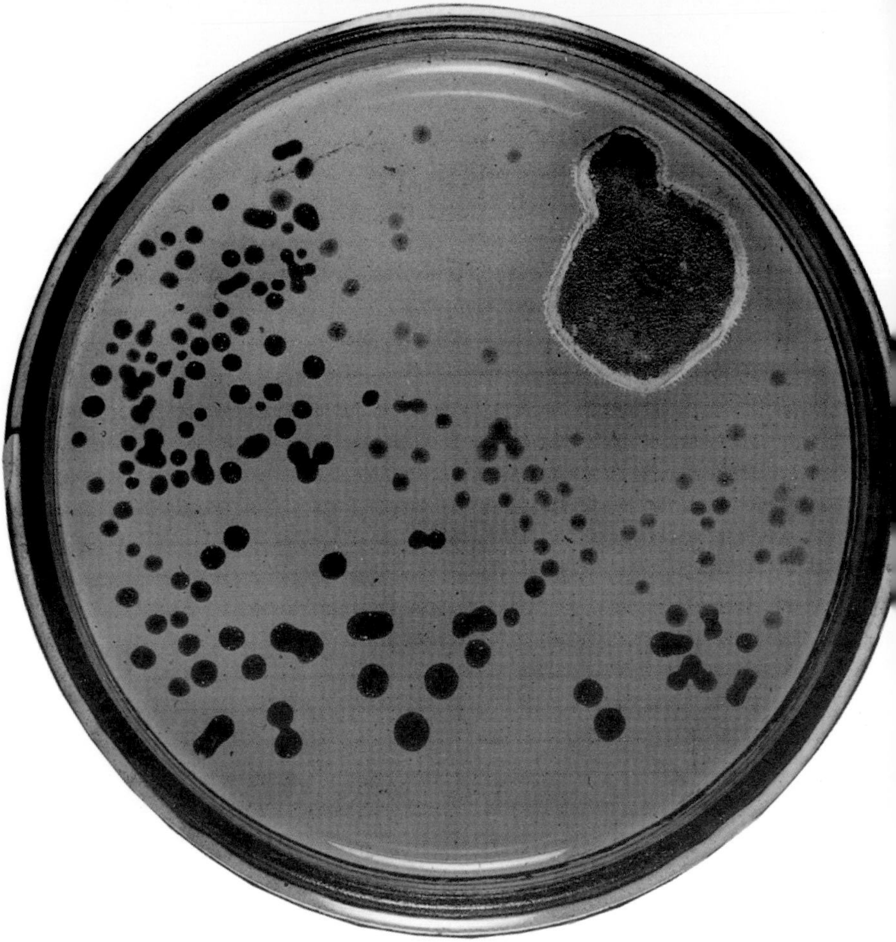

14. A descoberta da penicilina. As colônias da bactéria na placa (pequenas gotas redo[illegible]das) estão sendo eliminadas por uma substância secretada pelo fungo *Penicillium* (boll[illegible] grande, em cima à direita).

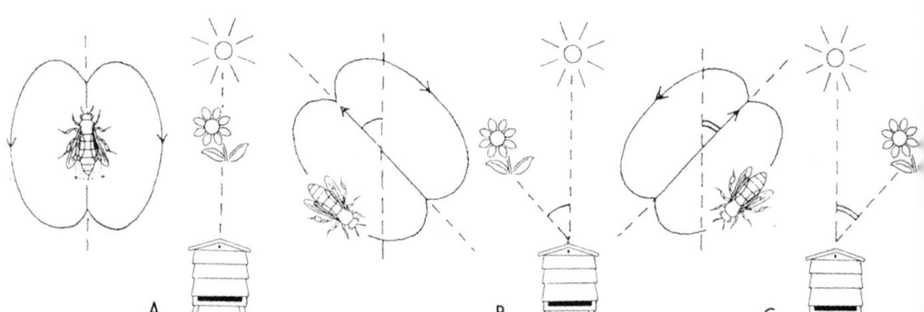

15. As danças das abelhas. Os movimentos, realizados na superfície vertical de uma co[illegible]méia, mostram a direção, em relação ao Sol, em que as flores podem ser encontradas.

transpósons. No entanto, McClintock tinha boas razões para estudá-los no milho. Desde a década de 1930 ela estivera se capacitando na identificação de certas partes dos cromossomos de pés de milho – algo muito difícil de fazer. Com esse conhecimento, McClintock podia perceber quando um gene havia se movimentado. Os genes em particular que ela estudou afetavam a cor dos grãos nas espigas de milho. Algumas vezes a espiga pode ter grãos multicoloridos mostrando por onde um transpóson está se movimentando, fazendo com que os genes de pigmentação sejam ativados e desativados. Mais tarde, McClintock também estudou os genes que afetam a cor de folhas e flores em outras plantas. Certa vez, ao explicar a importância dos cambiadores genéticos, disse: "Com as ferramentas e o conhecimento eu poderia transformar um ovo de caracol em crescimento num elefante... Seria apenas uma questão de regular a velocidade da ação dos genes."

Foi somente na década de 1970 que outros geneticistas perceberam a plena importância dos transpósons. O entusiasmo teve início quando foram encontrados em bactérias, tornando-se evidente que podiam movimentar-se de uma bactéria para outra. Isso ocorre por meio do "sexo bacteriano," quando as bactérias trocam pequenos laços de DNA chamados "plasmídeos." Um transpóson pode se ligar a um plasmídeo e depois se transferir para outra bactéria. Quando isso acontece, todo um conjunto de características pode se espalhar por uma população de bactérias em grande velocidade, muito mais rapidamente do que numa mutação comum. Eis por que uma bactéria pode repentinamente adquirir resistência a uma seqüência de antibióticos – complicando o tratamento de doenças. Ainda mais preocupante, os transpósons podem se inserir em vírus, e assim transportá-los de uma espécie de organismo para outra.

B. McClintock, *Cold Spring Harbor Symposium* (1951)

A DUPLA HÉLICE DO DNA

"A descoberta mais importante desde Darwin"

Tão logo se soube que os genes são feitos de DNA, a pergunta seguinte foi: Qual a estrutura da molécula do DNA? Deve ser a mais singular das moléculas existentes – a que carrega em código todas as informações sobre a estrutura de um organismo vivo e pode realizar cópias de si mesma. Como é possível uma molécula fazer isso? Entre os pesquisadores a ocupar-se com o problema achavam-se Maurice Wilkins e Rosalind Franklin, no King's College, em Londres, e Francis Crick e James Watson, em Cambridge. Em 1953, Crick e Watson estavam ansiosos para se antecipar aos demais nessa questão (embora ambos estivessem, na época, comprometidos com outros projetos). Mostravam-se excessivamente impacientes.

Os dados necessários para determinar a estrutura de uma molécula orgânica vêm da análise da difração de raios X, mas Crick e Watson não dominavam essa técnica. Por conseguinte, adotaram uma abordagem mais teórica. Sabiam que o DNA era formado por subunidades: ribose, fosfato e as "bases" adenina, citosina, guanina e timina. Então, construíram pequenos modelos de alumínio dessas partes e começaram a prendê-las umas às outras, tentando encontrar um modo de juntá-las em concordância com o conhecimento que tinham das propriedades características das moléculas.

Logo constataram a necessidade de mais dados, na forma de melhores imagens da difração dos raios X a fim de comparar com o modelo montado por eles. Rosalind Franklin, em Londres, estava determinando esses dados cuidadosamente, convencida de que não havia atalhos para resolver o problema. Não estava disposta a ser perturbada pelos modelistas de Cambridge. Então, o que James Watson fez a seguir provocou muita censura no meio científico. Persuadiu Maurice Wilkins, professor de Rosalind Franklin, a deixá-lo ver as imagens, sem o consentimento dela, e depois retornou a Cambridge, onde ele e Crick prontamente montaram seu famoso modelo da "dupla hélice" (*ver figura 13*). Exibiram-no triunfantemente para Franklin, que imediatamente viu ser aquela, sem dúvida, a estrutura correta que se ajustava aos seus dados. Crick e Watson publicaram apressadamente um artigo na revista *Nature*, comunicando que era "a mais importante descoberta da biologia desde a teoria da evolução de Darwin." A mesma edição da *Nature* também continha artigos de Franklin e Wilkins expondo os dados.

Todos se animavam muito ao observar a estrutura do DNA porque viam de imediato como a molécula podia cumprir sua tarefa: transportar informação codificada e produzir cópias de si mesma. O código vem na forma da seqüência das bases adenina, citosina, guanina e timina. As duas fitas da dupla hélice são apenas fracamente ligadas entre si e podem facilmente se separar. Cada base adenina em uma fita se liga a uma base timina na outra fita e cada citosina se liga a uma guanina. Para produzir uma cópia da molécula de DNA, as duas fitas da dupla hélice devem se separar. Uma nova fita "complementar" é então formada ao longo de cada uma das fitas que foram separadas, com bases timinas ligadas a adeninas, e bases citosinas ligadas a guaninas, produzindo assim duas moléculas idênticas de DNA onde antes havia apenas uma (*ver figura 11*).

J. Watson e F. Crick, *Nature*, 171, 737-738 (1953)

O DOGMA CENTRAL

Flui informação genética do DNA para o RNA, e do RNA para as proteínas

A década de 1950 foi a mais estimulante para os geneticistas. Resultados experimentais seguros chegavam aos poucos, mas as teorias se desenvolviam rapidamente. E entre os teóricos nenhum era mais entusiasmado do que o extrovertido Francis Crick, co-descobridor da dupla hélice do DNA, e muito diferente da familiar imagem do calmo cientista de jaleco branco. Ele descreveu mais tarde esses anos como uma época em que se sabia corretamente muito pouco, porém havia "um ilimitado otimismo de que os conceitos básicos envolvidos eram bastante simples e provavelmente, em grande parte, os mesmos em todos os seres vivos." Foi dentro desse espírito que, em 1958, fez uma palestra na Society of Experimental Biology abordando numerosas e inspiradas conjeturas que desde então se comprovaram quase que inteiramente corretas.

As propostas centrais de Crick eram de que os genes descrevem a composição das moléculas de proteína e que "uma vez transmitida a informação referente à proteína, as informações não poderão ser usadas novamente." Os genes fazem cópias de si mesmos, mas as proteínas, não. Os genes proporcionam os modelos pelos quais as moléculas de proteínas são formadas, mas não se pode usar uma proteína como modelo para um gene. A isso Crick chamou pomposamente de "Dogma Central." Ele dizia que "a evidência direta ... é desprezível," mas era o único meio de que dispunha para dar sentido aos dados então disponíveis. As principais conjeturas de Crick foram:

- Em um gene feito de DNA, o código genético está contido na seqüência de quatro diferentes tipos de base (comumente denominadas A, C, G e T), das quais o DNA é feito. Os diferentes arranjos das bases codificam a seqüência de aminoácidos numa molécula de proteína.
- Se os aminoácidos encadeiam-se na seqüência certa, a molécula de proteína resultante se ajustará em sua forma correta.
- A molécula do ácido ribonucleico, ou RNA, encontrada por toda parte nas células vivas, está envolvida na transcrição do código genético a partir do DNA para as proteínas. O RNA é uma molécula encadeada semelhante ao DNA; é possível que uma cadeia de RNA se forme usando o DNA como modelo e a molécula de proteína formada tendo o RNA como padrão.
- Há, provavelmente, mais de um tipo de RNA. Em acréscimo ao tipo usado para transportar informação a partir do DNA, existem outros tipos envolvidos no uso dessas informações para formar moléculas de proteínas.
- Provavelmente esse processo ocorre em minúsculas estruturas que Crick chamou de "partículas microssomais," agora denominadas ribossomos.

Nos últimos quarenta anos, foram constatadas apenas duas exceções significativas no roteiro de Crick. Uma é a enzima Transcriptase Reversa, que permite reprodução da informação genética contida no RNA de volta para o DNA; a outra é o "príon," a proteína envolvida na doença da vaca louca, que aparentemente pode fazer cópias de si mesma sem qualquer necessidade de DNA ou RNA. Crick havia efetivamente deduzido como os seres vivos funcionam. Sua façanha é comparável à de Charles Darwin cem anos antes, quando desenvolveu a teoria da evolução de maneira similar a partir de evidências fragmentadas.

F. Crick, *Society of Experimental Biology Symposium*, 12, 138-161 (1958)

NATUREZA DO CÓDIGO DO DNA

Trincas de bases

Em 1953, Francis Crick e James Watson desvendaram a estrutura do DNA, a molécula de que os genes são feitos. É a famosa "dupla hélice," uma molécula de comprimento imenso, construída como uma escada em espiral, na qual os degraus consistem de pares de "bases." Há quatro tipos de bases – adenina, citosina, guanina e timina, geralmente denominadas A, C, G e T, para abreviar. De imediato, os dois cientistas aventaram que o código genético estaria contido na seqüência de bases ao longo de uma das fitas da dupla hélice. Um único gene dá a especificação para uma única proteína, sendo as proteínas feitas de aminoácidos encadeados. Portanto, parecia que a aposta segura seria de que a seqüência dos aminoácidos na proteína fosse especificada pela seqüência das bases em seu gene. Entretanto, existem nada menos do que 20 diferentes tipos de aminoácidos nas proteínas, por isso a pergunta seguinte foi: como é possível escrever o código genético com apenas quatro bases diferentes?

A resposta foi deduzida por uma equipe liderada por Crick, que estudou o DNA de bacteriófagos, os vírus que atacam bactérias. Esses vírus carregam todos os seus genes numa longa molécula de DNA. Crick provocou mutações em um gene, com o uso de substâncias químicas achando (corretamente) que introduziriam uma ou mais bases extras no gene. Constatou que adicionar uma ou mais bases embaralhava completamente o código, de modo que o gene em questão fracassava na especificação de uma molécula de proteína. Porém, o acréscimo de três bases resultava numa proteína com alguns poucos aminoácidos "errados."

Crick explicou esse efeito empregando uma de suas impressivas demonstrações de raciocínio preciso, condensado. A explicação mais simples, disse ele, é como se segue. O mecanismo que reproduz os genes nas proteínas começa numa das extremidades do gene e vai lendo as bases em grupo de três. Cada "trinca" de bases especifica um aminoácido. Com a disponibilidade de quatro bases distintas, há 64 diferentes trincas possíveis, tais como ACG, ACT, GTC, GTA, que são mais do que suficientes para especificar 20 diferentes aminoácidos. Uma única molécula de DNA pode abranger muitos genes, portanto tem também que haver uma trinca que especifique onde um gene termina e o próximo começa. Todas as possíveis 64 trincas são usadas, portanto cada aminoácido pode ser especificado por até três diferentes trincas. Se adicionarmos artificialmente uma ou duas bases a um gene, todas as trincas desse ponto em diante especificarão os aminoácidos erradamente. Porém, se acrescentarmos três bases, estaremos efetivamente adicionando apenas uma trinca extra; somente a parte do gene que fica entre a primeira e a última base extra é misturada, enquanto o restante permanece inalterado.

Nos poucos anos que se seguiram, o código foi decifrado e agora é possível ler as informações de um gene e conhecer a composição da proteína a que se refere. É também possível adicionar um gene "designer" inteiramente artificial para especificar qualquer proteína que se queira. Isso abriu um campo inteiro na engenharia genética, causando as mais notáveis e perturbadoras possibilidades.

F. Crick et al, *Nature*, 192, 1227-1232 (1961)

O OPERON

Como os genes são ligados e desligados

Uma das primeiras coisas a se descobrir sobre os genes foi a existência de um conjunto completo deles nos milhões de células de nossos corpos. Uma célula da pele de um dedo mínimo, por exemplo, contém a receita completa para criar um ser humano inteiro. Porém, é inequívoco que nem todos esses genes são usados ao mesmo tempo. São ativados e desativados de acordo com a necessidade. O modo como isso é feito tem sido a questão mais importante na genética durante os últimos cinqüenta anos. O quadro é imensamente complexo, mas alguns traços gerais ficaram perfeitamente claros desde o início.

Provavelmente o maior êxito inicial veio do sensacional artigo de dois pesquisadores franceses, François Jacob e Jacques Monod, trabalhando no Institut Pasteur, em Paris. Eles investigavam bactérias, especificamente a famosa *Escherichia coli.* (A *E. coli* teve má publicidade em anos recentes porque algumas cepas mutantes podem causar intoxicação alimentar fatal. Entretanto, a maioria das variedades é completamente inofensiva e um número enorme delas vive, sem causar problemas, nos intestinos de cada um de nós.) O ponto de partida do trabalho foi alimentar culturas de bactérias com açúcar de glicose ou lactose. As bactérias preferiam a glicose e somente mudavam para lactose quando acabava o suprimento de glicose. A fim de digerir a lactose, tinham de produzir uma enzima chamada beta-galactosidase, o que só acontecia se houvesse lactose presente, porém nenhuma glicose. Demoram cerca de vinte minutos para a mudança.

A descoberta de Jacob e Monod mostrou que o gene que especifica a enzima beta-galactosidase está posicionado ao lado de dois outros genes, chamados "repressor" e "indutor." O repressor especifica uma proteína que se fixa no indutor, inibindo o mecanismo que copia as enzimas. Mas se a lactose estiver presente, essa proteína repressora vem isolada e se fixa nas moléculas de lactose. O mecanismo fica então desbloqueado e o gene está agora livre para começar a geração da enzima. Há também um quarto gene que funciona de modo bem semelhante, conservando todo o sistema de lactose reprimido enquanto houver glucose presente. O conjunto completo dos quatro genes é chamado de "operon."

Pode-se imaginar a dificuldade que até mesmo esse sistema tão simples provocou. Envolveu a capacidade das bactérias de permutar genes por meio do "sexo bacteriano," a fim de que versões mutantes de todos os quatro genes pudessem ser colocadas juntas em diferentes combinações para verificar como se afetavam entre si. Descobrir o mecanismo de apenas um operon, no entanto, é apenas um modesto começo. A maior questão é: Os genes, em todos os seres vivos, funcionam dessa maneira? A resposta, de um modo geral, tem sido afirmativa. Nas bactérias, simples operons são a norma. Em organismos mais complexos como ervilhas, moscas-das-frutas ou até mesmo nós, os genes repressores nem sempre estão nitidamente posicionados próximos aos genes cujas ações regulam, mas os princípios envolvidos são muito semelhantes.

F. Jacob e J. Monod, *Journal of Molecular Biology*, 3, 318-356 (1961)

A TRANSCRIPTASE REVERSA

A enzima para o "gene designer"

Na década após a descoberta da estrutura da molécula do DNA por Francis Crick e James Watson, o funcionamento do mecanismo genético foi aos poucos sendo esclarecido: o modo como o plano genético contido no DNA de um organismo é copiado a fim de construir o próprio organismo. O intermediário imprescindível é uma molécula chamada "mRNA" (ácido ribonucléico mensageiro), muito similar ao DNA, que transporta a informação num único gene, do DNA para o mecanismo microscópico, que o interpreta e constrói uma molécula de enzima.

Crick estava bastante certo, mas em 1970 foi encontrada uma importante exceção a essa regra. Numa mesma semana o periódico *Nature* recebeu artigos de dois dos mais notáveis biólogos do mundo, David Baltimore, do Massachusetts Institute of Technology, e Howard Temin, da University of Wisconsin. Ambos tinham, simultaneamente e de forma independente, descoberto que a informação genética de uma molécula mRNA podia retornar para o DNA. Eles encontraram uma enzima especial denominada Transcriptase Reversa, que realiza essa tarefa. Todos os seres vivos a possuem e a usam como parte de seu mecanismo para corrigir quaisquer erros de cópia que possam aparecer em seus genes.

A chave para essa descoberta foi o vírus "Sarcoma de Rous" (assim chamado em homenagem a Peyton Rous, que o descobriu no início do século XX), causador de câncer em galinhas. Havia muito sabia-se que esse vírus (assim como vários outros) possuía genes feitos de RNA, em vez do usual DNA. Foi nesse vírus que Baltimore e Temin descobriram a transcriptase reversa. Quando o vírus infecciona uma célula, seus genes são passados para o DNA e então incorporados aos próprios cromossomos da célula. Logo se descobriu que muitos vírus transmitem suas informações genéticas dessa forma. São chamados de "retrovírus" e é particularmente difícil uma cura ou vacina contra as doenças que causam. Logo que seus genes são copiados para o DNA e incorporados num genoma celular, torna-se árduo atacá-los. O vírus do HIV que provoca a AIDS é provavelmente o retrovírus mais conhecido. Um dos primeiros achados surpreendentes do Projeto Genoma Humano foi que uma grande proporção de todos nossos genes não é realmente nossa, mas sim relíquias de antigos retrovírus, contra os quais desenvolvemos completa imunidade.

A descoberta da transcriptase reversa tornou possível uma técnica essencial na engenharia genética – identificar um gene que especifica uma proteína em particular e depois copiá-lo. Normalmente, vírus são difíceis de encontrar. Um determinado gene fica escondido entre milhares de outros, seguro no núcleo da célula. Entretanto, sua cópia em RNA é muito mais fácil de isolar. Quando lemos relatórios de cientistas "isolando o gene" com alguma característica em particular, muitas vezes, na verdade, isolaram sua cópia no RNA. Usando a transcriptase reversa podem então utilizar essa cópia para construir uma reprodução do gene original no DNA.

D. Baltimore, *Nature*, 226, 1209-1211 (1970); H.M. Temin e S. Mizutani, *Nature*, 226, 1211-1213 (1970)

ONCOGENES

Mutações que causam câncer

As causas do câncer mostram-se especialmente difíceis de deslindar. Quando um tecido saudável se torna canceroso, suas células começam a proliferar de forma incontrolável. Essa mudança pode ser provocada por uma série de agentes, como a luz ultravioleta ou o alcatrão na fumaça do tabaco. Então a pergunta é: Como esses agentes fazem para que um câncer comece a crescer? Uma suposição que parecia razoável é a de que eles avariam um ou mais genes que estão envolvidos no controle do crescimento dos tecidos, porém somente em 1969 é que esse tipo de gene foi claramente identificado.

O primeiro desses "oncogenes," como foram chamados, foi encontrado não em um câncer, mas num vírus. O vírus Sarcoma de Rous já era conhecido desde os primeiros anos do século XX, quando se constatou que determinados cânceres eram difundidos entre as aves domésticas por um agente infeccioso. Em 1969, Steven Martin, da University of California, Berkeley, levou a cabo experimentos para descobrir quais genes no referido vírus causavam esse efeito cancerígeno. Submeteu o vírus a maciças doses da substância química nitrosoguanidina, que era conhecida por causar mutações genéticas. A maior parte das partículas virais foram eliminadas por esse procedimento, mas algumas permaneceram infecciosas. Entre essas havia um número muito pequeno que parecia normal sob todos os aspectos, exceto naquele em que falhavam em originar cânceres. Aparentemente, a nitrosoguanidina provocara uma mutação em apenas um gene que dava ao vírus a capacidade de causar câncer.

Quando o gene foi analisado, notou-se que se tratava de uma forma incompleta de um gene pertencente a aves domésticas infectadas pelo vírus. As partículas virais se reproduzem ao injetar seus genes nos tecidos de seu hospedeiro (nesse caso, uma galinha). Os genes se duplicam ali e reprogramam os tecidos do hospedeiro para produzir mais partículas viróticas. Presumivelmente, em alguma época distante, parte de algum dos próprios genes da galinha se misturou no processo, de modo que cópias dele foram parar nas partículas viróticas. O gene em questão é aquele que desempenha um papel no controle do crescimento de tecidos. A versão instalada no vírus pode dominar completamente a versão original existente nos tecidos da galinha, quando então o crescimento do tecido não é mais o normal, resultando em câncer.

Desde que essa descoberta foi feita, muitos outros oncogenes foram encontrados. No começo os oncogenes foram achados em vírus como o Sarcoma de Rous, porém mais tarde também foram encontrados em tecidos cancerosos. O transplante de tal gene, de uma célula com câncer para uma saudável, faria com que a célula saudável se tornasse cancerosa. Parece existir uma quantidade de genes que, ao serem modificados por um agente cancerígeno ou absorvidos por um vírus, ficam fora de controle e, assim, acarretam um crescimento sem fim dos tecidos, resultando em câncer. Esses genes estão sendo agora intensivamente estudados, não só porque possam ter a chave da prevenção ou da cura do câncer, mas também porque podem nos dizer muita coisa sobre a maneira como o crescimento de órgãos e tecidos é normalmente regulado.

G.S. Martin, *Nature*, 227, 1021-1023 (1970)

SEQÜENCIANDO UM GENOMA

O plano genético completo

Ler a especificação completa do projeto de um organismo vivo deve ser uma das mais ambiciosas metas a que os cientistas já se propuseram. Nos primeiros sessenta anos do século XX, ficou assentado que os "genes" de um organismo – as especificações de todos os diferentes tipos de molécula de proteína que controlam seu funcionamento – compõem-se de segmentos de DNA, uma molécula disposta num duplo encadeamento, semelhante a uma escada em espiral cujos degraus consistem de pares de quatro diferentes tipos de "bases," usualmente representadas como A, C, G e T.

A ordem exata dessas quatro bases especifica a seqüência dos aminoácidos – os blocos de construção das moléculas de proteínas. Portanto, o genoma de um organismo, todo o seu conjunto de genes, consiste de uma imensa seqüência de bases. Naquela época o problema era: Qual a melhor maneira de ler essa seqüência em laboratório? A partir do início da década de 1970, vários métodos foram usados para ler a seqüência de genes. O primeiro deles que permitiu uma leitura suficientemente rápida, de forma a ser útil para o seqüenciamento de um genoma inteiro, foi criado por Frederick Sanger e A.R. Coulson no Laboratory of Molecular Biology do MRC-Medical Research Council, em Cambridge, em 1975. Menos de dois anos mais tarde eles estavam aptos a publicar o genoma completo de um vírus, o primeiro organismo a ter as especificações de sua estrutura registradas na íntegra.

O vírus em questão era um "bacteriófago" – aquele que ataca as bactérias. Sanger e sua equipe o escolheram por ser um dos mais simples entre todos os organismos, feito de apenas nove diferentes proteínas. Denominaram seu método de "plus e minus." A parte "minus" consistia em fazer quatro diferentes cópias do genoma, cada uma omitindo uma das bases (A, C, G ou T) e observar onde ocorriam as rupturas nas cópias incompletas. A parte "plus" era complementar: um genoma intacto era quebrado usando-se um sistema que cria uma ruptura onde houver uma base A (ou C, ou G ou T). Esses dois procedimentos se controlam mutuamente. No entanto, mesmo o minúsculo genoma de um bacteriófago seria muito grande para ser analisado de uma só vez; por conseguinte, esse genoma teve de ser dividido com antecedência em seções de tamanho manejável. Isso foi feito usando-se enzimas chamadas "Endonucleases de Restrição," que visavam em particular as seqüências curtas das bases A, C, G ou T, secionando a molécula DNA onde estivessem. Há vários diferentes tipos dessas enzimas, cada uma específica para determinada seqüência. Estão entre as mais poderosas ferramentas que os geneticistas têm à disposição e são usadas quando é necessário isolar um determinado segmento de DNA.

Sir Frederick Sanger é um dos poucos que receberam dois prêmios Nobel. (O primeiro foi por seu trabalho anterior, sobre seqüenciamento de proteínas.) A realização de sua equipe foi significativa principalmente pelas possibilidades que descerrou. O genoma de um minúsculo bacteriófago pode ser de interesse limitado, mas ao seqüenciá-lo a equipe revelou uma técnica que pode ser usada em qualquer organismo, inclusive seres humanos.

F. Sanger et al, *Nature*, 265, 687-695 (1977)

O PROBLEMA DOS ANTICORPOS

Como produzir um anticorpo para cada doença? Misturando um punhado de genes

É do conhecimento geral que nosso organismo produz um anticorpo específico sempre que enfrenta um vírus ou uma bactéria que cause doença – uma proteína que se prende à parte externa do micróbio, imobilizando-o. É o primeiro passo do corpo para reagir contra uma infecção. Mas de que maneira produzimos o anticorpo adequado quando necessário? Cada diferente germe necessita de um anticorpo especial que se ligará apenas a ele e a nenhum outro. Não é possível ter-se um gene específico para cada provável anticorpo – a variedade de anticorpos que podemos produzir é quase ilimitada. Esse problema foi compreendido desde que se fez a descrição dos anticorpos pela primeira vez no século XIX, mas a explicação somente viria em 1983, quando Susumu Tonegawa, do Massachusetts Institute of Technology, descreveu um processo que foi imediatamente reconhecido como correto. Algumas descobertas resultam de um único experimento. Tonegawa, ao contrário, citou provas de nada menos do que 119 distintas experiências, efetuadas por muitas pessoas diferentes (inclusive ele próprio), para compor o quadro completo.

As moléculas de anticorpos são fabricadas pelas células brancas do sangue, especificamente por um tipo especial chamado "linfócito." Diferentes linfócitos individuais produzem diferentes anticorpos. A descoberta de Tonegawa foi mostrar de que modo os linfócitos podiam fazer isso tendo apenas um limitado número de genes para fornecer as especificações. Todas as moléculas de anticorpos, disse ele, possuem o mesmo plano básico. Entretanto, a "extremidade ativa" de cada molécula, que na verdade realiza o trabalho de fixação a um germe invasor, é formada por dez pequenas partes, cada qual com seu próprio gene em separado. Cada um desses dez genes se apresenta em mais de uma versão – pode haver cerca de trezentos diferentes tipos presentes num único linfócito. Sempre que uma nova molécula de anticorpo é produzida, uma diferente combinação dessas versões é utilizada. Isso por si só permite a um único linfócito produzir uma enorme variedade de anticorpos. Mas essa é apenas a primeira parte da história. Tonegawa também descobriu que dez diferentes genes estão constantemente em mutação, portanto cada linfócito vem equipado com seu próprio conjunto exclusivo. Isso torna nossos linfócitos aptos coletivamente a produzir uma ilimitada variedade de anticorpos, com apenas um restrito número de genes disponíveis. É como se os genes fossem cartas de baralho, sendo constantemente embaralhadas e, mais ainda, freqüentemente substituídas.

O artigo de Tonegawa foi um dos acontecimentos mais notáveis da imunologia, no século XX. No entanto, seu texto não torna o assunto totalmente esclarecido. Nós agora sabemos como os anticorpos são produzidos. Mas ainda não compreendemos como nossos corpos controlam o processo. Quando contraímos uma infecção, nossos linfócitos produzem cada vez mais diferentes tipos de anticorpos até ser encontrado um que lute de forma efetiva contra a infecção. Esse anticorpo é então produzido em grandes quantidades, enquanto os outros anticorpos inúteis são descartados e esquecidos. Ainda não compreendemos bem como isso ocorre.

S. Tonegawa, *Nature*, 302, 575-581 (1983)

OS GENES HOMEOBOX

Genes antigos controlam a programação do organismo dos animais

Um aspecto óbvio de muitos animais é o de serem divididos em uma quantidade de segmentos assemelhados. São mais evidentes em minhocas e centopéias, porém um olhar rápido em outros animais, como insetos e lagostas, é suficiente para mostrar que eles também têm corpos segmentados. Mesmo nos vertebrados, como nós, acontece o mesmo: têm vértebras que se repetem por toda a extensão do corpo, usualmente com costelas semelhantes e feixes de músculos presos a cada uma delas. (Podemos vê-los claramente em qualquer filé de peixe frito.) Ninguém acredita que peixes sejam descendentes de lagostas ou vice-versa; porém teriam ambos herdado o arranjo corporal segmentado de algum longínquo ancestral comum? Uma descoberta inesperada, por geneticistas, em 1984, indica que provavelmente a resposta seja sim.

Walter Gehring é um geneticista suíço que, como muitos outros, utilizava a mosca-das-frutas *Drosophila melanogaster* para estudar o modo como as informações dos genes de um organismo são obedecidas na formação corporal. No início da década de 1980, Gehring reuniu uma equipe na Universität Basel para estudar alguns genes que pudessem dar origem a deformidades características: asas ou pernas extras, demasiados ou insuficientes segmentos corporais, e assim por diante. Esses assim chamados genes "homeóticos" claramente regulam, com precisão, em que local do corpo da mosca os diferentes genes são ativados e desativados. A equipe logo fez uma intrigante descoberta. Os genes homeóticos que controlam a programação dos segmentos do corpo da mosca apresentam-se todos juntos numa seqüência em um dos cromossomos do inseto. Na cabeça, apenas um desses genes está ativado, mas conforme avançamos pelo corpo, cada vez mais eles estão em ação, até que na ponta da cauda todos encontram-se funcionando.

Isso já era bem interessante, mas a descoberta realmente notável veio a seguir. Em 1984, um novo membro da equipe chamado William McGinnis constatou que muitos genes homeóticos continham pequenos segmentos que eram praticamente idênticos. A equipe denominou essas seções de "homeobox." A evidente implicação era que os insetos deviam sua configuração corporal segmentada a um gene que havia sido repetidamente duplicado no decorrer da evolução, cada sucessiva duplicação causando o crescimento de um segmento extra. A equipe então começou a procurar por homeobox em outros animais e descobriu que são relativamente ubíquos. Os genes homeobox controlam o número de vértebras que temos em nossa espinha dorsal e também quantas pernas existem numa centopéia. Os olhos de um camundongo e de uma mosca têm estruturas completamente diferentes, porém o mesmo gene homeobox controla onde (e até que tamanho) esses órgãos crescem no corpo do animal. Mesmo as plantas e os fungos têm genes com partes semelhantes aos homeobox, e eles sempre controlam a ativação e a desativação de muitos outros genes.

A conclusão óbvia a se chegar é que os genes controladores das configurações corporais dos organismos são extremamente antigos, datados de uma época anterior àquela em que as plantas e os animais divergiram para linhagens distintas. E o padrão segmentado do filé de um salmão defumado tem o mesmo pedigree ancestral daquele da cauda da sua vizinha lagosta, no balcão da peixaria.

W. McGinnis et al, *Nature*, 308, 428-433 (1948)

IMPRESSÕES DIGITAIS GENÉTICAS

Diferenças fáceis de analisar entre os genes de pessoas distintas

No fim da década de 1980, a polícia e criminalistas começaram a utilizar uma técnica altamente precisa para estabelecer a identidade de uma pessoa, chamada comumente de "impressões digitais genéticas." Foi amplamente divulgado o modo como um mero fio de cabelo encontrado na cena de um crime, ou o mínimo traço do sêmen encontrado numa vítima de estupro, poderia fornecer uma amostra de DNA pela qual era possível identificar o criminoso. Nada de espantoso, visto ser do domínio público o fato de que todo ser humano possui um conjunto exclusivo de genes, no mínimo ligeiramente diferente de qualquer outra pessoa. Assim, era possível supor que estivesse sendo utilizada uma técnica que proporcionasse rápidas leituras dos genes presentes numa amostra de DNA. Mas, na verdade, isso seria uma missão impossível. O método realmente utilizado é muito mais simples e surgiu de uma descoberta feita quase que por acidente.

No início da década de 1980 verificou-se que nem todo DNA contém informações genéticas. Entremeado em nossos genes existem imensos segmentos de DNA que absolutamente não possuem códigos para proteínas e jamais (aparentemente) são lidos pelo mecanismo que traduz as especificações do DNA para tecidos e órgãos. Quando isso foi revelado pela primeira vez, houve muita conversa a respeito de um "lixo genético," com a suposição de que a maior parte dele estivesse ali porque nosso corpo nunca desenvolvera um modo de eliminá-lo. De uns tempos para cá, os geneticistas se tornaram mais cautelosos ao tirar conclusões e há crescentes evidências de que esse supostamente inútil DNA possa ter alguma função, possivelmente no controle da ativação e desativação de nossos genes. Foi esse (supostamente) inútil DNA que interessou a equipe de Alec Jeffreys na University of Leicester.

Jeffreys descobriu que entre os segmentos sem função de DNA estava uma enorme quantidade de pequenos segmentos que ele denominou de "minissatélites," que podiam ser facilmente identificados porque consistiam de seqüências altamente repetidas das quatro "letras" do código genético, A, C, G e T. Por exemplo, um típico minissatélite podia conter longos filamentos repetindo o padrão "GGAGGTGGGCAGGAGG." Jeffreys criou um método para retirar todos os minissatélites do DNA de uma pessoa e analisá-los isoladamente, e foi então que ocorreu uma inesperada descoberta. Em cada pessoa os minissatélites se apresentavam numa faixa de tamanhos única para cada indivíduo. Usando uma técnica-padrão de laboratório chamada "eletroforese," Jeffreys pôde produzir um modelo que mostrava os diferentes tamanhos de todos os minissatélites nos genes de alguém. A esse modelo ele chamou de "impressão digital genética." Mais adiante ele constatou que essa impressão digital genética de cada pessoa é cerca de 50% similar à impressão digital genética de cada um de seus pais. Isso significa que os minissatélites são úteis na solução de processos judiciais de paternidade – pode-se facilmente verificar, a partir das impressões digitais genéticas de duas pessoas, se são pai e filho.

Até hoje, ninguém conhece a função (caso haja) desempenhada pelos minissatélites na natureza. Mas Jeffreys divisou de pronto o potencial que ofereciam. Imediatamente patenteou sua técnica e uma nova atividade surgiu.

A.J. Jeffreys et al, *Nature*, 316, 76-79 (1985)

A OVELHA CLONADA "DOLLY"

Clonagem de um mamífero a partir de tecido adulto

A clonagem tem sido um tema popular de especulação e preocupação pelo menos há trinta anos, desde que a possibilidade foi ventilada em livros populares como *The Biological Time-Bomb*,*escrito em 1968 por G.R. Taylor. Portanto, quando uma equipe de biólogos liderada por Ian Wilmut, do Roslin Institute, na Escócia, anunciou, em 1997, que uma ovelha havia sido clonada, o assunto tomou conta das manchetes no mundo inteiro. As implicações éticas eram alarmantes. Poucas pessoas se sentiram tranqüilas pelo fato de que clones podem ocorrer naturalmente, na forma de gêmeos idênticos. Para a maioria, imprimir cópias de animais e até mesmo seres humanos, por encomenda, era profundamente repulsivo.

Na verdade, a clonagem não era totalmente coisa nova. Plantas cultivadas, como macieiras, são clonadas há milhares de anos. Animais superiores são clonados desde o início da década de 1960, quando rãs foram primeiramente copiadas a partir de células retiradas dos intestinos de girinos. O conteúdo das células intestinais era inserido nos ovos de rãs cujos núcleos (contendo seus genes) haviam sido destruídos por radiação de alta energia. Isso é relativamente fácil de realizar com rãs porque seus ovos são bastante grandes – cerca de 3 mm de diâmetro. Conseguir isso com um mamífero, cujas células-ovo são pouco visíveis a olho nu, seria muito mais difícil.

* *Explosão Biológica*, Gordon Rattray Taylor, ed. Expressão e Cultura, Rio de Janeiro, 1968

Isso foi o que Wilmut e sua equipe conseguiram fazer. Começaram com tecidos retirados da glândula mamária de uma ovelha, dos quais isolaram células. De uma outra ovelha obtiveram células-ovo e removeram o núcleo. As células mamárias foram então misturadas com as células-ovo, postas em estreito contato e submetidas a tênues correntes elétricas através delas. Os ovos clonados eram depois germinados em culturas artificiais durante uma semana antes de serem colocados no útero de uma ovelha-mãe substituta. O resultado final foi "Dolly," uma cordeirinha sem pai, cujos genes vieram inteiramente dos tecidos de um úbere de ovelha.

Para os biólogos, o ponto principal dessa experiência foi verificar se todos os genes retirados de diversas partes do corpo de um animal adulto permaneciam plenamente funcionais. Uma célula da glândula mamária de uma ovelha contém a totalidade de seus genes, porém ficou claro que nem todos são utilizados. Estariam em pleno funcionamento, podendo ser ativados novamente? O experimento de Wilmut mostrou que a resposta é positiva. No entanto, mais tarde constatou-se que o material genético fora consideravelmente avariado durante o processo, o que talvez explique por que comumente a clonagem não funcione. A equipe de Wilmut clonou 277 ovos a fim de conseguir apenas 29 embriões, os quais foram implantados em treze ovelhas-mães substitutas, e Dolly foi a única que deu certo. Desde então, a experiência foi repetida muitas vezes, mas a taxa de sucesso pouco melhorou. Esse fato por si só torna improvável que seres humanos sejam clonados num futuro próximo, mesmo em países que não contem com uma legislação específica proibindo a prática. Exércitos de guerreiros idênticos ainda pertencem ao reino da ficção.

J. Wilmut et al, *Nature*, 385, 810-813 (1997)

ASTRONOMIA E COSMOLOGIA

PODE-SE DIZER, COM TODA CERTEZA, que no século XX o universo entrou na consciência das pessoas e fascinou a imaginação popular. A consagração da ficção científica como um dos principais entretenimentos populares, o crescimento da astronomia recreativa e o amplo (e totalmente não-científico) interesse por "objetos voadores não identificados" são, todos, o resultado de uma mudança no modo de as pessoas verem o mundo em que vivem. Antes, as pessoas imaginavam nosso planeta como o Mundo, um imenso lugar: no século XX, ao contrário, começaram a vê-lo como a Terra, um pequeno globo flutuando num grande vazio. Dois fatores podem ter sido responsáveis por essa mudança de perspectiva. O primeiro foi o aparecimento dos modernos foguetes, criando a possibilidade de viagens espaciais, pelo menos no Sistema Solar. O outro, inquestionavelmente, foi o enorme avanço feito na astronomia.

Esse progresso foi muito impulsionado por avanços técnicos. O estudo moderno do Sistema Solar começa no meado do século XIX com o surgimento de telescópios suficientemente potentes para mostrar as superfícies dos planetas de modo mais detalhado. Em 1900, a fotografia progrediu a ponto de os telescópios poderem ser usados também para registrar imagens de estrelas, com as chapas fotográficas expostas durante várias horas de cada vez. Assim, astros e nebulosas distantes, que anteriormente se apresentavam muito tênues para serem examinados, puderam ser estudados detalhadamente. Por outro lado, a partir da década de 1870, os astrônomos também passaram a analisar a composição química de estrelas distantes, usando um dispositivo chamado "espectrógrafo," dando início, desse modo, à ciência da astrofísica. Um importante ponto de inflexão ocorreu em 1925, quando um telescópio com espelho refletor de 250 centímetros, o maior construído até então, foi instalado no Mount Wilson Observatory, na Califórnia. Esse fato realmente marcou o início da astronomia do espaço profundo e da cosmologia. Foi no Monte Wilson que Edwin Hubble pela primeira vez revelou que a Via Láctea é apenas uma entre muitas galáxias e que o universo está em expansão. Inevitavelmente, surgiram as questões: Qual é a idade do universo? Como começou? Como será o fim? Antes de Hubble, tais indagações não poderiam nem mesmo ser formuladas. Atualmente temos pelo menos algumas respostas.

Depois do telescópio do Monte Wilson e de seus sucessores ainda maiores, no Monte Palomar e em outros sítios, o próximo passo importante foi o início da radioastronomia, no final da década de 1940. (Em 1933, foram observadas as primeiras ondas de rádio vindas do espaço exterior, mas a Segunda Guerra Mundial retardou a pesquisa.) Antes, os astrônomos só podiam estudar planetas e objetos quentes e brilhantes como as estrelas. A chegada dos radiotelescópios permitiu a observação até de fenômenos em baixa temperatura: a composição do gás e da poeira interestelares e a débil radiação de fundo deixada pelo Big Bang. Também levou a algumas surpresas, como a descoberta dos quasares e pulsares.

Todos esses equipamentos têm custos elevados. Tal como a física, a astronomia tornou-se uma ciência imensamente dispendiosa, dependente quase que inteiramente de recursos públicos. Considerando a improbabilidade de levar a aplicações práticas (diferentemente da física), poderia ser indagado por que os governos estão dispostos a empregar tanto dinheiro nessa atividade. Pelo menos, parte da resposta realmente parece estar no simples respeito pelo que a astronomia está fazendo. Mesmo pessoas completamente afastadas da ciência ficam instintivamente fascinadas com as indagações: O que existe fora daqui? De onde viemos todos? Onde ficará o fim de tudo isto? Há uma percepção de que a astronomia parece ter assumido uma tarefa antes pertencente à religião. De todas as ciências, é a que tem o maior "fator empolgação." Nem mesmo os políticos e funcionários públicos são imunes ao seu fascínio.

Naturalmente, há uma questão que todos gostariam de ver respondida pelos astrônomos: Há vida fora daqui? Em algum dia encontraremos alienígenas inteligentes? Até agora, a resposta é que simplesmente não temos qualquer idéia a respeito. A possibilidade de que vida primitiva possa existir (ou que já tenha ocorrido) em algum lugar do nosso Sistema Solar é, atualmente, forte o suficiente para merecer investigação. Marte e Europa (um dos satélites de Júpiter) são geralmente aceitos como os melhores sítios a ser considerados. Procurar por vida em lugares mais remotos é, ainda, de pouca utilidade. Nos últimos anos do século XX, os astrônomos começaram a descobrir planetas orbitando outras estrelas, mas a procura de oxigênio molecular em suas atmosferas (o sinal mais confiável da existência de vida) está, por enquanto, além da nossa capacidade.

A busca por alienígenas inteligentes é, certamente, mais problemática. É comum a crença, amplamente promovida por escritores de ficção científica, como Arthur C. Clarke, de que a vida inteligente deve estar generosamente espalhada no universo e, mesmo, na nossa galáxia, esperando que a encontremos. Essa convicção se apóia em três hipóteses: primeiro, onde quer que as condições sejam favoráveis, mais cedo ou mais tarde a vida sempre surgirá espontaneamente; segundo, onde quer que a vida surja, mais cedo ou mais tarde seres inteligentes se desenvolverão; e por último, onde quer que seres inteligentes se desenvolvam, mais cedo ou mais tarde mostrarão sua presença, viajando pelo espaço ou, ao menos, realizando radiotransmissões que possamos detectar. A verdade é que não sabemos se alguma dessas suposições é confiável, quanto mais todas elas. A evidência proporcionada pelo único exemplo que conhecemos, a vida na Terra, não é, em absoluto, concludente. Assim, os astrônomos acham-se possivelmente justificados ao concederem baixa prioridade à pesquisa por vida inteligente. Provavelmente é melhor realizá-la acessoriamente mediante o exame das informações originalmente coletadas para outros projetos. Encontrar alienígenas seria o feito mais importante de todos os tempos, porém entre os astrônomos profissionais nenhum está em suspense.

GALÁXIAS

Universos-ilhas

"Há muito, muito tempo, numa galáxia muito, muito distante..." Hoje, qualquer freqüentador de cinema sabe que a Via Láctea, com bilhões de estrelas, é somente uma entre os incontáveis universos-ilhas que formam o universo. No entanto, até recentemente, em 1920, isso era novidade. Astrônomos catalogaram muitas nebulosas – manchas indistintas com fraca luminosidade que apareciam em seus telescópios, porém eles não tinham idéia das distâncias em que se encontravam, nem mesmo se existiam. A mais conhecida de todas era a Grande Nebulosa de Andrômeda, visível (por pouco) a olho nu (*ver figura 7*). No início do século XX, havia telescópios suficientemente poderosos para mostrar que se tratava de um amontoado de estrelas. Mas a que distância estava? Tratar-se-ia de um grupo de estrelas opacas relativamente perto de nós ou seriam estrelas mais brilhantes, muitíssimo afastadas?

A resposta foi fornecida em 1924 por um jovem americano chamado Edwin Hubble. Nascido em 1889, Hubble foi inicialmente educado para ser advogado. Estudou primeiro na University of Oxford, onde assimilou o estilo e as maneiras de um inglês da classe alta. No entanto, a astronomia foi seu primeiro amor e ele decidiu transformá-la em profissão ao retornar aos Estados Unidos em 1913. Em 1920, começou a trabalhar no Mount Wilson Observatory, nos arredores de Los Angeles, que havia recentemente adquirido um telescópio com uma abertura de 250 centímetros – então o maior do mundo.

Logo Hubble começou a fotografar a Nebulosa de Andrômeda. No inverno de 1923, viu algo que o estimulou: uma estrela na Nebulosa cujo brilho variava de um dia para o outro. Pertencia claramente a uma espécie de estrela conhecida como "cefeida," o que significava que sua distância poderia ser determinada. As cefeidas são estrelas antigas, com pequena instabilidade, cujo brilho varia com a regularidade de um relógio, possibilitando determinar a luminosidade em função do ritmo de variação. Cefeidas com grande luminosidade variam mais lentamente do que as menos luminosas. Assim, pode-se determinar a distância de uma cefeida comparando sua luminosidade aparente, tal como se vê no telescópio, com a luminosidade real, calculada a partir do período de variação.

Hubble plotou a luminosidade de sua cefeida dia após dia, fez os cálculos de praxe e surgiu então um número: a cefeida estava a mais de um milhão de anos-luz. (Um ano-luz é a distância percorrida pela luz em um ano, à velocidade de 300 mil quilômetros por segundo.) Isso a tornava, certamente, o mais longínquo objeto cuja distância fora medida até então. A Nebulosa de Andrômeda (e, portanto, presumivelmente, outras nebulosas similares que os astrônomos conheciam) estava fora e muito longe da Via Láctea. O universo era claramente muito maior do que anteriormente imaginado.

Muitas descobertas científicas são divulgadas primeiramente em periódicos especializados. A descoberta de Hubble foi divulgada por esse meio finalmente em 1925, no *Astrophysical Journal.* Mas sua primeira revelação foi feita na edição de 23 de novembro de 1924 do *New York Times* – não a primeira fonte onde alguém normalmente procuraria por um assunto de vanguarda científica.

E. Hubble, *New York Times*, 23 de novembro de 1924; *Astrophysical Journal*, 62, 409 (1925)

O UNIVERSO EM EXPANSÃO

Lei de Hubble

Durante as primeiras duas décadas do século XX, diversos astrônomos estudaram as indistintas nebulosas em formato de disco que foram encontradas pontilhando o céu. À medida que mais e mais dados eram reunidos, houve a impressão de que todas se moviam em nossa direção ou de nós se afastavam a velocidades muito grandes. Isso foi descoberto por meio da técnica de análise espectroscópica dos comprimentos de onda da luz, à semelhança do tom nos fenômenos sonoros. Exatamente como os motores dos carros de corrida que apresentam um som agudo quando aceleram em nossa direção e graves quando se afastam, o comprimento de onda da luz se desvia para o violeta da extremidade do espectro luminoso quando a fonte se aproxima de nós, e para o vermelho quando se afasta.

Portanto, Edwin Hubble provou na década de 1920 que as nebulosas eram galáxias distantes, muito afastadas da Via Láctea. Mediu (com precisão satisfatória) as distâncias de algumas galáxias mais próximas, pela observação das estrelas que as formavam, e descobriu que as maiores e mais luminosas eram sempre aquelas a menor distância. A explicação óbvia era que todas as galáxias têm aproximadamente o mesmo tamanho e que é possível avaliar suas distâncias simplesmente pelas dimensões e brilhos aparentes. Hubble começou, então, a examiná-las com um espectroscópio para verificar quão velozmente se aproximavam ou se afastavam de nós e logo fez uma das mais importantes descobertas de todos os tempos na astronomia. Em média, quanto mais longe uma galáxia estiver maior é a velocidade com que se afasta de nós. Esse enunciado é conhecido como Lei de Hubble.

À primeira vista pode parecer que estamos exatamente no centro do universo, com tudo se afastando rapidamente de nós. Entretanto, não é o caso; o universo se mostraria do mesmo modo se observado de qualquer outro local. Em qualquer parte, as galáxias pareceriam estar se afastando umas das outras. Até recentemente pensava-se que essa expansão se tornara mais lenta por causa da influência da gravidade e que um dia o universo inteiro poderá colapsar, desmoronando sobre si mesmo. Entretanto, observações mais recentes sugerem que isso pode não ser completamente verdade. Pelo contrário, a expansão na realidade parece estar ocorrendo em velocidade maior, como se uma força desconhecida causasse uma repulsão entre as galáxias.

A Lei de Hubble é notável porque confirma a teoria da Relatividade Geral de Einstein. Na versão original da teoria, o universo não poderia ser estático: deveria estar em contração ou expansão. Einstein convenceu-se a modificar ligeiramente a teoria a fim de torná-la aplicável a um universo estático, mas, quando tomou conhecimento da descoberta de Hubble, disse que a mudança que fizera fora "o maior erro de sua vida" e imediatamente retornou à versão original. No entanto, como todas as grandes descobertas, a Lei de Hubble provoca questões maiores do que aquelas que resolve. Se o universo não é estático, significa que teve um começo? E que terá um fim? Essas indagações têm dominado a cosmologia desde então.

E. Hubble, *Proceedings of the National Academy of Sciences*, USA, 15, 168-173 (1929)

PLUTÃO

O nono planeta

Não é freqüente que os jornais do mundo alardeiem as últimas descobertas astronômicas na primeira página, mas foi isso o que aconteceu em 1930, quando o nono planeta foi anunciado.

Depois que Netuno foi descoberto, em 1846, houve interesse popular em saber se havia mais planetas esperando para serem encontrados. Essa era a fascinação de Percival Lowell, americano rico que construíra um observatório em Flagstaff, no estado do Arizona, com recursos financeiros próprios. Baseado em cálculos feitos com dados das órbitas dos dois mais distantes planetas conhecidos então, Urano e Netuno, Lowell afirmou que suas trajetórias estavam sofrendo interferências causadas pela atração gravitacional de um nono planeta localizado em órbita mais exterior. Hoje sabemos que Lowell estava errado, mas após sua morte, em 1916, o diretor do observatório por ele fundado, Vesto Slipher, assumiu seriamente a idéia. Em 1929, pôs o mais novato dos empregados a trabalhar em uma pesquisa prioritária. O jovem principiante era Clyde Tombaugh, filho de um fazendeiro do Estado do Kansas.

Diz-se freqüentemente que Tombaugh apontou seu telescópio exatamente para o local onde deveria estar o "Planeta X," de acordo com os cálculos de Lowell, e lá estava ele. Isso é totalmente falso. Tombaugh consumiu cerca de um ano tirando centenas de fotografias do céu, cobrindo inteiramente o plano das órbitas planetárias. Seu método foi o de selecionar pares de fotografias batidas com alguns dias de intervalo e então examiná-las com um "cintilador." Esse instrumento mostra as duas fotografias em rápida sucessão, e assim, estrelas ou planetas que tenham se movido são imediatamente notados. Trata-se de tarefa imensamente tediosa. Finalmente, duas fotografias, tiradas nos dias 23 e 29 de janeiro de 1930, mostraram uma "estrela" que havia se movimentado. Era Plutão (*ver figura 9*).

A descoberta foi um pouco mais do que um incrível acaso feliz. A começar pelos cálculos de Lowell baseados em dados imprecisos e pelo fato de as órbitas de Netuno e Urano não serem perturbadas pelo novo planeta. Além disso, Plutão é muito pequeno – seu diâmetro mede cerca de 2.400 quilômetros, aproximadamente dois terços do diâmetro da Lua, e é muito leve até mesmo para seu tamanho. Sua fraca gravidade não poderia, possivelmente, afetar as órbitas de Urano e Netuno. Finalmente, sua trajetória nem está no mesmo plano dos demais planetas, de modo que foi por pura boa sorte que Tombaugh apontou seu telescópio corretamente. Hoje sabemos que Plutão é o maior dos "anões gelados" – pequenos corpos celestes de gelo e rocha que existem nos limites do Sistema Solar. A maior parte dos anões gelados conhecidos são satélites dos planetas Júpiter, Saturno, Urano e Netuno, mas ultimamente outros foram encontrados em órbitas próprias e, certamente, há inúmeros mais aguardando a descoberta. Na realidade, Plutão é um planeta duplo, pois possui um satélite chamado Caronte, com cerca de um terço de seu tamanho, descoberto somente em 1978.

Plutão é o único planeta do Sistema Solar que jamais foi visitado por uma sonda espacial, embora haja planos para enviar uma no início desta década.

NT. Nova definição de planetas da União Astronômica Internacional, de 24/8/2006, em http://www.astro.iag.usp.br/~dinamica/iau-planeta.html#plutao

C. Tombaugh, *Lowell Observatory Observation Circular*, 13 de março de 1930

O QUE FAZ AS ESTRELAS BRILHAREM

Fusão nuclear

"Brilha, brilha, estrelinha, que será que tu és?..." [*Twinkle, twinkle, little star, how I wonder what you are*] Sempre se quis saber do que o Sol e as estrelas são feitos e o que os faz brilhar. Entretanto, esse assunto permaneceu um mistério até meado do século XX, quando os astrônomos usaram a recém-criada técnica da espectrografia para determinar a composição das estrelas: principalmente hidrogênio, com um pouco de hélio e bem pequenas quantidades de outros elementos. Enquanto isso, a nova ciência da física nuclear sugeria uma poderosa fonte de energia: a fusão do hidrogênio sob a intensa pressão que ocorre no interior do astro. Estrelas são, na realidade, gigantescas bombas de hidrogênio explodindo lentamente.

Os pormenores foram primeiramente examinados pelo germano-americano Hans Bethe, na Cornell University, em 1938. De acordo com seus cálculos, havia dois processos envolvidos, ambos resultando na fusão de quatro átomos de hidrogênio para formar um de hélio. Em um dos processos, dois núcleos de hidrogênio, cada um constituído por um próton, fundem-se para formar um núcleo de deutério, composto de um próton e de um nêutron. Isso requer que um dos prótons se transforme em nêutron, o que acarreta liberação de energia na forma de um elétron animado de grande velocidade e de uma partícula extremamente leve chamada neutrino. Então, dois núcleos de deutério fundem-se formando um núcleo de hélio, constituído de dois prótons e dois nêutrons. Nas estrelas maiores, no entanto, predomina outro processo. Essas estrelas possuem certa quantidade de carbono, nitrogênio e oxigênio, os quais agem como intermediários. Um ciclo contínuo ocorre, iniciando com hidrogênio e carbono e concluindo com carbono e hélio.

Os cálculos de Bethe têm sido confirmados desde então, exceto num ponto importante em que ele se enganou. Bethe acreditava que o universo tinha uma idade aproximada de apenas dois bilhões de anos. De acordo com seus cálculos, uma estrela poderia brilhar, transformando hidrogênio em hélio, por um período de vinte bilhões de anos, antes de o hidrogênio começar a se esgotar, supondo assim que todas as estrelas no universo deviam ser relativamente jovens. Sob essas condições, calculou que as estrelas poderiam gerar apenas hélio e assim, presumivelmente, todos os elementos químicos mais pesados, como carbono, oxigênio e os metais, já existiriam quando as primeiras estrelas se formaram. Hoje sabemos que isso não é exato. O universo tem, na verdade, mais de doze bilhões de anos de idade, e originalmente era composto, aproximadamente, de três partes de hidrogênio e uma de hélio, com a presença também de uma pequena quantidade de lítio. Todos os elementos mais pesados são formados nas velhas estrelas quando o suprimento de hidrogênio começa a se esgotar. Os metais mais pesados são produzidos nas supernovas – grandes estrelas que terminam suas existências com uma gigantesca explosão – no momento em que seu interior colapsa sob o próprio peso.

Hans Bethe é um dos mais versáteis físicos do século XX, com importantes contribuições em diversos campos. Durante a Segunda Guerra Mundial, foi um dos arquitetos principais da bomba atômica, mas nunca foi favorável aos armamentos nucleares, tornando-se desde então um grande crítico da política militar dos Estados Unidos.

H.A. Bethe e C.L. Critchfield, *Physical Review*, 54, 248-254 (1938); H.A. Bethe, *Physical Review*, 55, 434-456 (1939)

A IDADE DO SISTEMA SOLAR

Quatro e meio bilhões de anos

No final do século XVII, o arcebispo Ussher calculou que, de acordo com a Bíblia, a Terra fora criada no ano 4004 a.C. Entretanto, geólogos logo se viram forçados a concluir que nosso planeta era consideravelmente mais antigo. Sua idade correta foi finalmente estabelecida em 1955.

Teoricamente, o modo de determinar a idade da Terra seria encontrando uma amostra de rocha inalterada, remanescente do início de sua existência. Entretanto, devido ao movimento da crosta do planeta (*ver p. 174, Placas Tectônicas*) não há rochas desses tempos remotos que ainda sejam acessíveis da superfície. Portanto, em vez disso, os cientistas se perguntaram: Quão antigo é o Sistema Solar? Supostamente, a Terra tem a mesma idade do Sol e dos outros planetas. Será possível encontrar matéria da época de sua formação inicial? Certamente podemos encontrá-la na forma de meteoritos. São fragmentos de asteróides, compostos de rocha e metais, que estiveram orbitando o Sol relativamente sem modificações desde que o Sistema Solar condensou-se a partir de uma nuvem de poeira. Ocasionalmente caem na Terra. Pode-se estimar a idade desses objetos analisando os isótopos radioativos que os constituem e os produtos de sua desintegração natural. Por exemplo, o urânio 238 decai para chumbo 206 e o tório 232 decai para chumbo 208. (Isótopos distintos de um elemento se diferenciam pela quantidade de nêutrons que cada um contém em seus átomos.) A taxa com que cada um desses isótopos decai é conhecida com notável precisão. Assim, pela análise da proporção, digamos, entre urânio 238 e chumbo 206, podemos determinar por quanto tempo o urânio esteve se transformando – mas somente se soubermos quanto de chumbo 206 havia no começo do processo.

Esse foi o problema resolvido por Claire Patterson, do California Institute of Technology. Meteoritos ocorrem em dois tipos principais – rochosos e ferrosos. Os meteoritos rochosos contêm isótopos radioativos, porém os ferrosos, não. Mas esses últimos carregam pequenos traços de isótopos de chumbo, que devem ter vindo diretamente da nuvem primordial de poeira. Patterson usou as proporções entre os diferentes isótopos desse chumbo primitivo para estimar as quantidades que deviam ter estado presentes nos meteoritos rochosos quando foram inicialmente formados. A partir daí, pôde calcular quanto de chumbo, nos meteoritos rochosos, teria sido originalmente urânio ou tório, e assim determinar o tempo de existência deles. A idade calculada foi de 4,55 bilhões de anos. Tem-se constatado, desde então, que todos os meteoritos estudados apresentam essa idade, como, do mesmo modo, as rochas mais antigas trazidas da Lua pelos astronautas da Missão Apollo (*ver figura 6*).

Com quatro e meio bilhões de anos, a Terra é consideravelmente mais antiga do que se imaginava anteriormente. Um dos principais argumentos dos fundamentalistas religiosos e outros opositores da teoria da evolução era o fato de a Terra não ser suficientemente antiga para a evolução ter produzido seres vivos tão variados e complexos como os que vemos atualmente. Quando a verdadeira idade da Terra se tornou conhecida, esse raciocínio perdeu muito de sua força, especialmente ao serem encontradas provas de que a vida surgiu pela primeira vez logo que a Terra se formou.

C. Patterson, *Geochimica et Geophysica Acta*, 7, 151-153 (1955)

A ORIGEM DOS ELEMENTOS QUÍMICOS

O interior das estrelas antigas

Quando se estuda a história do universo, enfrenta-se imediatamente uma questão: "De onde vieram os elementos químicos?" Há 92 diferentes elementos encontrados na natureza. Os astrônomos sempre aceitaram que o mais leve deles, o hidrogênio, é a forma primordial da matéria. Seus átomos compõem-se apenas de um próton e de um elétron (e ocasionalmente, de um ou dois nêutrons). Na década de 1930, foi calculado que o segundo elemento mais leve, o hélio, era sintetizado a partir do hidrogênio, no interior das estrelas. Mas como os demais elementos se originaram? A maioria dos cientistas concluiu que, de algum modo, eles existiam desde o começo do universo, fato que julgavam ter acontecido há cerca de dois bilhões de anos.

Entretanto, alguns astrônomos discordaram. Segundo eles, o universo nunca tivera um começo. Aliás, propunham a teoria do "Estado Estacionário," pela qual o universo sempre existiu e o hidrogênio está constantemente sendo criado do nada, a uma taxa demasiado baixa para o fato ser percebido. Em 1957, os astrofísicos William Fowler, americano, e Fred Hoyle, inglês, expuseram como esse hidrogênio é convertido nos elementos mais pesados, em um extenso artigo escrito em colaboração com Margaret e Geoffrey Burbidge.

Esses teorizadores perceberam que algumas estrelas conhecidas como "gigantes vermelhas" são, de fato, estrelas normais que converteram a maior parte de seu hidrogênio em hélio e estão próximas do fim de suas existências. Mostraram que enquanto a reação hidrogênio-hélio exaure a energia, a região central da estrela se contrairá sob seu próprio peso, conseqüentemente se aquecendo, ao longo do processo. Com a elevação da temperatura, ocorre uma série completa de reações adicionais, com os átomos se fundindo para formar sucessivamente os elementos mais pesados, até chegar ao ferro. Os elementos mais pesados que o ferro são obtidos pela adição posterior de prótons e nêutrons. Todos esses elementos são, então, disseminados pelo espaço exterior quando a estrela se torna instável e começa a expelir seus componentes. Por fim, as estrelas maiores explodem espetacularmente como uma "supernova," criando os elementos mais pesados no processo, como o urânio.

O detalhe singular é que a exposição de Fowler e Hoyle está realmente correta, mesmo que seu ponto de partida, a teoria do Estado Estacionário, esteja completamente errado. Hoje sabemos que o universo teve um começo, embora há cerca de doze bilhões de anos e não meros dois bilhões, como antes se acreditava. Originalmente, o universo era constituído, aproximadamente, de três quartas partes de hidrogênio, uma de hélio e pequena quantidade de lítio. Todos os demais elementos são formados no interior das gigantes vermelhas e supernovas, exatamente como Fowler e Hoyle previram.

Fowler foi distinguido com o Prêmio Nobel por sua descoberta, mas estranhamente Hoyle não foi. Sir Fred Hoyle, que faleceu enquanto este livro estava sendo escrito, foi um gênio obstinado, de quem os outros cientistas tinham opiniões consideravelmente variadas. Nunca renunciou à sua crença na teoria do Estado Estacionário, mesmo em face de evidências esmagadoras contrárias à idéia. Também insistiu que o espaço exterior está cheio de bactérias e vírus, que constantemente caem sobre a Terra – uma noção considerada excêntrica tanto por biólogos como por astrônomos.

E.M. Burbidge et al, *Reviews of Modern Physics*, 29, 547-650 (1957)

QUASARES

Buracos negros gigantescos no espaço mais profundo

Quando os astrônomos começaram a usar radiotelescópios, logo encontraram pequenas fontes de intensas ondas de rádio que chamaram de "radioestrelas." Já se sabia que as estrelas comuns, como o nosso Sol, obtêm sua energia da fusão de hidrogênio, tal qual uma gigantesca bomba H em câmera lenta. Mas ninguém podia imaginar uma fonte de energia que permitisse a uma estrela emitir ondas de rádio em vez de luz visível. Também havia incertezas a respeito do tamanho e da distância dessas radioestrelas. Os primeiros radiotelescópios podiam fornecer somente a direção aproximada da fonte de rádio, mas não uma imagem com boa resolução. Então, em 1963, duas equipes de astrônomos, trabalhando no radiobservatório de Parkes, na Austrália, e no telescópio do Monte Palomar, na Califórnia, juntaram suas forças para estudar duas radioestrelas. Os resultados, publicados em quatro artigos na mesma edição da revista *Nature*, causaram grande impacto.

As duas radioestrelas tiveram suas posições determinadas com a maior precisão possível para depois, então, o gigantesco telescópio de Monte Palomar ser apontado para elas. À primeira vista, pareciam estrelas pequenas e opacas. Mas, então, mediram seus desvios para o vermelho, para determinar quão rapidamente estavam se movimentando. Descobriram que estavam se afastando de nós com imensas velocidades. De acordo com a Lei de Hubble, muito provavelmente não seriam estrelas próximas, mas objetos extremamente distantes, mais afastados do que as mais longínquas galáxias conhecidas naquela época. Para serem visíveis a tais distâncias, deveriam ser tremendamente brilhantes – na verdade, mais brilhantes do que galáxias inteiras. Evidências logo apareceram de que esses objetos eram, também, muito pequenos – não muito maiores do que as maiores estrelas. O que quer que fossem as radioestrelas, claramente não poderiam ser estrelas, portanto era necessário um novo nome. Seus descobridores deram-lhes a designação de "objetos quase-estelares," logo abreviada para "quasares." São vistos hoje como eram no passado distante: quando os astrônomos olham para objetos muito distantes, vêem uma luz que iniciou sua jornada em nossa direção há muito tempo. Não há quasares perto de nós, o que significa que atualmente não existem mais.

Somente no início da década de 1980 os astrônomos entraram em acordo quanto à verdadeira natureza dos quasares. O entendimento atual é que seriam, quase certamente, imensos "buracos negros" – objetos tão densos que nada consegue escapar de sua gravidade, nem mesmo a própria luz. Sua existência foi prevista pela teoria da Relatividade Geral, porém antes ninguém tinha certeza de como poderiam ser. É crença atual que todas as galáxias contêm um buraco negro no centro. Quando as galáxias eram muito jovens, gases e mesmo estrelas inteiras constantemente caíam nesses buracos negros, emitindo enormes quantidades de radiação à medida que eram acelerados pelo intenso campo gravitacional. Em épocas mais recentes, os buracos negros em geral já consumiram a maior parte da matéria das suas imediações, o que acarreta a produção de muito pouca radiação. A presença dos buracos negros pode ser sentida apenas pelo movimento das estrelas em suas proximidades.

C. Hazard et al, *Nature*, 197, 1037-1039; M. Schmidt, *Nature*, 197, 1040; J. Oke, *Nature*, 197, 1040-1041; J.L. Greenstein e T.A. Matthews, *Nature*, 197, 1041-1042 (1963)

A PROVA DO BIG BANG

Radiação cósmica de fundo descoberta acidentalmente

Nas décadas seguintes à descoberta feita por Hubble de que as galáxias distantes estão se afastando velozmente de nós, duas teorias rivais surgiram para esclarecer o fato. A primeira foi a teoria do "Universo em Expansão," popularmente conhecida por "Big Bang," que defende a hipótese de o universo ter sido inimaginavelmente pequeno, denso e quente, e que, desde então, expandiu-se e resfriou. Muitas pessoas acharam essa idéia insatisfatória por razões estéticas e filosóficas, ou ainda por nenhum motivo explícito. Automaticamente surgem as questões: O que havia antes do Big Bang? O que o causou? Onde essa expansão terminará? E diversas outras indagações.

Assim, na década de 1950, alguns astrônomos, particularmente Fred Hoyle, formularam a teoria rival do "Estado Estacionário." De acordo com essa idéia, o universo é infinitamente grande, infinitamente antigo e sempre foi como é atualmente. As galáxias estão se afastando porque se repelem mutuamente. O universo não se dilui porque matéria nova está sendo criada lenta e espontaneamente em todo o espaço, a uma taxa muito baixa para ser detectada. A matéria continuamente se condensa e se agrupa para formar novas galáxias. Muitos acham essa concepção bem mais satisfatória.

As duas teorias levam a predições diferentes. A teoria do Universo em Expansão diz que o universo muda o tempo todo, enquanto que a teoria do Estado Estacionário afirma que não muda. O modo de testar as teorias foi o de olhar para o passado, o que é possível pela observação de objetos muito afastados. A luz que estamos recebendo de objetos localizados nas profundezas do espaço iniciou sua jornada em nossa direção há bilhões de anos. De acordo com a teoria do Universo em Expansão, se conseguirmos ver suficientemente longe, eventualmente observaremos uma época anterior à aglutinação da matéria em galáxias, quando o universo inteiro era uma sopa efervescente de átomos. Isso poderia ser visto como uma parede de alguma remota radiação, formando hoje, após o resfriamento, um tênue resíduo de microondas. Para além dessa parede, tudo se tornaria opaco.

Esse fundo de microondas foi efetivamente encontrado em 1964, por puro acaso. Arno Penzias e Robert Wilson, dois engenheiros de telecomunicações da Bell Telephone Corporation, estavam realizando experimentos com transmissões de microondas para ligações telefônicas a longa distância. Usavam uma grande antena tipo corneta para receber sinais de microondas refletidos por balões em grandes altitudes, na preparação para o uso de satélites de comunicações. Mas eles eram também astrônomos entusiastas, e a Bell os autorizou igualmente a usar a antena em radioastronomia. Logo notaram que estavam recebendo um fraco e invariável "chiado" que parecia vir uniformemente de todas as partes do céu. Supondo que algo estivesse errado com o equipamento, fizeram uma meticulosa inspeção, inclusive eliminando a possibilidade de que a radiação fosse causada por excrementos aquecidos de pombos, no interior da antena! Por fim, concluíram que o ruído era real e que devia vir do espaço profundo. Astrônomos logo perceberam que se tratava daquilo que procuravam: a radiação remanescente da época em que os primeiros átomos se formaram a partir da energia pura. Era a prova do Big Bang.

A. Penzias e R. Wilson, *Astrophysical Journal*, 142, 419-425 (1965)

PULSARES

A matéria mais densamente comprimida possível

Imagine uma estrela pouco maior do que nosso Sol que desabe sob o próprio peso até que toda sua massa fique comprimida numa esfera de diâmetro não maior do que 19 quilômetros. Uma colher de chá desse material comprimido pesa três bilhões de toneladas. Imagine que gire em torno de seu eixo com 30 ou mais giros por minuto. Tal objeto é um pulsar.

O primeiro pulsar foi descoberto completamente por acaso, no verão de 1967, por Jocelyn Bell, da equipe liderada por Anthony Hewish, na Cambridge University, que estava usando um novo radiotelescópio para pesquisar pequenas fontes de rádio. Um dia deparou com uma fonte que emitia pulsos de ondas de rádio à taxa de um a cada 1,337 segundo, exatamente. De início, a equipe pensou tratar-se de uma fonte artificial, como uma sonda espacial. Entretanto, observações adicionais mostraram que os pulsos vinham de muito longe, de fora do Sistema Solar. Nesse ponto, um súbito pensamento ocorreu: Seria aquele o primeiro sinal de alienígenas extraterrestres? Essa possibilidade foi logo descartada, mas por um período a equipe, de brincadeira, referia-se à fonte como "LGM," de "Little Green Men," os "homenzinhos verdes."

Os astrônomos levaram pouco tempo para calcular que a fonte deveria ser um objeto girando a grande velocidade e enviando ondas de rádio num feixe como a luz de um farol. As ondas de rádio eram tão intensas que somente um objeto com tanta massa quanto uma estrela poderia dispor de energia suficiente para produzi-las, mas esse objeto girava tão rapidamente que deveria ter apenas alguns quilômetros de diâmetro. Se fosse um pouco maior, voaria em pedaços. Significava que só poderia ser uma coisa: uma "estrela de nêutrons," prevista teoricamente vários anos antes. São remanescentes de "supernovas" – velhas estrelas que colapsam sob o próprio peso. Uma supernova surge como uma gigantesca explosão que, por umas poucas semanas, pode exceder o brilho de todas as demais estrelas da galáxia, juntas. Mas essa colossal explosão é meramente a expulsão das camadas externas da estrela. A maior parte da massa do astro cai para dentro, comprimindo-se tão intensamente que os átomos individualmente colapsam, com os elétrons e prótons unindo-se para formar nêutrons. A estrela adquire um forte campo magnético e fica, também, envolvida por uma atmosfera com muitos elétrons livres. O campo magnético obriga os elétrons a se moverem em compactas espirais, gerando ondas de rádio em estreitos feixes, apontando para direções opostas e varrendo à volta enquanto a estrela gira.

Muitas centenas dessas estrelas foram descobertas até agora. Recentemente foi sugerido que podem ser uma das fontes de nossos metais pesados, como o ouro e a platina. A abundância desses elementos é difícil de explicar; poderiam ter-se formado na explosão que ocorre quando dois pulsares colidem. Essas colisões devem ser extremamente raras, mas causariam as mais intensas reações termonucleares.

A. Hewish et al, *Nature*, 217, 709-713 (1968)

MOLÉCULAS ORGÂNICAS NO ESPAÇO INTERESTELAR

Possibilidade de vida extraterrestre

Certamente, uma pergunta que as pessoas mais gostariam de ver os astrônomos responderem é: Estamos sozinhos no universo? Ou, a vida está espalhada por outros mundos? No ano 2000, os astrônomos não podiam, ainda, responder a essa questão, mas as chances de a vida aparecer em outros lugares pareciam grandes. A química básica que comanda os seres vivos não ocorre somente na superfície dos planetas, mas na verdade encontra-se disseminada pelo espaço exterior.

A vida, como a conhecemos, tem como base as "moléculas orgânicas" – moléculas com uma estrutura central de átomos de carbono, aos quais outros elementos estão ligados. Já se sabia, na década de 1950, que o carbono e outros elementos estão amplamente presentes no espaço interestelar. Assim, a próxima indagação seria: o carbono interestelar forma compostos? No início da década de 1960, sinais claros de moléculas inorgânicas simples, como água e amônia, foram detectados no espaço exterior; seria possível que compostos mais complexos também ali existissem?

Todos os compostos químicos podem indicar que estão presentes pela absorção de ondas de rádio. Cada um tem seu próprio conjunto característico de freqüências que absorve, sua "pegada." Desse modo, uma maneira de procurar por compostos químicos no espaço interestelar é observar uma fonte de rádio distante, como um quasar, e verificar que freqüências estão faltando no feixe que chega até nós. Foi isso o que Lewis Snyder e seus colegas fizeram no Green Bank Radio Observatory, na West Virginia, no ano de 1969. Observaram as ondas de rádio vindas do espaço profundo, de uma série de fontes de rádio conhecidas, e descobriram que ondas com a freqüência de 4830 MHz estavam sendo bloqueadas. A substância química mais simples, conhecida por absorver ondas de rádio nessa freqüência, é o composto orgânico formaldeído. Entretanto, ondas de rádio vindas de fontes mais próximas, como estrelas vizinhas e o planeta Júpiter, não apresentam ausência da freqüência de 4830 MHz. Claramente, o formaldeído deve estar mais distante. Parece estar espalhado em tênues nuvens de gás que são encontradas por toda a galáxia.

O formaldeído é um dos mais simples compostos orgânicos, cada molécula consistindo apenas de um átomo de carbono ligado a dois de hidrogênio e um de oxigênio, porém onde há moléculas simples pode haver, igualmente, outras mais complexas. Em especial, o formaldeído pode reagir com água e amônia (ambas encontradas no espaço exterior) para formar aminoácidos, as moléculas que formam os blocos básicos da vida. A busca por moléculas mais complexas teve prosseguimento e, no decurso dos anos que se seguiram, muitas foram encontradas. Finalmente, em 1996, o aminoácido glicina foi descoberto. Muito poucos astrônomos acreditam que a vida possa surgir em qualquer lugar, exceto na superfície de planetas, mas, sem dúvida, quando os planetas se formam da poeira e do gás que circundam as estrelas novas, muita matéria-prima necessária à vida já está presente. Assim, formas de vidas simples podem estar bastante espalhadas por toda a galáxia. Entretanto, se vida simples dá origem a organismos mais complexos, ou mesmo a seres inteligentes, é assunto totalmente diferente.

L.E. Snyder et al, *Physical Review Letters*, 22, 679-681 (1969)

EXPLOSÕES DE RAIOS GAMA

A maior de todas as explosões

Em 1963, no auge da Guerra Fria, os militares norte-americanos estavam preocupados com a possibilidade de que a União Soviética pudesse estar secretamente realizando testes nucleares no espaço exterior, talvez mesmo no lado oculto da Lua. Para se certificarem dessa suspeita, lançaram o satélite "Vela," projetado para detectar explosões nucleares no espaço pela observação de lampejos característicos de raios gama de alta energia que seriam produzidos. O satélite não revelou experiências clandestinas, mas seus dados permitiram a descoberta de um dos mais impressionantes fenômenos de toda a natureza – as explosões de raios gama. Infelizmente, o satélite era ultra-secreto e somente em 1973 o Pentágono sentiu-se suficientemente seguro para liberar a informação e permitir aos cientistas civis tomarem conhecimento dos fatos.

Duas vezes por dia, em média, o satélite detectava fortes lampejos de raios gama com duração de poucos segundos, indicando que alguma espécie de explosão nuclear ocorria em pontos do espaço exterior. Claramente, era impossível que todas fossem bombas russas, portanto devia tratar-se de algum fenômeno natural. Em outras palavras, seriam produzidas na verdade por explosões muito poderosas ocorridas a grandes distâncias. Mas a que distâncias exatamente? Para começar, a maioria dos astrônomos julgava que deviam vir de fontes de nossa própria galáxia, simplesmente porque eram tão intensas. Se estivessem a distâncias maiores, as explosões teriam que ser inacreditavelmente violentas. Nenhum físico conhecido na época pôde explicar como ocorria tão grande liberação de energia. No entanto, ficou provado que era isso o que acontecia.

A principal dificuldade no estudo das explosões de raios gama é sua imprevisibilidade. Ocorrem de maneira totalmente ao acaso e por alguns segundos apenas. Somente em 8 de maio de 1997 os astrônomos finalmente conseguiram apontar um telescópio para uma das ocorrências antes do seu desvanecimento. Naquele dia, um satélite especialmente projetado, chamado Beppo-SAX, detectou uma explosão de raios gama e imediatamente retransmitiu sua exata posição para o Mount Palomar Observatory, na Califórnia. Lá, outros telescópios foram apontados para a posição e um intenso brilho de luz visível foi recebido, mas rapidamente se enfraqueceu. A análise dessa luz mostrou que ela havia demorado 10 bilhões de anos para nos alcançar, fazendo de sua fonte o mais distante objeto jamais observado. Para a explosão ser visível a tão grande distância, deve ter sido causada por algo mais poderoso do que qualquer coisa previamente imaginada.

Os astrônomos atualmente acreditam que explosões de raios gama devem ser os espasmos da morte de estrelas gigantes, talvez com massas 10 ou 20 vezes maiores do que a do nosso Sol. Tais estrelas devem ter sido comuns há 10 bilhões de anos, quando o universo era jovem. Uma estrela gigante exaure-se depois de apenas um ou dois milhões de anos, após o que seu interior subitamente colapsa para formar um "buraco negro," um ponto no espaço onde a gravidade é tão intensa que mesmo a própria luz não consegue escapar. Esse colapso inicia uma colossal explosão, cuja energia, em sua maior parte, é concentrada em dois estreitos feixes de raios gama, intensamente poderosos, dirigidos para direções opostas. Nós vemos a explosão de raios gama se um desses feixes apontar, eventualmente, para a Terra.

S.G. Djorgovski et al, *Nature*, 387, 876-878; e M.R. Metzger et al, *Nature*, 387, 878-880 (1997)

PLANETAS ORBITANDO OUTRAS ESTRELAS

Estranhos mundos novos

É o cenário clássico na ficção científica – nosso Sol não é a única estrela com planetas orbitando em sua volta. Há tantas estrelas na Via Láctea que deve existir uma grande quantidade de planetas lá fora também, e uma boa parte deles deve ser bastante semelhante à nossa Terra. A maioria das pessoas ouviu isso tantas vezes que devem ter assumido que se trata de fato comprovado, mas na realidade não é. Permanece sempre a possibilidade de que planetas como a Terra sejam, na realidade, muito raros. Entretanto, foi somente nos últimos anos do século XX que os astrônomos passaram a contar com instrumentos suficientemente poderosos para examinar planetas orbitando outras estrelas. Seus esforços foram logo recompensados, mas com algumas constatações muito surpreendentes.

O problema da busca por planetas orbitando outras estrelas existe simplesmente porque são muito pequenos para serem vistos, mesmo com os maiores telescópios. Por isso, os astrônomos tiveram de abordar o problema indiretamente. O principal método tem sido o de estudar estrelas oscilantes. Se uma estrela tem um grande planeta (digamos no mínimo tão grande quanto Júpiter), sua gravidade força-a para a frente e para trás enquanto o planeta gira em sua volta. Deveria ser possível detectar essa interação, pelo menos nas estrelas mais próximas. Todos esperavam que a pesquisa seria bem-sucedida, mas, quando isso ocorreu, tiveram uma surpresa. Os planetas estavam lá, tal como esperado – mas não onde deveriam estar.

Em 1992, dois astrônomos, A. Wolszczan e D.A. Frail, estavam utilizando o radiotelescópio gigante de Arecibo, Porto Rico, para observar pulsares. Esses objetos cósmicos são remanescentes de supernovas – estrelas que explodem com inimaginável força. Quaisquer planetas que estivessem girando em torno teriam sido destruídos na explosão ou, no mínimo, ejetados da órbita. Contudo, Wolszczan e Frail encontraram um pulsar que claramente possuía pelo menos dois planetas em órbita. Como eles chegaram lá permanece um completo mistério. Essa descoberta encorajou astrônomos a redobrarem o esforço na busca de planetas que estivessem orbitando estrelas mais "normais," e, em 1995, o sucesso chegou para Michel Mayor e Didier Queloz, no Observatory of Geneva, na Suíça. Mas novamente o planeta encontrado mostrou-se uma grande surpresa.

Todas as teorias sobre a formação dos planetas predizem que os pequenos devem ser achados perto de suas estrelas, enquanto os maiores deverão estar em órbitas mais afastadas, exatamente como acontece em nosso próprio Sistema Solar. Mas o planeta encontrado por Mayor e Queloz era enorme, no mínimo tão grande quanto Júpiter, numa órbita realmente muito próxima de sua estrela-mãe – tão perto que sua atmosfera pode estar sendo expulsa vagarosamente. Novamente, ninguém tem idéia de como o planeta foi parar lá, mas sabe-se que esse não é o único caso. Diversos outros planetas gigantes foram, desde então, encontrados igualmente em órbitas próximas de suas estrelas.

Assim, continuamos indagando: Esses planetas recém-descobertos serão espécimes anormais – ou os nossos é que são?

M. Mayor e D. Queloz, *Nature*, 378, 355-358 (1997)

A IDADE DO UNIVERSO

Muito mais jovem do que se pensa

Uma das mais impressionantes façanhas científicas no século XX foi o progresso da cosmologia, o estudo do conjunto do universo. Em 1900, questões como "Qual o tamanho do universo?" ou "Qual sua idade?" dificilmente poderiam ser respondidas. Cem anos mais tarde, os cosmólogos estavam proporcionando respostas seguras.

Os indícios para a determinação da idade do universo vêm de diversas linhas diferentes de pesquisa que surgiram juntas na década de 1990. Nos últimos vinte anos do século, diversos satélites astronômicos foram colocados em órbita, incluindo o gigantesco telescópio espacial Hubble, o que permitiu aos astrônomos observar os menos luminosos e mais distantes objetos com clareza nunca antes obtida. Esses instrumentos foram utilizados para responder à pergunta: Quão longe estão as galáxias distantes? Todas estão se afastando de nós, e umas das outras, à medida que o universo se expande e podemos medir suas velocidades com relativa precisão. Se soubéssemos a que distâncias as galáxias estão, poderíamos associar esses dados com as velocidades de afastamento, a fim de calcular a rapidez com que o universo se expande, e conseqüentemente há quanto tempo esteve com toda sua massa concentrada em um único ponto, no começo do tempo. Diversas equipes de astrônomos usaram amplamente métodos semelhantes para atacar o problema. O maior estudo foi efetivado por uma equipe liderada por Wendy Freedman, no Carnegie Institution, em Washington, que reuniu informações sobre explosões de uma classe especial de estrelas chamada "Supernova tipo 1a." Essas explosões são extremamente brilhantes, tanto que podem ser vistas mesmo quando ocorrem em galáxias muito distantes. Também se sabe que todas têm aproximadamente o mesmo brilho. Assim, pode-se medir a distância de uma Supernova 1a com bastante precisão a partir de seu brilho aparente.

Inicialmente, os diferentes estudos apresentaram resultados conflitantes. Algumas observações sugeriram que o universo tinha uma idade de apenas oito bilhões de anos, o que soava estranho, considerando a crença de que as mais antigas estrelas tinham idades superiores a doze bilhões de anos. Finalmente, os problemas com as diferenças foram resolvidos e, em 1999, Freedman anunciou terem chegado a um amplo entendimento. (Seu comunicado foi divulgado na íntegra no ano seguinte.) O universo tem entre doze e quatorze bilhões de anos de idade. Como comparação, sabe-se que nosso próprio Sistema Solar tem cerca de 4,5 bilhões de anos.

Esse é um dado surpreendente. Quando se considera a vastidão do tamanho do universo e, em comparação, quão insignificantemente pequeno é nosso Sistema Solar, pode-se supor que o universo seja muitíssimo mais velho do que a Terra. Mas não – é apenas cerca de três vezes mais antigo. Nos primeiros bilhões de anos de sua história, o universo era composto de três quartas partes de hidrogênio, uma de hélio e muito pequena quantidade de lítio. Os demais elementos químicos, como carbono, oxigênio, e vários metais, somente apareceram mais tarde. Portanto, a Terra, com todos os seus elementos pesados, pode ter surgido somente na primeira ou segunda geração de planetas sólidos.

W. Freedman et al, *Physics Reports*, 333-334, 13-31 (2000)

CIÊNCIAS DA TERRA

NA PRIMEIRA DÉCADA DO SÉCULO XX, surgiram alguns cientistas que podem ser vistos como os criadores da moderna "ciência terrestre": estudiosos cujas pesquisas compreendiam geologia, meteorologia e o que mais havia para estudar a respeito da atividade física do planeta Terra. Dois deles salientaram-se: Andrija Mohorovicic, na Croácia, e Alfred Wegener, na Alemanha. Mohorovicic é lembrado pela descoberta da descontinuidade entre a crosta exterior da Terra (litosfera) e seu manto subjacente. Wegener, entretanto, em 1912 apresentou uma hipótese que foi considerada excêntrica quase por unanimidade: que os continentes da Terra não estão estáticos, mas se movimentam vagarosamente. Wegener não foi o primeiro a perceber que a costa leste da América do Sul e a ocidental da África parecem se encaixar mutuamente como duas peças de um quebra-cabeça gigante, mas foi o pioneiro a sugerir que era precisamente isso o que ocorria.

Em retrospecto, é fácil verificar que Wegener estava certo. Entretanto, quando apresentou sua teoria pela primeira vez, Wegener dispunha de pouca evidência sólida para prosseguir. Isso ocorreu mais tarde, quando os geólogos aos poucos listaram similaridades entre as formações rochosas em ambos os lados do Oceano Atlântico e, então, mapearam o fundo do Atlântico, mostrando que sua largura estava se tornando maior na proporção de alguns centímetros por ano. Em 1960, Harry Hess, da Princeton University, atinou com o mecanismo que fazia os continentes se deslocarem: as correntes de convecção, no interior do manto aparentemente sólido da Terra, causavam o lento movimento da fina crosta exterior, como a espuma numa panela cheia de geléia de frutas em ebulição. (Essas correntes tinham sido inicialmente propostas pelo geofísico holandês Felix Vening-Meinesz cerca de 30 anos antes, mas ele achava-se à frente de seu tempo.) A hipótese de Wegener finalmente podia ser chamada de "científica" – era completa o suficiente para permitir predições passíveis de teste. O palco estava montado para o desenvolvimento da teoria das Placas Tectônicas, que enfim tomou forma no final de 1967 e no ano seguinte. Sem par entre as descobertas descritas neste livro, a teoria não pode ser considerada obra de apenas um ou mesmo de uma equipe de cientistas. Ao contrário, foi completada por meio de um consenso da maioria dos geólogos daquela época. Nessa condição, é um grande exemplo do espírito de cooperação na ciência do século XX, um mundo longe daquele do pesquisador solitário dos primeiros tempos.

Como em outros ramos do conhecimento científico, o imenso progresso das ciências da Terra no século XX resultou do grande acréscimo de recursos canalizados para essa finalidade pelo setor industrial e pelos governos. A indústria estava interessada principalmente em geologia devido às suas aplicações na mineração e, em especial, na prospecção do petróleo. Após a Segunda Guerra Mundial, observou-se que a demanda mundial de petróleo crescia consideravelmente e havia urgência em achar suprimentos para atender a essa necessidade. Geólogos comprovaram a importância da teoria, na década de 1930, prognosticando a existência de maciças reservas de petróleo na região do Golfo Pérsico, que enfim começaram a ser exploradas nos últimos anos da década de 1940 e na seguinte. Entretanto, os governos estavam interessados nas ciências da Terra por diversos motivos. Haviam se envolvido com previsões meteorológicas desde a década de 1850; o advento do rádio tornou possível a transmissão, para os meteorologistas, de dados de estações desatendidas, aeronaves, balões a grandes altitudes e, por último, de satélites artificiais. A descoberta de que a camada superior da atmosfera podia refletir ondas de rádio, tornando possível radioemissões ao redor do mundo, deu aos governos um interesse adicional à física atmosférica. À primeira vista, pode parecer estranho que grande parte da pesquisa com patrocínio governamental nas ciências da Terra tivesse objetivos militares. Por exemplo, os estudos sobre os campos gravitacional e magnético do planeta, bem como da atmosfera superior, foram de grande importância para o desenvolvimento dos mísseis balísticos intercontinentais. Esse conhecimento era necessário para as armas acertarem seus alvos com a precisão de poucos metros, após o longo percurso de meia volta em torno do mundo.

Foi por razões como essas que, em 1956, 67 nações ao redor do planeta, incluindo os Estados Unidos, a União Soviética e seus aliados, anunciaram conjuntamente o Ano Geofísico Internacional (que, na realidade, prolongou-se por 18 meses), ao longo do qual colaboraram em muitos diferentes campos de estudo das ciências da Terra. As nações assinaram um tratado renunciando a qualquer reivindicação territorial na Antártida de modo a que os cientistas pudessem percorrer a região como desejassem sem restrições de fronteiras internacionais. A União Soviética surpreendeu o mundo com o lançamento do Sputnik 1, pioneiro dos satélites artificiais, que forneceu dados a respeito das regiões mais externas da atmosfera. Pode parecer estranho que o maior dos esforços de cooperação internacional jamais realizados entre cientistas tenha acontecido no auge da Guerra Fria, mas, na verdade, considerações militares achavam-se no centro da questão. A única maneira com que as autoridades militares de ambos os lados podiam obter os dados de que necessitavam era atraindo a ajuda do maior número possível de nações.

Os cientistas fizeram imenso progresso nos conhecimentos sobre o planeta, no último século, mas em muitas questões práticas se defrontaram com uma limitação. O campo da matemática chamado teoria do caos se originou, em parte, nas tentativas de moldar padrões globais de clima e meteorologia. A teoria do caos nos diz que nunca será possível prever com precisão o tempo com mais de quatro ou cinco dias de antecipação porque o sistema é muito complexo. Um panorama mais abrangente do clima global se mostrou igualmente difícil de elaborar. Os cientistas estão seguros de que o aquecimento global ocorre devido aos "gases de estufa," não por terem muita fé em qualquer dos seus mais recentes modelos, mas pelo fato de todas as diferentes hipóteses parecerem se harmonizar nesse ponto. Do mesmo modo, predizer terremotos e erupções vulcânicas continua sendo mais uma estimativa de probabilidades do que de prognósticos específicos e, com toda certeza, continuará assim. Essas são incertezas com que teremos de conviver.

O NÚCLEO DA TERRA

Fonte do campo magnético da Terra

A Terra tem um diâmetro em torno de 12.700 quilômetros, mas penetrar no seu interior mais de três mil metros é praticamente impossível. Geofísicos, cuja especialidade é a estrutura e composição do nosso próprio planeta, não podem visitar suas profundezas para estudá-las diretamente. Precisam empregar métodos mais ou menos indiretos. A técnica principal é a sismologia, o estudo dos terremotos. Quando um grande abalo sísmico ocorre, o planeta inteiro vibra como um enorme sino. Entretanto, as vibrações não se propagam uniformemente: os percursos serão modificados pelas regiões de diferentes densidades no interior da Terra, do mesmo modo como os raios luminosos são refratados ou refletidos quando passam através da água ou de uma lente. A sismologia usa os percursos e velocidades das vibrações para inferir a estrutura interna da Terra.

Por esse método, o professor John Milne constatou, em 1903, que a Terra tem uma fina "crosta" externa formada por uma mistura de rochas através da qual as vibrações viajam de forma relativamente lenta, e uma região interna mais densa e homogênea, onde a propagação é mais rápida. (A fronteira entre a crosta e a região interna foi determinada por Andrija Mohorovicic, de forma definitiva, em 1909.) Entretanto, Milne não percebeu subdivisões adicionais no interior da Terra. A primeira e mais importante dessas divisões foi estabelecida por Richard Oldham, em 1906. Ele descobriu que no centro da Terra existe um "núcleo," com um diâmetro aproximadamente igual à metade do diâmetro do planeta e apresentando propriedades físicas bem diferentes das observadas nas regiões mais externas.

Oldham havia analisado, com algum detalhamento, as ondas produzidas por terremotos. Já se sabia que os abalos sísmicos produzem três diferentes espécies de vibração. O primeiro tipo é uma onda superficial que não se propaga para baixo. Oldham chamou os outros dois tipos de ondas de "primárias" e "secundárias." Corretamente, sugeriu que as ondas "primárias" são compressivas, enquanto que as ondas "secundárias" distorcem as rochas através das quais se propagam. Sua análise mostrou que as ondas primárias viajam pelo interior da Terra como se esse interior fosse um meio homogêneo. As ondas secundárias, entretanto, não se propagam de modo algum pela parte central do planeta, ou, na melhor hipótese, fazem-no muito lentamente. Isso poderia ser explicado se a Terra tivesse um núcleo central com a mesma densidade das regiões mais exteriores, porém constituído de um material muito menos rígido.

O trabalho de Oldham foi apresentado pela primeira vez num encontro na Geological Society of London. No texto constam muito poucas referências a artigos anteriores, mas está claro que Oldham discutiu antecipadamente suas descobertas com outros membros da Sociedade, os quais fizeram várias contribuições, como a possível constituição do núcleo não-rígido. Alguns claramente até sugeriram que o núcleo podia ser de ferro líquido. Hoje sabemos ser esse, de fato, o caso, e também que correntes elétricas que ali fluem são a causa do campo magnético terrestre. Em 1936, a geóloga dinamarquesa Inge Lehmann completou nosso conhecimento da estrutura interior da Terra, mostrando que exatamente no centro do planeta existe um "núcleo interno," onde o ferro é sólido, devido à enorme compressão das camadas mais externas.

R.D. Oldham, *Quarterly Journal, The Geological Society of London*, 62, 456-475 (1906)

A MOHO

O limite inferior da crosta terrestre

Nos últimos anos do século XIX, geólogos inventaram instrumentos para registrar as vibrações produzidas por terremotos e que se propagam pela superfície ou pelo interior da Terra. A intenção original era simplesmente a de estudar os fenômenos sísmicos propriamente ditos, particularmente a localização precisa de terremotos em qualquer local do globo. No entanto, logo os cientistas perceberam que poderiam usar as informações dos registros sísmicos para deduzir os caminhos que essas vibrações traçavam à medida que se espalhavam pelo interior da Terra e, desse modo, determinar a estrutura interna do planeta. Foi assim que nasceu a ciência da sismologia.

Um dos primeiros sismólogos foi o croata Andrija Mohorovicic, um ex-professor que, em 1892, foi nomeado chefe do Observatório Meteorológico de Zagreb. A finalidade oficial da entidade era o registro e a previsão de fenômenos meteorológicos, mas Mohorovicic tinha interesses mais amplos e logo o Observatório se tornou atuante também em astronomia e sismologia. Mohorovicic instalou uma série de estações registradoras de abalos sísmicos que, em 1909, gravaram os dados de grande terremoto com o epicentro sob o vale do rio Kupa, cerca de 48 quilômetros ao sul de Zagreb. As informações claramente mostravam que as ondas de choque detectadas pelas estações mais distantes haviam viajado mais rapidamente do que nas proximidades do terremoto. Analisando os dados rigorosamente, Mohorovicic concluiu que 54 quilômetros abaixo da superfície há uma fronteira bem definida, com as rochas inferiores muito mais densas do que as de cima. As ondas de choque que atravessam essa fronteira movem-se mais rapidamente através das rochas de maior densidade nas camadas inferiores. Essa fronteira é agora conhecida como Descontinuidade de Mohorovicic, ou "Moho," para simplificar.

Alguns anos depois, constatou-se que a Moho não é apenas uma característica local sob a Croácia. É a fronteira entre a fina "crosta" superior de rochas leves que cobrem a superfície da Terra (litosfera) e o muito mais denso "manto" imediatamente abaixo. A existência de uma crosta leve foi demonstrada seis anos antes pelo sismólogo inglês John Milne, mas seus dados não eram suficientemente detalhados para mostrar quão delgada era a crosta ou se havia uma abrupta fronteira mais abaixo. Estudos posteriores da Moho mostram que a espessura da crosta varia. Apresenta profundidade de até 80 quilômetros sob os continentes, mas pode ter apenas de cinco a oito quilômetros sob os oceanos. Essa espessura não é muito grande e pode-se imaginar que seria possível usar uma broca perto da praia para perfurar a crosta em um de seus pontos mais finos e obter uma amostra do manto, livre de impurezas. Entretanto, tentativas para realizar isso não foram bem-sucedidas. Nas regiões pouco profundas, perto de praias onde normalmente as perfuratrizes operam, a crosta apresenta espessura semelhante à encontrada em terra firme. As regiões onde a crosta é fina estão, todas, sob grandes abismos oceânicos, onde equipamentos convencionais não podem ser usados. Os problemas técnicos para perfurar em tais situações têm sido insuperáveis, pelo menos com os relativamente modestos recursos financeiros disponíveis para esse campo de pesquisa.

A. Mohorovicic, *Jahrbuch der Meteorologischen Observatorium der Zagreb*, 9, 1 (1909)

A IONOSFERA

A grande placa refletora no céu

A radiotransmissão é sem dúvida uma das maiores invenções técnicas de todos os tempos. Desde a primeira década do século XX, tem sido usada para enviar sinais ao redor do mundo, tornando a informação acessível a todos e permitindo, igualmente, a cada um falar com outras pessoas. Entretanto, essa capacidade do rádio para abarcar o mundo veio com uma surpresa. As ondas de rádio viajam em linha reta, de modo que originalmente se supôs que um receptor devia estar em condição de visibilidade com o transmissor para receber o sinal. Mas, em 1901, o grande pioneiro do rádio, Guglielmo Marconi, enviou um sinal de rádio através do Oceano Atlântico, de Lizard Point, em Cornwall (Inglaterra), para Signal Hill, em Newfoundland (Canadá), e em seis anos um serviço regular de radiotelegrafia estava operando entre a Inglaterra e os Estados Unidos. Claramente, as ondas de rádio podiam ser enviadas além do horizonte, acompanhando a superfície curva da Terra. Mas ninguém sabia como isso ocorria.

O esclarecimento veio, em 1902, de Oliver Heaviside, físico autodidata e amador, na Inglaterra, e de Arthur Kennelly, engenheiro eletricista, na América, os quais, independentemente, perceberam que as camadas mais altas da atmosfera devem agir como um refletor. Na travessia do Atlântico, as ondas de rádio seguem um caminho em ziguezague, saltando diversas vezes entre a superfície do mar e a zona refletora no céu. Essa região, originalmente chamada de "camada de Heaviside" e hoje conhecida como "ionosfera," reflete as ondas de rádio porque as moléculas do ar estão eletricamente carregadas devido à ação da luz ultravioleta do Sol, que causa o "efeito fotoelétrico," conforme exposto por Einstein, em 1905. Substâncias eletricamente carregadas sempre refletem as ondas de rádio.

Essa era a teoria, mas como comprová-la praticamente? De que modo a ionosfera poderia ser detectada e medida em suas camadas mais altas? A resposta foi encontrada em 1924, por Edward Appleton, físico do King's College, Londres, poucas semanas após o falecimento de Heaviside. Appleton compreendeu que as ondas de rádio do transmissor da BBC, em Bournemouth, alcançavam uma antena em Oxford (por exemplo) por duas rotas: uma em linha reta e a outra refletida na ionosfera. Quando chegavam ao receptor, após viajarem por duas rotas distintas, as ondas deveriam estar "fora de fase" entre si, e a medida dessa defasagem determinaria a altitude da ionosfera. Com a ajuda da BBC, Appleton realizou alguns experimentos simples e provou que a ionosfera deve estar entre 96 e 112 quilômetros de altura, aproximadamente. Appleton foi agraciado com o título de Cavaleiro, em 1941, em reconhecimento por seu trabalho.

Atualmente estamos acostumados a usar satélites para retransmitir sinais de rádio em UHF. Podemos esquecer que por mais de 50 anos as ondas de rádio médias e longas foram empregadas para enviar sinais ao redor do mundo, confiando inteiramente na ionosfera para refleti-las, sem nenhuma necessidade de satélites.

E.V. Appleton e M.A.F. Barnett, *Nature*, 115, 333-334 (1925)

PLACAS TECTÔNICAS

Oceanos e continentes explicados

Algumas descobertas acontecem inesperadamente, por um só pesquisador ou, no máximo, por uma pequena equipe. Outras ocorrem mais lentamente. A geologia, na década de 1960, viveu uma fartura de acontecimentos, mas foi somente no final da década que foram reunidos em uma grande teoria que nitidamente esclareceu todos de uma só vez.

Os fatos ficam claros quando se olha para um mapa-múndi, especialmente se o mapa mostra o fundo dos oceanos (tais mapas tornaram-se disponíveis no início da década de 1960). Os seguintes aspectos careciam de esclarecimento:

- As principais formações montanhosas do mundo ocorrem em grandes cadeias, como as que se estendem na costa oeste da América do Norte (Montanhas Rochosas), através da América Central e na costa oeste da América do Sul (Andes).
- A maioria dos vulcões do mundo também ocorre em grandes cadeias. A principal circunda o Oceano Pacífico. Outra percorre desde o noroeste da Indonésia até o Mediterrâneo. Nessas regiões estão, também, as principais áreas de terremotos.
- Uma olhada nas formações rochosas da África e da América do Sul mostra que os dois continentes já foram um único e que se separaram para criar o Atlântico Sul. A América do Norte e a Europa também estiveram juntas, do mesmo modo que a Austrália, a América do Sul e a Antártica.
- Percorrendo todo o centro do Oceano Atlântico, existe uma

cadeia submarina de montanhas com uma fenda no meio. O mesmo ocorre no fundo do Oceano Índico.

Explicações isoladas para todos esses fatos começaram a aparecer ao longo da década de 1960, antes de serem finalmente reunidas para compor a teoria agora chamada de "Placas Tectônicas." De acordo com essa teoria, a superfície da Terra está dividida em placas rígidas, cada uma com cerca de 112 quilômetros de espessura, as quais se movem lentamente. Em locais como no centro do Atlântico, duas placas estão se movimentando separadamente e material novo verte da camada inferior para preencher a fissura. Em outro local, uma placa pode estar deslizando por baixo de outra (isso está ocorrendo em toda a margem ocidental do Oceano Pacífico); ou duas placas podem estar deslizando próximas uma da outra (como na Califórnia); ou uma placa pode estar sulcando uma outra e criando uma região montanhosa no processo (como na região do Himalaia). A maior parte dos vulcões e dos terremotos resulta do atrito entre duas placas em contato. A fonte de energia que mantém essa atividade é o calor do interior da Terra que perturba a superfície, com movimentos extremamente lentos como a espuma numa panela cheia de geléia de frutas em ebulição.

O "momento Eureka" das Placas Tectônicas, ocasião em que a teoria se tornou clara, foi, provavelmente, em 1968, quando William Morgan, da Princeton University, publicou um artigo no *Journal of Geophysical Research*, mostrando um mapa-múndi com o traçado de todas as placas (ele as chamou de "blocos" (*ver figura 8*). A teoria foi rapidamente aceita pelos geólogos da época, especialmente na Inglaterra e no continente europeu. Os americanos e os russos demoraram mais a aceitá-la, mas em meados da década de 1970 a teoria tornou-se a doutrina corrente.

W.J. Morgan, *Journal of Geophysical Research,* 73, 1959-1982 (1968)

CLATRATO DE METANO NAS PROFUNDEZAS OCEÂNICAS

Possível fonte de energia para o futuro

O clatrato de metano (hidrato de metano ou de gás) é uma substância extraordinária. Consiste de gelo, grandemente impregnado de metano, mais conhecido como "gás natural." É estável somente sob pressões muito altas e em temperaturas próximas do congelamento – permanece sólido até temperaturas pouco acima de 0° C, mas o metano se desprende se não for mantido a altas pressões. O metano é, obviamente, altamente inflamável, por isso é possível nos depararmos com o estranho espetáculo de um bloco de gelo queimando, como se fosse uma substância inflamável, e deixando uma poça de água remanescente.

O hidrato de metano foi descrito pela primeira vez no início do século XIX, porém só foi encontrado na natureza na década de 1960, quando, por ocasião de prospecções de petróleo na Sibéria exterior, foram encontrados grandes depósitos de clatrato de metano enterrados no solo permanentemente congelado da tundra. Depósitos semelhantes foram encontrados alguns anos depois no norte do Alasca e do Canadá. Os russos tentaram usar os depósitos da Sibéria como uma fonte de gás natural, mas não conseguiram superar os problemas técnicos. Naquela época, o gás natural comum era a fonte de energia com melhor perspectiva futura e o hidrato de metano era, comparativamente, antieconômico.

Então, em 1972, num projeto americano de perfuração em águas profundas, dirigido por Charles Hollister e John Ewing, fizeram sondagens acústicas em Blake Ridge, nas Bahamas. Na lama do leito marítimo parecia existir uma superfície dura produzindo ecos. Ao perfurarem essa superfície, grandes quantidades de metano foram liberadas, fazendo-os perceberem que haviam achado um depósito de clatrato de metano. A descoberta causou pouco interesse na época, mas durante as décadas de 1980 e 1990 explorações posteriores começaram a mostrar, exatamente, como tais depósitos estão espalhados pelo fundo do mar. Em todo o mundo, foram achadas ocorrências encobertas por sedimentos na base dos "declives continentais," em volta dos leitos profundos dos oceanos. O metano é originalmente gerado pela decomposição química de material orgânico, por uma determinada bactéria que vive sem oxigênio, e liga-se lentamente com a água para formar clatrato nas muito baixas temperaturas e altas pressões das profundezas dos oceanos. Esses depósitos no fundo dos mares podem armazenar mais do dobro da energia de todos os outros combustíveis fósseis – carvão, petróleo e gás natural combinados. Nos últimos anos do século XX, muitos laboratórios no mundo todo iniciaram pesquisas sobre os processos industrialmente viáveis de extração de hidrato.

O metano é, correntemente, o mais limpo de todos os combustíveis fósseis porque, quando queimado, produz apenas dióxido de carbono e vapor de água. Entretanto, é também um "gás de estufa" que pode contribuir severamente para o aquecimento global. Qualquer tentativa para a extração do clatrato de metano numa escala comercial poderá, provavelmente, resultar no lançamento inadvertido de metano na atmosfera. Alguns geólogos suspeitam que em certas ocasiões, no passado da Terra, isso pode ter ocorrido em larga escala. Um desses eventos pode mesmo ter causado a grande "extinção em massa" de plantas e animais que ocorreu há 250 milhões de anos, pouco antes de os primeiros dinossauros aparecerem.

C.D. Hollister et al, *Initial Reports of the Deep Sea Drilling Projects*, XI, US Government Printing Office (1972)

CHAMINÉS NEGRAS

Gêiseres superquentes no fundo do oceano abrigando formas singulares de vida

Em vários aspectos, sabemos menos a respeito da superfície da Terra do que da superfície da Lua ou de Marte. Quarenta e cinco por cento dela está coberta por água, grande parte a uma profundidade maior do que três quilômetros, cuja parte inferior permanece quase completamente escondida da visão. Nas últimas três décadas do século XX, a pesquisa no fundo dos oceanos foi intensificada, em grande parte para testar a teoria geológica das Placas Tectônicas. Essa investigação tornou-se possível pelo uso de submarinos de águas profundas, mais particularmente o *Alvin*, pertencente ao Woods Hole Oceanographic Institution de Massachusetts, nos Estados Unidos. Para o público em geral, *Alvin* e seu comandante, Robert Ballard, são famosos pela pesquisa de navios afundados como o *Titanic* e o *Bismarck*. No entanto, para os cientistas, o grande feito de Ballard foi provavelmente sua participação na descoberta das "chaminés negras," talvez o mais estranho ecossistema já encontrado em qualquer lugar da Terra.

Em 1976, Ballard e seu submarino reuniram uma equipe para explorar uma área do Oceano Pacífico na costa do México, cerca de 80 quilômetros ao sul da extremidade da Península da Baixa Califórnia. A principal característica do fundo do oceano nessa região é uma cadeia montanhosa que, de acordo com a teoria das Placas Tectônicas, assinala a fronteira entre duas das grandes "placas" rígidas que compõem a superfície da Terra. Essas duas placas estão se afastando lentamente uma da outra, assim presume-se que rocha nova, possivelmente na forma de lava derretida, esteja constantemente vertendo para completar a fenda que se abre entre elas. Por um período de três anos, a equipe explorou a geologia da cadeia montanhosa e no processo achou diversos gêiseres, ou "fontes hidrotermais," lançando água escura impregnada de partículas minerais, principalmente sulfetos. Em algumas delas foram registradas temperaturas superiores a 300° C. A imensa pressão encontrada em tais profundidades evita que a água ferva, mesmo nessas temperaturas, e assim a água emerge do solo oceânico como densas colunas de fumaça. As partículas de sulfeto, separadas do jato de água, formam cones e até mesmo estruturas em forma de chaminés com muitos metros de altura.

Essas chaminés negras têm sido estudadas, tão intensamente quanto possível, considerando sua inacessibilidade. Extraordinariamente, essas estruturas na verdade abrigam vida. Dentro das colunas de água quente existem organismos microscópicos aparentados com bactérias, mas suficientemente diferentes para que fosse cunhado um novo nome para eles – Archaea ("os antigos"). Nas águas imediatamente próximas ao redor das fontes vivem camarões e outros animais, muitos deles exclusivamente nesse tipo de hábitat. Os próprios archaea têm gerado muito interesse. Parecem ser, em muitos aspectos, os mais primitivos de todos os seres vivos, tendo divergido da bactéria há bilhões de anos. Isso levou a renovadas especulações entre os biólogos sobre o começo da vida na Terra. Anteriormente admitia-se que os primeiros seres vivos habitaram águas rasas, talvez ao longo das praias marítimas, onde eram aquecidos pela luz solar. A descoberta dos archaea sugere que esse, afinal, pode não ter sido o caso – ou melhor, a vida pode originalmente ter sido aquecida pelo calor dos gêiseres.

F.N. Spiess et al, *Science*, 207, 1421-1433 (1980)

O BURACO DE OZÔNIO

Gás dos tubos de aerossol destrói nosso escudo contra radiação ultravioleta

A camada de ozônio foi descoberta no início do século XX. A cerca de 19 quilômetros acima de nós, a luz ultravioleta do Sol causa a transformação do oxigênio em ozônio, na atmosfera superior. Esse gás absorve a luz ultravioleta, evitando que sua maior parte alcance o solo. Ainda bem que é assim, porque os raios ultravioleta são perigosos: causam câncer de pele nos seres humanos e retardam o crescimento das plantas, entre outros efeitos indesejáveis. Mas o ozônio é uma substância instável, que invariavelmente se decompõe tão logo é formado. Isso significa que a camada de ozônio subsiste permanentemente em frágil equilíbrio, crescendo até um ponto de concentração em que é destruída exatamente na mesma proporção com que é gerada.

Na década de 1970, químicos atmosféricos começaram a preocupar-se com os efeitos da poluição do ar na camada de ozônio. Um dos poluentes que particularmente os preocupava era o cloro. Prognosticava-se que os níveis de cloro nas camadas superiores da atmosfera iriam aumentar com o incremento do uso de clorofluorocarbonetos (CFCs) na indústria. Esses gases têm sido usados em refrigeradores desde a década de 1950 e se tornaram também amplamente empregados como propelentes em vasilhames com aerossol e extintores de incêndio e na fabricação de espuma de plástico. Eram preferidos na indústria por serem altamente estáveis e inertes e, portanto, aparentemente seguros. Entretanto, decompunham-se lentamente e, conforme isso ocorria, liberavam cloro, o qual, por ser leve, tende a subir e se acumular na atmosfera superior. Lá, provoca a decomposição química do ozônio em oxigênio.

Em 1985, uma equipe de cientistas ingleses, trabalhando numa estação de pesquisa na Antártica, relatou pela primeira vez que na maior parte do ano o ozônio, por cima de onde se encontravam, havia em grande parte desaparecido. Logo foi descoberto que a perda de ozônio apresentava-se maior nas regiões onde o cloro era mais abundante. Os ventos predominantes na atmosfera superior sopravam o cloro em direção ao Ártico e à Antártica, onde se acumulavam e destruíam o ozônio. A Antártica era mais severamente afetada, mas uma importante perda de ozônio também ocorria sobre e em torno do Ártico. Essa área de perda de ozônio crescia a cada ano e logo cobriu regiões densamente povoadas da Europa e da América do Norte.

De um modo geral, está comprovado ser muito difícil todas as nações concordarem com uma política comum sobre assuntos ambientais. Mas quando se defrontaram com a ameaça da perigosa radiação ultravioleta penetrando na atmosfera até o nível do solo, os países agiram rapidamente. Em 1987, a maioria das nações industrializadas assinou o Protocolo de Montreal, pelo qual se comprometeram a uma imediata paralisação e subseqüente redução em 50% da produção de CFCs. Disposições posteriores limitaram mais ainda a produção.

Os críticos algumas vezes indagam por que os governos despendem recursos financeiros em pesquisa acadêmica aparentemente desnecessária, tal como estudos da atmosfera sobre a Antártica. Nessas ocasiões, entretanto, as pesquisas se autojustificam. O buraco de ozônio foi descoberto por acaso, no decurso de um projeto de coleta de dados de longo prazo, e originalmente iniciado na década de 1950. Esse empreendimento pode ter evitado um desastre ambiental de grandes proporções.

J.C. Farman et al, *Nature*, 315, 207-210 (1985)

QUÍMICA

Às vezes ouvimos que o século XIX foi a época realmente estimulante da química. Foi, sem dúvida, um período de grandes avanços, com dois temas, em particular, destacando-se do restante: a teoria atômica e a "Tabela Periódica." A teoria atômica, pioneiramente desenvolvida por John Dalton, por volta de 1803, estabelece que toda matéria é formada de átomos e que cada elemento químico possui átomos com um determinado peso e "valência." (A valência de um átomo é, de modo geral, a quantidade de outros átomos aos quais se liga quando forma uma molécula.) A "Tabela Periódica" dos elementos químicos, publicada pela primeira vez em 1869, por Dmitry Mendeleev, reúne os diferentes elementos em famílias, de acordo com suas valência e propriedades químicas. Entretanto, Mendeleev não tinha idéia do motivo pelo qual os elementos podiam ser organizados dessa maneira. Esses dois marcos científicos estabeleceram os fundamentos da química da forma como passou a ser praticada desde então. Em meados do século, os químicos sabiam o suficiente sobre os diferentes elementos e compostos para começar a sintetizar novas substâncias com propriedades especialmente requeridas. A indústria química como a conhecemos hoje, com laboratórios mantidos por companhias comerciais onde novos compostos são desenvolvidos sob encomenda, originou-se na década de 1850 com a invenção dos primeiros corantes e plásticos.

Entretanto, a química do século XIX foi de fato tanto

uma arte como uma ciência. Além dos átomos de Dalton houve muito pouco de teoria básica. Os químicos simplesmente aprenderam da experiência o que fazer e não fazer, sem terem muita idéia do porquê. A grande façanha dos químicos do século XX foi dar a seus estudos uma base verdadeiramente teórica. Isso só se tornou possível como consequência dos avanços feitos na física a partir da década de 1890. Em especial, os físicos finalmente comprovaram, para satisfação de todos, que os átomos realmente existem; mostraram que cada elemento químico tem átomos com uma quantidade específica de prótons, nêutrons e elétrons; e que os elétrons ocupam "órbitas" discretas em torno do núcleo do átomo. Com base nesses conhecimentos, os químicos foram capazes de fornecer uma interpretação teórica para tudo o que haviam descoberto até então. De acordo com a teoria, as órbitas dos elétrons formam uma série de camadas concêntricas e as propriedades químicas dos elementos são grandemente determinadas por dois fatores: o peso de seus átomos e a quantidade de elétrons na camada mais externa de cada átomo. A química no século XX tornou-se, assim, uma verdadeira ciência, capaz de fazer predições baseadas na teoria, de um modo que não acontecia no século XIX.

Entretanto, isso não quer dizer que os químicos modernos não recorram ao método de tentativa e erro. A busca dos supercondutores de "alta temperatura," para usar um exemplo notório, está ainda em curso baseada em pouco mais do que conjeturas – ninguém ainda sabe como eles realmente funcionam, de modo que não pode ser previsto, precisamente, o que faz um composto se tornar supercondutor a uma determinada temperatura. Duas outras descobertas descritas neste capítulo, os catalisadores de Ziegler-Natta e o buckminsterfullereno, foram feitas também por puro acidente, para grande surpresa dos cientistas envolvidos que, na ocasião, se dedicavam a outros problemas. A teoria química pode não ser mais um livro fechado, mas está longe de ser um caso simples.

Este capítulo é curto, não porque tenha acontecido pouca coisa na química do último século – longe disso. Há duas razões principais para o texto não ser maior. A primeira é que muitos dos avanços realmente notáveis na química, pelo menos do ponto de vista dos leigos no assunto, foram invenções e não descobertas. O mais importante desses feitos refere-se aos plásticos, que hoje são tão comuns, mas que em 1900 existiam apenas em pequena quantidade (na verdade, a maioria deles só foi fabricada em grande escala a partir da década de 1950). Além do mais, há vidros e cerâmicas modernos como os usados em utensílios refratários para cozinha, toda a tecnologia para a montagem de circuitos eletrônicos miniaturizados em chips de silício, e outras tantas inovações que provocaram alterações no nosso quotidiano. Tudo isso está fora do escopo de um livro sobre descobertas. Muitos dos avanços que foram incluídos – o Processo Haber, os supercondutores de alta temperatura e os catalisadores Ziegler-Natta – poderiam ser igualmente descritos como descobertas ou invenções. A química tem sido sempre uma ciência fortemente prática.

A outra razão para este capítulo ser tão curto é porque muitas das descobertas químicas realmente empolgantes se deram nas áreas da bioquímica, da biologia molecular e da farmacologia. Os capítulos sobre Medicina, Biologia e Genética incluem relatos dessas descobertas, como as sulfonamidas; o isolamento da uréase; os ciclos de Krebs, de Calvin e da ATP; a síntese da insulina; e as estruturas das moléculas do DNA e da vitamina B12. Os cientistas envolvidos podem ter se auto-intitulado biólogos, mas o que realmente estavam fazendo era química sob um nome diferente.

Inevitavelmente, com sua ênfase em aplicações práticas e industriais, a química induz controvérsias. Em nenhuma outra situação isso se fez mais claramente ilustrado do que na carreira de Fritz Haber, o cientista cuja descoberta fundamental, o Processo Haber, simultaneamente preveniu a perspectiva de fome mundial no mínimo por uma geração, e tornou possível a carnificina em massa das duas guerras mundiais. Haber também se tornou conhecido por seu trabalho no desenvolvimento de armas químicas. Quando as pessoas, na maioria, consideram o conjunto da indústria química, provavelmente pensam pelo menos tanto na poluição que ela causa como nos produtos comerciais que tanto transformaram suas vidas. A química invadiu a totalidade das fábricas, da agricultura e da indústria farmacêutica. Merece todos os créditos por suas realizações positivas, mas na visão de muita gente seu sucesso sempre apresentará a mácula dos malefícios que a acompanham.

O PROCESSO HABER

Amônia barata muda o curso da história

O nitrogênio é um dos mais abundantes entre todos os elementos químicos, representando quatro quintos do ar que respiramos. Portanto, parece estranho que até 1909 tenha sido tão pouco usado como matéria-prima industrial. Sua demanda é enorme, principalmente para fabricar fertilizantes de nitratos. Tradicionalmente, os principais adubos usados no mundo têm sido sempre de dejetos de animais e pessoas, ricos em compostos nitrogenados. Entretanto, no século XIX, as nações industrializadas julgaram esses meios insuficientes e outras fontes de nitratos fizeram-se necessárias. As únicas fontes naturais eram o "salitre chileno" (nitrato de potássio) e o "guano" – acúmulo de excrementos de milhões de aves marítimas que procriam nas ilhas da costa do Chile. Mas não eram de modo algum suficientes.

Tornava-se necessário um método para retirar nitrogênio do ar e transformá-lo em nitrato. No entanto, nitrogênio puro é pouco reativo (causa de sua abundância). Esse foi o problema que o químico alemão Fritz Haber resolveu, ao achar que poderia produzir amônia a partir do nitrogênio e hidrogênio, misturando-os sob uma pressão de 200 atmosferas (20 megapascals) a uma temperatura de 600°C, e usando ósmio como catalisador. A amônia é um gás bastante reativo, sendo muito fácil obter dela compostos nitrosos. O método original de Haber produzia amônia somente em pequenas quantidades, mas depois ele desenvolveu o processo Haber-Bosch, que usa limalha de ferro como catalisador, em vez do ósmio original. Esse é o método industrial usado atualmente.

Fertilizantes baratos de nitrato têm sido a base da revolução agrícola, que coincidiu, no século XX, com maciço aumento da população humana. Em 1900, havia em torno de dois bilhões de habitantes no planeta. Cem anos depois, a população mundial era de seis bilhões, crescendo rapidamente, mas a fome global ainda não havia ocorrido. Entretanto, os métodos agrícolas intensos causaram severa degradação ambiental em muitas regiões. Entrementes, compostos nitrogenados foram também usados para fabricar explosivos e pode-se dizer seguramente que o processo Haber, no século XX, esteve não só nos fundamentos da agricultura, mas igualmente no aparato bélico. Nenhuma outra reação química sozinha mudou tanto o mundo, para melhor e para pior.

Fritz Haber foi um homem de grande espírito público e desenvolveu seu processo químico com o propósito explícito de beneficiar a humanidade. Também foi grande patriota. Durante a Primeira Guerra Mundial, de boa vontade cooperou no desenvolvimento de armas químicas, apesar de seu desgosto pelo sofrimento que causava, pois esperava que essa providência levasse os alemães a uma rápida vitória. Sua esposa ficou tão perturbada que se suicidou. Quando a Alemanha perdeu a guerra e teve de pagar enorme indenização, Haber tentou sem sucesso achar uma maneira econômica de extrair ouro do mar, a fim de ajudar a pagar a dívida. Mas quando Hitler assumiu o poder, seu patriotismo não foi considerado por ser judeu. Haber deixou a Alemanha em 1933 com a intenção de residir na Inglaterra, porém faleceu no ano seguinte na Suíça.

F. Haber, *Chemiker-Zeitung*, 34, 245-246; *Journal für Gasbeleuchtung*, 53, 367-368 (1909)

LIGAÇÕES QUÍMICAS

Como as moléculas se mantêm juntas

A química é o estudo do modo como os átomos dos diferentes elementos químicos ligam-se uns aos outros a fim de formar todas as diferentes substâncias compostas que conhecemos. Assim, pode parecer surpreendente que os mais empolgantes avanços na química tenham ocorrido no século XIX, quando ninguém tinha a mais leve idéia de como os átomos se ligavam entre si e, na verdade, muitos cientistas até duvidavam que eles existissem. No entanto, nos primeiros anos do século XX, a existência de átomos foi finalmente provada, demonstrando-se que consistem de um núcleo cercado por elétrons. Os químicos perceberam de imediato que nos elétrons estava a chave do problema da ligação entre si dos elementos para formar substâncias compostas. O clássico artigo que pela primeira vez mostrou nossas idéias atuais sobre ligações químicas foi publicado, em 1916, por Gilbert Lewis, professor de química em Berkeley, Califórnia.

A grande idéia de Lewis foi que os elétrons dos átomos estão dispostos em camadas concêntricas e que toda reação química resulta da necessidade de preencher a camada mais externa com a quota máxima de elétrons. Os átomos dos elementos hidrogênio e hélio têm apenas a primeira camada, a qual pode conter no máximo dois elétrons. Os átomos de todos os demais elementos possuem diversas camadas, cada qual contendo em geral até oito elétrons. Os "gases inertes" – hélio, neônio, argônio, criptônio, xenônio e radônio – contêm a quantidade máxima de elétrons na camada mais externa, motivo pelo qual geralmente não reagem para formar compostos com outros elementos. Todos os demais átomos têm lacunas na última camada. Alguns elementos não-metálicos, em especial o carbono, preenchem essas lacunas compartilhando elétrons com outros átomos (atualmente essa propriedade é chamada de "ligação covalente"). Compostos covalentes típicos são hidrocarbonetos, como o gás butano. Elementos metálicos, entretanto, simplesmente cedem seus elétrons externos aos não-metálicos; por exemplo, o sódio cede um elétron ao cloro para formar sal de cozinha, cloreto de sódio. Tais compostos são chamados de "iônicos" (Lewis chamou-os de "polares," mas essa palavra tem outro sentido na química moderna). Lewis, num especial rasgo de genialidade, percebeu que grande parte da química poderia ser explicada se houvesse uma série contínua de compostos, com os iônicos como o sal em uma das extremidades e os covalentes, como o butano, na outra ponta, e a maioria dos demais compostos no meio.

Não seria exagero dizer que toda a química atual, como talvez a tenhamos estudado no ensino médio, tem origem na intuição de Lewis. Mas Lewis estava completamente equivocado num detalhe. Ele acreditava que os átomos tinham a forma de um cubo e que os elétrons permaneciam estacionários em seus vértices. Lewis ficara sabendo que, conforme a teoria de Rutherford, os elétrons orbitam o núcleo e tivera conhecimento igualmente da versão quântica de Bohr, que colocava os elétrons num "orbital" descontínuo – porém não considerou essas idéias declarando que eram "objetáveis logicamente." Somente no início da década de 1930 foi que outro grande químico, Linus Pauling, mostrou que os átomos se comportam como Lewis descreveu, exatamente porque o modelo de Bohr está correto. Pauling ganhou um Prêmio Nobel, mas sempre deu todo o crédito a Lewis por ter sido o pioneiro da idéia.

G.N. Lewis, *Journal of the American Chemical Society*, 38, 762-785 (1916)

POLÍMEROS

Que são os plásticos? As maiores moléculas jamais vistas

Até o final do século XIX, os materiais básicos para qualquer construção e indústria permaneceram os mesmos através da história: pedra, cerâmica e vidro, fibras naturais têxteis, metais, madeira e couro. Os que mais se assemelhavam aos plásticos de hoje eram o âmbar, o verniz e a borracha da Índia. Esses materiais eram usados somente em pequenas quantidades. Então, em 1862, o celulóide foi inventado e por um período de poucas décadas foi usado em filmes fotográficos e colarinhos duros baratos. Durante a Primeira Guerra Mundial apareceram o raiom, a ebonite (usada em telefones, plugues elétricos e canetas) e a baquelite (usada em botões de painéis de automóveis e utensílios para piqueniques). Diversos outros plásticos, incluindo o PVC (policloreto de vinila), foram também inventados no século XIX, mas ninguém criou um modo de produzi-los em grandes quantidades.

Todos esses plásticos primitivos foram inventados por tentativa e erro. A natureza da química envolvida não era inteiramente compreendida. Os químicos perceberam que as moléculas desses plásticos deviam ser maiores do que as da matéria-prima de que eram feitos, porém não tinham idéia de quanto. Imaginaram, por exemplo, que cada molécula de celulóide devia consistir de poucas moléculas de celulose ligadas frouxamente entre si. Entretanto, alguns químicos não aceitaram esse modelo. Entre eles estava Hermann Staudinger, da Zurich Polytechnic, reconhecido hoje em dia como o iniciador da revolução dos plásticos. Numa série de experiências com a borracha da Índia, Staudinger chegou à conclusão que o composto é formado por enormes moléculas com o formato de cadeias, muito maiores do que qualquer outra jamais examinada antes. Ele chamou essas moléculas de "polímeros." Cada elo na cadeia era uma molécula de isopreno, o qual consiste de cinco átomos de carbono e oito de hidrogênio. Staudinger imaginou um meio de medir o tamanho dessas enormes moléculas medindo sua viscosidade quando o material era derretido. Ele constatou que a dimensão de uma molécula de polímero variava muito, mas podia, tipicamente ser formada por milhares ou mesmo dezenas de milhares de pequenas moléculas interligadas.

Inicialmente, colegas acadêmicos de Staudinger rejeitaram completamente sua idéia. No entanto, na florescente indústria de plásticos a concepção gerou interesse, que rapidamente se intensificou quando Staudinger começou a criar novos plásticos, inclusive o poliestireno. Os químicos não tinham mais que confiar em suposições, pois havia uma sólida teoria para guiar suas pesquisas. Em especial nos Estados Unidos, o uso dos plásticos começou a se expandir. Em 1928, a Du Pont recrutou Wallace Carothers, da Harvard University, que desenvolveu a teoria de Staudinger, inventou o náilon e diversos outros plásticos antes de sua morte prematura, nove anos mais tarde. Carothers compreendeu que as moléculas de polímeros não têm de ser cadeias lineares: algumas podem ter grandes entrelaçamentos de ramos laterais.

Finalmente, após a Segunda Guerra Mundial, os professores Karl Ziegler e Giulio Natta desbravaram o uso de catalisadores para produzir comercialmente moléculas orgânicas de polímeros. Com esses meios, a quantidade de diferentes plásticos disponíveis de repente cresceu de forma extraordinária, dando nascimento à moderna indústria plástica.

H. Staudinger e J. Fritschi, *Helvetica Chimica Acta*, 5, 785-806 (1922)

PLUTÔNIO

A energia por trás da Bomba

Durante o século XX, diversos elementos químicos novos foram descritos. Muitos eram "transurânicos," altamente radioativos, produzidos em quantidades mínimas nas reações nucleares. Essas descobertas causaram algum interesse entre os cientistas nucleares, mas nenhuma agitação maior. Um elemento, no entanto, originou uma das maiores repercussões entre as descobertas científicas. Foi o plutônio.

Em 1940, equipes de cientistas, na Inglaterra e nos Estados Unidos (que incluíam muitos exilados europeus), trabalhavam em energia nuclear. Atividade semelhante também era desenvolvida na Alemanha nazista, mas seus pesquisadores não estavam tão bem organizados e fizeram muito pouco progresso. Duas possibilidades estavam sendo consideradas. Uma era a da "pilha nuclear," na qual uma certa quantidade de urânio era refreada de modo que ocorresse uma reação em cadeia controlada: à medida que ocorria o decaimento radioativo e a desintegração dos átomos, algumas partículas atingiam outros átomos, causando, por sua vez, novas desintegrações. A outra possibilidade era a da bomba atômica, na qual são criadas condições para ocorrer uma reação em cadeia. O problema para a construção de uma bomba é que, normalmente, o urânio não é radioativo o suficiente para sustentar uma reação em cadeia. O urânio se apresenta na natureza na forma de uma mistura de dois "isótopos," com diferentes quantidades de nêutrons nos átomos. O urânio 238, isótopo mais abundante, é apenas moderadamente radioativo. O urânio 235, menos abundante, é de obtenção difícil e dispendiosa.

Entretanto, na primavera de 1940, um físico da Princeton University, chamado Louis Turner, sugeriu que se uma pilha nuclear fosse construída com êxito, um dos produtos da reação em cadeia deveria ser um novo elemento, mais pesado do que o urânio e também radioativo. Algumas semanas mais tarde, esse elemento foi observado por Edwin McMillan e Philip Abelson, dois pesquisadores da University of California, em Berkeley. Eles bombardearam uma pequena amostra de urânio com nêutrons, não numa pilha nuclear, mas usando um acelerador de partículas do tipo "ciclotron." Descobriram que o urânio era convertido em um elemento instável (atualmente chamado de netúnio), que rapidamente decaía para formar o novo elemento plutônio.

Alguns dados sobre o plutônio logo se tornaram evidentes. Primeiramente, era radioativo o suficiente para permitir o estabelecimento de uma reação em cadeia. Em segundo lugar, qualquer reação controlada numa pilha nuclear inevitavelmente produziria plutônio como subproduto. Na verdade, era muito mais fácil obter plutônio a partir do urânio do que fora separar os isótopos 235 e 238 desse último elemento. E, finalmente, a "massa crítica" do plutônio, necessária para o desencadeamento de uma reação em cadeia, era muito menor do que a de urânio 235. Uma bomba de plutônio seria, portanto, menor e mais barata do que uma de urânio. Como resultado, qualquer programa de energia nuclear produziria inevitavelmente materiais para a construção de bombas e os empregos pacífico e militar da energia nuclear não poderiam estar separados.

Em agosto de 1945, uma bomba de urânio explodiu sobre Hiroshima e outra de plutônio foi jogada em Nagasaki. Ambos os artefatos provaram ser igualmente destrutivos e, assim, o plutônio, mais barato, tornou-se a principal matéria-prima dos arsenais nucleares mundiais.

E.M. McMillan e P.H. Abelson, *Physical Review*, S7, 1185-1186 (1940)

O CATALISADOR ZIEGLER-NATTA

Descoberta casual leva a plásticos mais baratos e mais fortes

Fãs dos filmes antigos se lembrarão de *The Man in the White Suit* (O homem do terno branco), comédia em que um químico (Alec Guiness) inventa uma nova fibra sintética totalmente por acidente. Longe de ser uma idéia extravagante, tal façanha pode acontecer na realidade. Ocorreu uma vez em 1952, no laboratório de Karl Ziegler, no Max-Planck-Institut für Kohlenforschung, em Mülheim, na Alemanha, o que levou à repentina aparição do polietileno como o leve e onipresente plástico.

O polietileno não era inteiramente novo. Já fora inventado, também por acaso, por químicos da ICI-Imperial Chemical Industries, em 1933. Mas a versão inicial não era resistente como a de hoje e, além disso, a fabricação exigia pressões muito elevadas que tornavam sua produção caríssima. Mas no fim de 1952, E. Holzkamp, um estudante de pós-graduação, no laboratório de Ziegler, estava experimentando sintetizar hidrocarbonetos com um átomo de alumínio. Ele começou com trietil-alumínio (uma molécula consistindo de 6 átomos de carbono, 15 de hidrogênio e 1 de alumínio) e estava tentando adicionar à molécula mais carbono e hidrogênio pela reação com o gás etileno (2 átomos de carbono e 4 de hidrogênio). O experimento não funcionou. As moléculas de etileno, em vez de se ligarem com o trietil-alumínio, ligavam-se entre si, aos pares. Um meticuloso trabalho de investigação mostrou que esse efeito estava, de algum modo, sendo causado por diminutas quantidades de níquel deixadas na câmara do reator em outras experiências.

Ziegler percebeu de pronto que seus alunos tinham esbarrado em algo importante. Se as moléculas de etileno formavam pares dessa maneira, poderiam ser levadas a formar longas cadeias, produzindo polietileno? Ao longo dos dois anos seguintes, a equipe descobriu que realmente podiam. Os resultados foram superiores com o uso de trietil-alumínio e cloreto de titânio (que funcionava melhor do que níquel), em temperaturas na faixa de 50-100° C e sob a pressão atmosférica – para grande surpresa de todos. Além disso, o polietileno que obtiveram por esse método era muito mais resistente do que o produzido pelo processo de alta pressão da ICI. Agora sabemos que isso se dá porque o polietileno é "estereoespecífico" – as moléculas são cadeias lineares de átomos de carbono, em vez das ramificações aleatórias produzidas pelo método da ICI.

Nos poucos anos que se seguiram, verificou-se que misturas de compostos orgânicos de alumínio e titânio, ou de metais semelhantes, podiam ser usadas como catalisadores na produção de muitos tipos diferentes de plásticos, sempre com moléculas estereoespecíficas. Essas misturas são chamadas de "catalisadores Ziegler-Natta," em homenagem a Ziegler e Giulio Natta, químico italiano que posteriormente ampliou seu uso e inventou o polipropileno, o plástico comumente usado na produçao de fios leves.

Ironicamente, mais tarde soube-se que os químicos da equipe de Ziegler não foram os primeiros a obter polietileno por esse processo. Em 1943, Max Fisher, nos laboratórios da BASF, usou uma reação semelhante para produzir óleos lubrificantes sintéticos a partir do etileno. Ele percebeu que, além do óleo, a reação sempre formava uma grande quantidade de um pó branco. Ignorando do que se tratava, apenas jogava fora o resíduo como um produto indesejável, desse modo deixando de ganhar um Prêmio Nobel e um lugar na história da química.

K. Ziegler et al, *Angewandte Chemie*, 67, 541-547 (1955)

O BUCKMINSTERFULLERENO

A molécula bola-de-futebol

De todos os elementos, o carbono é o de química mais diversificada. Isso vem da capacidade única do átomo de carbono de se ligar em cadeias e treliças de qualquer tamanho e complexidade. O carbono puro há muito é conhecido pelas duas formas: diamante, em que os átomos formam uma treliça com cada átomo ligando-se a quatro outros; e grafite, em que cada átomo se liga a outros três, numa treliça plana de hexágonos, semelhante a uma tela de galinheiro. Então, no final da década de 1980, uma terceira configuração foi descoberta: o "buckminsterfullereno," a molécula que parece uma bola de futebol.

A nova molécula foi descoberta totalmente por acaso. Harry Kroto era (e ainda é) um químico da University of Sussex. Em 1985 trabalhava na Rice University, em Houston, no Texas, com alguns químicos interessados nas moléculas grandes de carbono que os astrônomos encontravam vagando no espaço exterior. Havia a suspeita de que as moléculas se originaram em estrelas antigas, onde o carbono se formara por meio da fusão nuclear e fora espalhado por todo o espaço, quando essas estrelas explodiram como "supernovas." A equipe organizou um experimento de bancada para simular os efeitos de uma supernova, mantendo uma peça de grafite sob um fluxo de gás hélio e submetendo-a a um feixe energético de laser. Como era esperado, o laser vaporizou moléculas de carbono de vários tamanhos que se desprenderam da grafite. Entretanto, houve uma surpresa: em vez do esperado largo espectro de moléculas, constataram que moléculas com exatamente 60 átomos eram muito mais abundantes do que outras. Claramente, moléculas com essa quantidade de átomos deviam ser mais estáveis do que quaisquer outras, maiores ou menores.

Harry Kroto sempre alimentara um vivo interesse por desenho e arquitetura. Veio-lhe à mente a imagem de uma bola de futebol – um poliedro com 20 lados hexagonais (tradicionalmente brancos), 12 pentagonais (pretos) e exatos 60 vértices, onde as costuras se encontram. Possivelmente, os átomos de carbono formavam um poliedro semelhante a uma pequena bola de futebol, com um átomo em cada vértice. Kroto e seus colegas deram à molécula o nome de buckminsterfullereno (ou buckybola, para simplificar), em homenagem ao arquiteto Buckminster Fuller que projetou domos leves suportados por estruturas de treliças hexagonais. Só mais tarde souberam que Z. Yoshida e E. Osawa, dois químicos japoneses, haviam previsto a existência dessa molécula cerca de 14 anos antes. Infelizmente publicaram o artigo em japonês, que nem Kroto nem seus colegas puderam ler.

Isso ocorreu cinco anos antes que fossem criados métodos para sintetizar o buckminsterfullereno em quantidade suficiente para que sua química fosse estudada e a hipótese de Kroto julgada correta. Ainda é cedo demais para se dizer se a nova substância terá alguma aplicação, mas parece possuir propriedades interessantes como semicondutor (especialmente se um átomo de metal for colocado em seu interior) e também em uso medicinal. Sua descoberta igualmente abriu um novo e estimulante campo na química do carbono. Toda uma gama de moléculas esféricas ("fullerenos") e tubulares ("nanotubos") pode agora ser produzida. Algumas podem ser utilizadas no futuro para a obtenção de novos materiais, extremamente fortes e leves.

H.W. Kroto et al, *Nature*, 318, 162-163 (1985)

SUPERCONDUTORES DE ALTA TEMPERATURA

A promessa de uma revolução na engenharia elétrica

Supercondutividade – a propriedade que certas substâncias têm de perder toda resistência a correntes elétricas quando resfriadas a temperaturas baixas – é o sonho de qualquer engenheiro. Porém, por mais de 90 anos desde sua descoberta, em 1911, os supercondutores tiveram pouquíssimas aplicações especiais, a maior parte em equipamentos de laboratório. Dificuldades práticas têm impedido seu uso de maneira mais ampla. As temperaturas exigidas são de apenas alguns graus acima do zero absoluto (-273° C) e o único modo prático de manter circuitos elétricos a tão baixas temperaturas é mergulhá-los em hélio líquido, o que é demasiado dispendioso e de difícil realização. Assim, pelos três quartos de século após sua descoberta, a supercondutividade deu a impressão de ser pouco mais do que uma curiosidade, interessante para os físicos que desejassem saber como a propriedade funcionava, mas raramente de interesse para alguém mais.

Em 1986, ocorreu um fato novo. Alex Müller e Georg Bednorz, ambos trabalhando no laboratório de pesquisa da IBM, em Ruschlikon, na Suíça, interessaram-se por um tipo de cerâmica chamada perovskita. Souberam que um óxido de lítio e titânio havia revelado a capacidade de se tornar supercondutor a -260° C, o que era considerado na época quase quente pelos padrões dos supercondutores. Presumiram que as perovskitas, que são óxidos complexos de diversos elementos metálicos e não-metálicos, podiam possivelmente tornar-se supercondutoras mesmo a temperaturas mais altas. Portanto, sintetizaram algumas centenas de diferentes compostos e testaram um por um. Por fim, anunciaram que um óxido de cobre, lantânio e bário tornava-se supercondutor à temperatura sem precedente de -243° C, bem acima do registro anterior. Logo depois descobriram que se o composto contivesse também um pouco de chumbo seria um supercondutor à temperatura de -215° C.

Para a maioria das pessoas, essas temperaturas poderiam, ainda, parecer muito baixas. Mas, na realidade, não estão muito abaixo do ponto em que os supercondutores podem ser usados na indústria. Qualquer substância que apresente supercondutividade na temperatura de -196° C poderá ter utilidade comercial, pois essa é a temperatura em que o nitrogênio líquido é produzido em escala e a um custo extremamente baixo. Assim, a descoberta de Müller e Bednorz provocou grande entusiasmo e por muitos meses era rara a semana em que algum laboratório não reivindicasse (muitas vezes de modo bastante prematuro) ter batido o recorde de temperatura para supercondutores. No momento em que este livro está sendo escrito, o recorde é de -135° C e cabos feitos de material supercondutor, espiralados em torno de um tubo cheio de nitrogênio líquido, foram instalados nos sistemas de energia de Copenhague e Detroit. O problema maior está na extrema fragilidade da maioria desses compostos sintéticos, o que os torna bastante difíceis de serem moldados na forma de fios ou como componentes elétricos.

Ninguém sabe bem como esses "supercondutores de alta temperatura" funcionam. Nos convencionais de baixa temperatura, duplas de elétrons interagem formando "pares de Cooper," que carecem do "spin" que todos os elétrons isolados têm, e podem saltar entre os átomos de uma substância sem perda de energia no percurso. Mas os pares de Cooper só se formam em temperaturas baixíssimas, portanto nos supercondutores de alta temperatura algum outro mecanismo deve estar envolvido.

A. Muller e G. Bednorz, *Zeitschrift für Physik B: Condensed Matter*, 64, 189-193 (1986)

FÍSICA

Para os físicos, o século XX, especialmente a primeira metade, foi a idade heróica. Em 1900, em geral acreditavam que sabiam quase tudo e que o fim de seus objetivos estava à vista. Em cinco anos perceberam que não sabiam quase nada e que sua ciência estava apenas começando. No final do século, o ciclo estava, possivelmente, pronto para se repetir. Os físicos de hoje estão bastante confiantes quanto ao seu modelo de funcionamento do universo, mas existe também uma desconfortável compreensão de que, ao começarem a preencher as lacunas remanescentes, possam deparar com algumas grandes surpresas.

Pode-se dizer que a física moderna começou, praticamente, em 1900, com a teoria quântica de Max Planck. Antes de Planck havia a "física clássica" de Galileu e Newton, que descrevia a dinâmica de objetos maiores do que um átomo e menores, digamos, do que o Sistema Solar. No século XIX a física clássica expandiu-se para incluir a eletricidade em seu domínio de conhecimento, culminando na descoberta do elétron, unidade básica da eletricidade, na década de 1890. Isso pode ter alertado os físicos quanto à profundidade de sua ignorância. Na época em que ainda discutiam se os átomos realmente existiam ou não, bem ali estava uma partícula que era visivelmente uma das partes constituintes do átomo. Enquanto isso, a descoberta da radioatividade, também na década de 1890, era um claro sinal de que a física teria ainda um longo caminho a percorrer.

No entanto, foi somente depois de Planck que os físicos reconheceram plenamente esse fato.

A principal característica da física moderna é ser contra-intuitiva. Podemos visualizar as antigas leis físicas de Newton ou Faraday pensando em objetos do quotidiano; porém a nova física, de Planck, Einstein, Bohr e de seus colegas, pode ser exposta somente por equações matemáticas escritas no papel. Não podemos imaginar facilmente como algo pode ser simultaneamente onda e partícula; ou o espaço e o tempo serem encurvados pela gravidade; ou uma partícula não ter posição e velocidade definidas no espaço até que uma ou outra (nunca as duas) seja conhecida. Nossa mente consegue entender o comportamento de objetos grandes o suficiente para serem vistos a olho nu, mas que não sejam maiores do que um grande planeta. A física moderna nos diz que em escalas maiores ou menores do que essas nossa intuição proporciona respostas erradas.

A física é, diante dessa realidade, a mais abstrata e oculta das ciências. Ainda assim, as conquistas de seus teóricos, na primeira metade do século XX, trouxeram mais resultados de grande alcance para a sociedade em geral do que qualquer outro ramo da ciência. Tornaram possíveis dois dos empreendimentos tecnológicos mais marcantes do século: a bomba de hidrogênio e o chip de silício. Tem sido, muitas vezes, salientado que a arma mais destrutível jamais construída deve sua existência originalmente a um pequeno grupo de intelectuais pacifistas. (Freqüentemente Einstein é mencionado nesse contexto, embora, na realidade, sua participação tenha sido de pouca importância.) O paradoxo desaparece em grande parte quando se considera que muitos dos físicos teóricos eram judeus. Eles sabiam que cientistas alemães nazis tinham um projeto de bomba nuclear e concluíram que, se Hitler obtivesse a bomba antes, ninguém poderia impedi-lo de dominar o mundo. Somente depois que a guerra terminou foi que souberam que o projeto da bomba alemã fracassara, mas então era tarde demais para qualquer ação.

Não era mais possível "desinventar" as armas nucleares. Diante disso, torna-se menos estranho ver como alguns dos mais fortes defensores do desarmamento nuclear são os cientistas que ajudaram a tornar possíveis as primeiras armas atômicas.

Felizmente, outros produtos importantes da física do século XX, o transistor e os circuitos integrados, são mais benignos. Como tantas melhorias tecnológicas, esses dispositivos tendem a favorecer os já ricos e poderosos mais do que quaisquer outros, porém o efeito mais importante foi permitir o armazenamento e a disseminação de informações numa escala nunca antes vista. Se Aleksandr Solzhenitsyn estava certo quando disse que "a salvação da humanidade repousa somente em tornar tudo de interesse de todos," então a informação deve ser o recurso mais vital depois da água potável e qualquer dispositivo que ajude seu manuseio certamente será bem recebido por todos. Em aditamento, praticamente todos os equipamentos mecânicos imagináveis atualmente contêm um chip em algum lugar para melhorar seu desempenho.

A bomba e o chip devem ajudar a esclarecer por que os governos ocidentais estão dispostos a dar, atualmente, tão abundantes fundos para pesquisas físicas. Enquanto este livro é escrito, o Centre Européenne de la Recherche Nucléaire – CERN, perto de Genebra, na Suíça, está substituindo o mais poderoso acelerador de partículas do mundo por um mais poderoso ainda, com custo estimado em cerca de 1,6 bilhão de libras, financiado pelos governos de diversos países europeus, inclusive a Inglaterra. À primeira vista, não se pode imaginar que o conhecimento a ser alcançado possa ter alguma aplicação prática, entretanto pensavam o mesmo sobre os experimentos de Rutherford, no início do século XX, e estavam equivocados. Como resultado mais imediato, o CERN forma físicos, muitos dos quais poderão, então, utilizar o treinamento e a habilidade adquiridos em propósitos práticos mais imediatos. Como exemplo óbvio, foi um físico da instituição, Tim Berners-Lee, quem originalmente projetou a World Wide Web. Se a Europa descartasse o laboratório, muitos de seus professores e estudantes que lá trabalham emigrariam para os Estados Unidos. Há uma evidente rivalidade entre os dois lados do Atlântico Norte pela posse dos maiores e mais bem equipados laboratórios de física e, assim (esperançosamente), atrair os pesquisadores mais talentosos. Sem dúvida, os governos envolvidos estão também atentos para ver se algum dos avanços mais recentes tem aplicações militares.

Entretanto, não devemos pensar nas aplicações da física moderna para nos interessar por ela. O humorista Max Beerbohm certa vez escreveu que não havia realmente entendido a teoria da Relatividade Geral de Einstein, "mas eu reconheço uma coisa boa quando a vejo." Muitas pessoas que leram os livros de Stephen Hawking devem ter concordado com o autor, mesmo não havendo, provavelmente, entendido bem o conteúdo. A física formula as questões mais fundamentais a respeito de como o universo funciona e por mais estranhas as respostas que nos der, mais inspiradoras de respeito podem ser.

A TEORIA QUÂNTICA

Discreto começo de uma revolução

Em 1900, a maioria dos físicos acreditava que suas atividades estavam chegando ao fim. Os princípios fundamentais eram conhecidos, pensavam, e tudo o que era necessário realizar era amarrar algumas pontas soltas. Esses físicos não poderiam estar mais errados. A física estava apenas começando.

O homem cujo trabalho deu início à revolução não era, ele próprio, um revolucionário. Max Planck havia dito, inclusive, que não desejava fazer novas descobertas. Em 1900, com 42 anos, havia se imposto a tarefa de estudar a maneira como os objetos brilham quando aquecidos. (Em seu habitual modo confuso, os físicos chamam isso de "radiação do corpo negro.") Todos sabemos que um atiçador de aço, por exemplo, quando é aquecido até certo ponto, começa a brilhar num vermelho-escuro. Com mais aquecimento, o brilho torna-se alaranjado, depois amarelo e finalmente branco. Ocorre que, à medida que a temperatura aumenta, freqüências de luz cada vez mais altas são acrescidas ao brilho, começando no infravermelho, desloca-se, crescendo, da extremidade vermelha do espectro para o laranja, amarelo, verde, azul, violeta, até chegar ao ultravioleta. O propósito de Planck era estabelecer a fórmula matemática que relacionasse a faixa de freqüências do brilho com a temperatura necessária para produzi-lo.

Foram necessárias exatamente oito semanas de trabalho extremamente árduo para obter uma solução, a qual exigia dois ajustes intelectuais de grande porte. Primeiramente, Planck tinha de aceitar que a matéria era composta de átomos. Em 1900 ainda havia cientistas que não acreditavam nisso, e até aquele momento Planck era um deles. O grande passo então ocorreu. O átomo não pode ter qualquer valor de temperatura que se deseje: quando é aquecido, a quantidade de energia que o átomo recebe crescerá passo a passo. Assim como um piano não pode produzir uma escala contínua de sons à maneira do trombone, também um átomo só pode absorver uma faixa de níveis discretos de energia. Para irradiar energia, e perder temperatura, um átomo tem de "descer a escala" passo a passo, emitindo luz de determinada freqüência a cada passada. Esses pequenos passos aparecem na fórmula de Planck como um fator invariável, conhecido como Constante de Planck, representada pela letra *h*. Parece ser uma dessas poucas constantes fundamentais de que depende todo o funcionamento do universo.

Todas as descobertas feitas no século XX sobre matéria e energia estão baseadas na Teoria Quântica de Planck – o conhecimento de que a energia se manifesta sempre por meio de porções discretas, conhecidas como "quanta." Entretanto, o próprio Planck pouco participou da revolução do conhecimento que se seguiu. Foram outros cientistas, a começar por Einstein, que formularam equações relacionando energia, matéria, tempo e espaço, ficando demonstrado assim que, se a energia atua por meio de quantidades discretas (quanta), então tudo deve ocorrer de maneira semelhante. Para onde quer que se olhe no que se relaciona com equações da física, a Constante de Planck aparece cada vez mais.

Entrementes, as pessoas comuns começaram a usar a expressão "salto quântico" para designar grande modificação em algo, sem perceberem que para os cientistas a expressão significa o oposto – a menor mudança possível em qualquer coisa.

M. Planck, *Verhandlungen der Deutschen Physikalischen Gesellschaft*, 2, 237 (1900)

DECAIMENTO RADIOATIVO

Transmutação de elementos

No final do século XIX, um jovem filho de um fazendeiro da Nova Zelândia, que se tornaria um dos maiores experimentalistas de todos os tempos, chegou a Cambridge. Seu nome era Ernest Rutherford. Em poucos anos tornou-se membro da Royal Society e foi para a McGill University, no Canadá, para ser professor de física. Aconteceu que essa universidade, localizada numa região remota na época, possuía um dos mais bem equipados laboratórios de física do mundo. Pelos padrões atuais, é claro, era espantosamente primitivo (*ver figura 4*). Ali, ele se pôs a trabalhar no estudo do recém-descoberto fenômeno da radioatividade.

Na década de 1890, os cientistas haviam descoberto que alguns elementos, tais como urânio, tório, polônio e rádio, emitiam raios invisíveis que podiam escurecer chapas fotográficas expostas a eles, tal como faz a luz. As únicas fontes de calor e luz então conhecidas eram as reações químicas, por isso admitiu-se inicialmente que esses elementos deviam sofrer algum tipo de processo químico espontâneo. Entretanto, em 1900 já se havia demonstrado que o urânio puro produzia radiação. Rutherford estudou o minério radioativo uraninita (que contém vários elementos radioativos, inclusive urânio e rádio) e declarou que a radiação proveniente deles não poderia resultar de reações químicas. Havia energia em demasia sendo emitida, enquanto que a composição do minério se mantinha inalterável, até onde era possível detectar. Rutherford começou a cogitar que a radiação devia vir do interior dos próprios átomos. Isso era heresia. A maioria dos cientistas acreditava na existência de átomos, porém com o pressuposto de que eram os blocos de construção elementares e indivisíveis da matéria. A idéia de átomos se desintegrando era considerada uma contradição em termos.

Em 1901, juntou-se a Rutherford, em McGill, um jovem químico recentemente graduado por Oxford, Frederick Soddy, que foi inicialmente um dos seus mais ardentes críticos. De qualquer modo, foram trabalhar juntos e usavam tório, elemento radioativo moderado, como material de pesquisas. Rutherford demonstrou que o tório lentamente se convertia em outros elementos: primeiro transformava-se numa substância não identificada a que ele deu o nome de "tório-X," que então se convertia, no prazo de alguns dias, num gás (agora chamado torônio), o qual, por sua vez, se transformava em hélio em poucos minutos. O torônio também tornava radioativa qualquer substância com que entrasse em contato, mesmo rapidamente. Enquanto isso, Soddy fazia a análise química para mostrar que essas substâncias eram, cada uma, elementos independentes que estavam sendo gerados a partir do tório. Conforme os resultados de seus experimentos ficavam cada vez mais claros, Soddy foi forçado a admitir que Rutherford estava certo. "Isso é transmutação!" – exclamou Soddy, num certo momento. Ninguém havia pensado que isso fosse possível desde a época dos alquimistas, no século XVI. Porém, sem dúvida, eles estavam vendo os átomos de um elemento se desintegrarem espontaneamente para formar átomos de outros elementos. A radioatividade não era um subproduto desse processo: era o próprio processo. Rutherford e Soddy proporcionaram a melhor prova, até o momento, de que os supostamente indivisíveis átomos existiam – observando-os a se decompor.

E. Rutherford e F. Soddy, *Philosophical Magazine*, 5, 455-457 (1903)

A PROVA DE QUE OS ÁTOMOS EXISTEM

A estréia de Einstein

De repente, em 1905, surgiu o homem cujo nome se tornou sinônimo de genialidade científica: Albert Einstein. Com vinte e seis anos de idade, trabalhando num emprego modesto no Swiss Patent Office, produziu três das mais empolgantes monografias jamais vistas por físicos. Primeiro Einstein demonstrou que o movimento browniano era a prova da existência dos átomos. Depois, provou que a luz era composta de partículas. Por fim, produziu a Teoria da Relatividade Especial. Em cada uma, apresentou solução fascinantemente inteligente para um problema bem conhecido, simplesmente discutindo-o a partir de seus princípios básicos. Cada monografia ocupa apenas uma página e não cita quaisquer referências anteriores. Estão entre as mais extraordinárias realizações intelectuais de todos os tempos.

O primeiro desses três estudos atacou um antigo mistério. Por exemplo, é possível observar a fumaça através de um microscópio e verificar que é feita de partículas. Quando nós as examinamos, a primeira coisa que se nota é que as partículas estão em constante movimento. Continuam vibrando em alta velocidade, porém conservam-se em torno do mesmo ponto, de um instante para outro. Essa atividade sem descanso é chamada de movimento browniano, em homenagem a seu descobridor, Richard Brown, na década de 1820. Qual é a causa do fenômeno? Algumas pessoas sugeriram que as partículas da fumaça estavam colidindo com moléculas do ar, mas essa idéia foi logo descartada. De qualquer forma, nem todos acreditavam mesmo na existência de moléculas e átomos. E caso existissem, seriam bem mais numerosos e muito pequenos para poderem produzir tal efeito.

Isso fez com que as explanações de Einstein fossem ainda mais extraordinárias. Sim, disse ele, é a colisão com as moléculas do ar que causam o movimento browniano. Porém é um efeito estatístico e não o resultado de choques individuais. Em média, uma partícula de fumaça permanece estacionária porque está sendo bombardeada por incontáveis moléculas de ar, vindas igualmente de todas as direções. Mas esse bombardeamento é completamente aleatório. Portanto, num período, digamos, de um décimo de segundo, mais moléculas podem atingi-la de uma direção do que de outra. Como resultado, em vez de ficar inteiramente imóvel, a partícula de fumaça está constantemente sendo empurrada de um lado para outro. Além disso, esclareceu Einstein, você pode, na realidade, usar o movimento browniano para calcular aproximadamente quantas moléculas existem num determinado volume de ar. Tudo o que você precisa saber é o tamanho de uma partícula de fumaça e a rapidez com que ela está sendo jogada de um lado para outro e então você pode calcular quantas moléculas devem colidir a cada segundo. E a partir desse dado, você pode descobrir quantas moléculas deve haver na sua vizinhança imediata. Essa não é a única maneira de se estimar o número de moléculas que possa haver, outros métodos foram também sugeridos na mesma época. Porém o método do movimento browniano foi o fator decisivo porque forneceu respostas bastante semelhantes às apresentadas por outros métodos. Evidentemente, isso não podia ser apenas coincidência, portanto as moléculas, e os átomos de que são feitas, devem realmente existir.

A. Einstein, *Annalen der Physik*, 17, 549 (1905)

FÓTONS

Partículas de luz

Até o ano de 1905, todos julgavam entender o que era a luz. Consistia de ondas num "campo eletromagnético" que permeia o universo. Anteriormente, esse "campo" tinha sido imaginado como uma espécie de substância, citada como "éter," porém isso já se mostrara errado cerca de vinte anos antes. Entretanto, algo muito estranho foi notado sobre essas "ondas." Pela época em que os elétrons foram descobertos, no final da década de 1890, notou-se que, se você iluminar uma lâmina de metal com luz ultravioleta, serão emitidos elétrons pelo anteparo. Isso foi chamado de "efeito fotoelétrico." Como era possível uma mera oscilação num campo invisível realizar isso? Essa foi a pergunta à qual Einstein dedicou sua mente, produzindo a monografia que lhe daria um Prêmio Nobel.

A causa do efeito fotoelétrico, disse Einstein, assenta-se na Teoria Quântica de Planck. Toda vez que um objeto aquecido emite um quantum de energia na forma de luz, essa energia luminosa torna-se uma porção indivisível – uma partícula chamada "fóton." Quanto mais alta a posição da luz no espectro, mais energia cada fóton carrega. A luz visível, do vermelho ao violeta, não possui energia suficiente para produzir o efeito. Na luz ultravioleta, no entanto, um fóton carrega energia suficiente para que, atingindo um elétron, possa extraí-lo de seu átomo original. A energia contida num fóton é dada pela notavelmente simples equação $E=hv$, onde E representa energia, h é a Constante de Planck e v, freqüência ou cor da luz. Para o mundo de um modo geral essa não é a mais famosa das equações de Einstein, porém ele próprio a considerava o melhor item de todo seu trabalho científico e suas implicações para a física foram pouco menores do que as teorias da Relatividade que se seguiriam.

A existência dos fótons não foi comprovada por nenhuma observação isolada, mas uma série completa de experimentos feitos pelo americano Robert Millikan e, também, pelo inglês Arthur Compton, de modo independente, demonstrou cada detalhe da hipótese de Einstein. Desde então, os cientistas tiveram de conviver com o entendimento de que a luz se comporta ora como onda, ora como partículas, conforme você planeje seu experimento. Mais estranho ainda, não é apenas a luz que tem dupla personalidade. Na década de 1920, um jovem francês chamado Victor de Broglie demonstrou que qualquer tipo de partícula, seja um elétron, seja um próton, ou mesmo todo um átomo, também se comporta como uma onda. Esse é o tipo de descoberta que deixa os não-cientistas confusos. É fácil visualizar uma partícula - basta imaginar uma minúscula bola de tênis. E é fácil visualizar uma onda. Mas como é possível alguma coisa ser uma onda e uma partícula ao mesmo tempo? A única resposta que os físicos têm para dar é que não tente visualizar essas coisas - apenas confira os resultados de seus experimentos com as equações dos teóricos e veja por você mesmo que deve ser verdade.

A. Einstein, *Annalen der Physik*, 17, 132 (1905)

RELATIVIDADE ESPECIAL

Por que a velocidade da luz é sempre a mesma? Porque sim, e também *E=mc*²

Em 1905, os astrônomos já sabiam havia algum tempo que a luz se comporta de um modo muito estranho. Sempre se desloca em linha reta, na velocidade constante de 300.000 quilômetros por segundo. Mesmo que uma estrela, por exemplo, esteja se movendo em direção à Terra ou para longe dela, a velocidades imensas, a luz emitida por ela nos alcançará com a mesma rapidez. Isso parece impossível, mas foi comprovado por experimentos e é indubitavelmente verdadeiro. Entra em cena o jovem gênio do Swiss Patent Office, que tratou desse problema com seu jeito usual, com uma monografia tão empolgante quanto curta (*ver figura 3*).

A brilhante solução de Einstein para a charada foi virá-la ao contrário. Não perguntemos por que a velocidade da luz é sempre constante, sugeriu ele. Antes, assumamos que isso seja apenas um dos fatos fundamentais da natureza. Depois vejamos o que se pode deduzir a partir disso. O que Einstein concluiu foi que se aplicarmos uma força num objeto a fim de acelerá-lo, não só fazemos com que se desloque mais rapidamente, como também o tornamos mais pesado. Para os valores de velocidade com que estamos acostumados, a massa adicionada é muito pequena para ser detectada. Porém, conforme nos aproximamos da velocidade da luz, cada vez menos da energia que despendemos é empregada para fazer o objeto se deslocar mais rapidamente e cada vez mais é usada para torná-lo mais pesado. Finalmente, quando o objeto for acelerado até quase à velocidade da luz, não poderá mais aumentar sua velocidade e qualquer energia despendida a mais simplesmente aumentará sua massa. A taxa de conversão de energia em massa é dada pela mais famosa equação de toda a ciência, $E=mc^2$, onde E representa energia, m é massa e c, a velocidade da luz; c^2 é um número imenso e isso significa que um gigantesco gasto de energia resulta em apenas um pequeno acréscimo na massa. Ou, alternativamente, uma mínima quantidade de massa resulta numa gigantesca liberação de energia - como na explosão de uma bomba nuclear.

Diz-se muitas vezes que Einstein, um dos mais veementes pacifistas do século XX, devia arcar com a responsabilidade pela bomba atômica. Isso não é absolutamente justo. A bomba foi um produto mais da física quântica do que da teoria da relatividade. Tudo o que Einstein fez foi assinar uma carta ao presidente F.D. Roosevelt, redigida por alguns outros cientistas, advertindo que a bomba era uma possibilidade e que a Alemanha nazi estava trabalhando em seu desenvolvimento. Einstein assinou a carta por ser o cientista mais famoso do mundo na época e sua assinatura seria o melhor meio de assegurar que Roosevelt a lesse e a levasse a sério. Einstein concordou que os Estados Unidos deviam construir uma bomba antes que Hitler o fizesse, mas ficou horrorizado quando os artefatos foram efetivamente lançados sobre o Japão, e após a Segunda Guerra Mundial dedicou a maior parte dos restantes dez anos de sua vida a campanhas pelo desarmamento nuclear.

A. Einstein, *Annalen der Physik*, 18, 639 (1905)

SUPERCONDUTIVIDADE

Resistência zero para corrente elétrica a temperaturas extremamente baixas

Resistência elétrica é um perene problema na engenharia elétrica e eletrônica. A corrente elétrica consiste de elétrons fluindo através de uma substância, saltando de um átomo para outro. A cada salto eles perdem um pouco de energia na forma de calor. Todas as substâncias, mesmo os melhores condutores como o cobre, apresentam alguma resistência. Entretanto, quando foi encontrado um modo de cancelar essa resistência, o processo permaneceu por cerca de setenta anos sendo pouco mais que uma curiosidade de laboratório e, mesmo atualmente, as dificuldades para colocar a descoberta em uso prático parecem imensas.

Heike Kamerlingh Onnes, físico holandês, foi pioneiro no estudo de materiais sob temperaturas extremamente baixas. Em 1908, obteve a temperatura mais baixa conseguida até então, comprimindo o gás hélio para liquefazê-lo a -269° C. Isso é apenas 4° C acima do teórico (e impossível) "zero absoluto" de -273° C, no qual os átomos quase deixariam de vibrar, com calor abaixo do nível mínimo da "energia do ponto zero." Onnes mergulhou várias substâncias no hélio líquido a fim de estudar suas propriedades sob essas extremas condições. Entre outros experimentos, tentou passar uma corrente elétrica através de vários metais. O resultado foi uma grande surpresa.

Ao testar o mercúrio dessa maneira, Onnes constatou que sua resistência elétrica desaparecia completamente, de forma abrupta, numa temperatura de -268,5° C, ou 4,5° C acima do zero absoluto. Ele logo verificou que vários outros metais exibiam essa "supercondutividade" em temperaturas extremamente baixas. Esse fenômeno causou considerável interesse, mas as pesquisas prosseguiram lentamente, mas somente em 1957 é que uma interpretação foi apresentada por John Bardeen, Leon Cooper e Robert Schrieffer na University of Illinois. Foram devidamente premiados com um Prêmio Nobel – o segundo de Bardeen, sendo que o primeiro foi por seu trabalho sobre transistores, cerca de dez anos antes. Os três cientistas demonstraram que num supercondutor os elétrons se organizam em pares (denominados "pares de Cooper"), os quais se comportam como partículas isoladas no nível mais baixo de energia. A maioria das partículas comuns possui uma propriedade chamada "spin," o que não acontece com um par de Cooper. Isso significa (entre outras coisas) que a parelha de elétrons pode ricochetear entre os átomos sem dar ou receber qualquer quantidade de energia. Os pares de Cooper se encadeiam e se movem juntos através do supercondutor, passando direto pelos átomos, em vez de saltarem de um em um.

Servir-se da supercondutividade para algum uso prático claramente apresentaria problemas. O hélio líquido é ainda a única maneira prática de se alcançar a baixíssima temperatura requerida, mas é dispendioso e difícil de manipular. Na década de 1960, foram construídos alguns computadores com circuito supercondutor para aumentar a eficiência, mas o advento da tecnologia do chip de silício tornou a idéia totalmente obsoleta. Porém, desde então, encontrou-se um uso para os supercondutores na medicina: bobinas supercondutoras são usadas em escaneadores para obtenção de imagem por ressonância magnética. Essa máquina é principalmente usada para detectar tumores, em especial no cérebro. Mas foi somente depois da descoberta dos supercondutores de "alta temperatura," em 1986, que surgiu alguma esperança de a supercondutividade ser mais largamente usada, mas no final do século XX essa tecnologia ainda não havia progredido para além do estágio de laboratório.

H. Kamerlingh Onnes, *Communications – Physical Laboratory University of Leiden*, 120b (1911)

O NÚCLEO ATÔMICO

A maior descoberta de Rutherford

Em 1907, Rutherford deixou a McGill University, no Canadá, para tornar-se professor de física na Manchester University, que já se havia firmado como um centro de excelência científica. Ali criou um grupo de pesquisa com estudantes de pós-graduação, no padrão que os laboratórios da instituição ainda adotam. Esse foi o início da "grande ciência" e muito da história científica do século XX é a história da ascensão das grandes equipes de pesquisa e o declínio do experimentador solitário.

Rutherford descobrira que muito da radiação emitida por elementos radioativos consistia de "partículas alfa." Em breve pôde provar que as partículas nada mais eram do que núcleos de átomos de hélio, portanto carregados positivamente, movendo-se a uma fração apreciável da velocidade da luz. Constatou que essas partículas podiam atravessar gases e até mesmo finas barreiras sólidas. Entretanto, não se moviam totalmente em linha reta. Sempre ocorria uma certa "dispersão," pois quando passavam por algum tipo de barreira espalhavam-se como os grãos de chumbo de uma espingarda de caça. Rutherford pôs seu assistente Hans Geiger (inventor do contador Geiger) a trabalhar nesse efeito junto com um jovem estudante de pós-graduação chamado Ernest Marsden.

Foi Marsden quem fez a descoberta original. Ele estava lançando partículas alfa numa lâmina de ouro com espessura de exatamente 0,00006 mm. A maior parte das partículas passava através da lâmina, com um certo grau de dispersão. Algumas poucas, porém, ricocheteavam diretamente de volta. Isso era extraordinário. Como disse Rutherford: "Foi como se você tivesse disparado um projetil de 15 polegadas num pedaço de papel de seda, e ele ricocheteasse e atingisse você." Como poderia, essa barreira tão fina, jogar de volta uma partícula que se movimentava tão rapidamente? E por que só voltava uma em cada 8 mil? Marsden e Geiger publicaram suas anotações em 1909 e dezoito meses mais tarde Rutherford deu com a solução. Foi um verdadeiro "momento Eureka."

Até então, os átomos eram considerados esféricos, com os elétrons embutidos como passas de uva num pudim. Rutherford agora percebia que essa idéia estava errada. Quase toda a massa de um átomo está num minúsculo núcleo carregado positivamente, com o resto do seu volume constituído por uma nuvem de elétrons que orbitam o núcleo. A maior parte de um átomo é espaço vazio. Quando as partículas alfa passam através de um sólido, como, por exemplo, uma lâmina de ouro, a maioria das partículas passa pelas partes vazias dos átomos, embora as cargas positivas dos núcleos possam desviá-las um pouco de seu caminho. Porém, ocasionalmente, uma partícula alfa poderá colidir diretamente com um núcleo, quando então ricocheteará.

Rutherford algumas vezes admitiu que sempre imaginava átomos, núcleo, partículas alfa e elétrons como miniaturas de bolas de bilhar. Todos os seus experimentos continham, em si, um traço de senso comum. Apesar disso, ratificaram muito da "nova física" de Bohr e dos teóricos quânticos, que desistiram de tentar visualizar essas partículas.

E. Rutherford, *Philosophical Magazine*, 21, 669-688 (1911)

RAIOS CÓSMICOS

Partículas energéticas vindas do espaço exterior

De início, quando a radioatividade foi descoberta, nos derradeiros anos do século XIX, uma das primeiras coisas que se notou foi que a radiação transportava carga elétrica. Naquela época, a eletricidade estática era ainda um fenômeno empolgante que podia ser estudado com aparelhos bastante simples. Um dispositivo bem conhecido era o "eletroscópio," ainda usado, até recentemente, nos laboratórios escolares de física. É simplesmente uma caixa, com lados envidraçados, contendo uma lâmina de ouro móvel presa por um lado a uma placa condutora de metal que pode ser carregada com eletricidade estática, ou descarregada novamente, à vontade. Quando a placa está carregada, a lâmina de ouro se afasta. Notou-se que, se você carregar um eletroscópio e depois o colocar perto de uma amostra de material radioativo, logo a placa perde sua carga. Entretanto, um eletroscópio carregado perderá carga lentamente, mesmo se não houver fonte de radiação por perto. Foram pequenas indicações como essas que levaram um físico chamado Charles Wilson a apresentar uma sugestão radical: talvez haja radiação em torno de nós, vinda do espaço exterior. A quantidade seria muito pequena, mas cada raio incidente seria extremamente energético, capaz de penetrar na atmosfera e em consideráveis quantidades de matéria sólida.

Essa assustadora hipótese foi confirmada em 1912, por um físico austríaco chamado Victor Hess. Os primeiros cientistas que estudaram a radioatividade executavam experimentos altamente perigosos, mas de modo geral não conheciam os riscos que corriam. Ninguém conhecia os efeitos que a radiação podia causar no corpo humano. No entanto, Hess correu um risco de natureza diferente. Fez suas experiências enquanto voava num balão. Subiu oito quilômetros num cesto aberto, expondo-se a extremo frio e à falta de oxigênio, assim como aos problemas usuais dos balonistas para descer a salvo. Compreensivelmente, as experiências que Hess realizava em seus vôos eram deliberadamente bem simples. Levava com ele alguns eletroscópios e observava a rapidez com que perdiam carga elétrica a diferentes altitudes. Sem dúvida, quanto mais alto, mais rapidamente se descarregavam. Isso só podia significar que a perda de carga estava sendo causada por algo vindo do espaço exterior e que era gradualmente filtrado conforme passava através da atmosfera.

Agora sabemos que a maior parte dos raios cósmicos constitui-se de prótons, algumas partículas alfa e também raios gama. Entretanto, mesmo agora não sabemos onde se originam. Alguns podem vir de nossa galáxia, provavelmente de explosões de estrelas chamadas supernovas. Pelo menos alguns parecem vir de distâncias maiores. Podem ser extremamente energéticos: quando atingem moléculas na atmosfera causam chuvas de partículas subatômicas incomuns. Foi somente no final da década de 1950 que se construíram máquinas suficientemente poderosas para produzir essas partículas artificialmente, a fim de que seu comportamento pudesse ser estudado sob condições controladas. Essa pesquisa levou a teorias sobre a natureza básica da matéria, incluindo os quarks – as mais fundamentais de todas as partículas.

V. Hess, *Physische Zeitung*, 13, 1984 (1912)

RELATIVIDADE GERAL

Que é a gravidade? Espaço e tempo encurvados

Dez anos se passaram desde que Einstein abalara o mundo científico com seus três artigos sobre movimento browniano, fótons, e relatividade especial. Havia deixado o departamento de patentes, dedicando-se à matemática em tempo integral. Sua fama era enorme, mas certamente nem mesmo ele conseguiria produzir novamente algo tão revolucionário. Contudo, foi o que fez com sua completamente nova teoria da gravidade.

A famosa teoria de Newton contém intrinsecamente um problema. Chama de gravidade uma "força" que os objetos exercem, uns sobre os outros, à distância. Mas como é possível a força da gravidade ser transmitida através do espaço interposto? A esse respeito, o próprio Newton ficara insatisfeito. Além disso, uma pequena anomalia não se encaixava na teoria: o movimento do planeta Mercúrio não seguia fielmente o caminho que Newton predissera.

Einstein aplicou seu intelecto ao problema e teve uma súbita inspiração. "Ocorreu-me então o pensamento mais feliz da minha vida," escreveu depois, "*porque para um observador caindo livremente do telhado de uma casa – pelo menos em suas imediatas adjacências – não existe campo gravitacional*" (o itálico é de Einstein). Se você pular do telhado de uma casa, ficará completamente sem peso até bater no chão. Portanto, disse Einstein, a gravidade não é absolutamente uma força, mas uma distorção do espaço e do tempo. Se você usar uma geometria não com três, mas com quatro dimensões (três de espaço e uma de tempo), você poderá demonstrar que os planetas que giram em torno do Sol (por exemplo) estão na verdade se movendo em linhas retas! A massa do Sol distorce o espaço e o tempo na sua vizinhança, de modo que as trajetórias dos planetas parecem curvas. É semelhante quando se observa a sombra de um aeroplano voando sobre uma colina. A sombra descreve um caminho curvo que segue as ondulações do terreno, enquanto o aeroplano está na verdade voando em linha reta. Quando Einstein fez os cálculos logo percebeu que sua nova teoria não só concordava com tudo o que a teoria de Newton expunha como também explicava a órbita do planeta Mercúrio. Jubiloso, prontamente publicou outro de seus famosamente breves textos.

Como esperado, a maioria das pessoas teve dificuldade em aceitar a teoria da Relatividade Geral, que parece ir de encontro a toda nossa intuição e experiência. Mas sua aplicação tem repetidamente comprovado estar correta. Talvez a prova mais convincente da Relatividade Geral seja o Sistema de Posicionamento Global. Qualquer pessoa pode atualmente adquirir um receptor GPS, que informará sua exata posição na superfície da Terra, com um erro máximo de poucos metros, pela receptação do sinal de um satélite que passa a alguns milhares de quilômetros de altitude. Para isso funcionar, o satélite precisa transmitir um sinal dando sua exata posição, assim como o horário preciso da medição. Porém, de acordo com Einstein, o satélite, por estar distante do centro de gravidade da Terra, move-se num tempo ligeiramente mais lento do que o nosso aqui no solo. Portanto, o relógio que o satélite transporta precisa ser ajustado para trabalhar ligeiramente mais rápido a fim de compensar a diferença. Caso contrário, nossa leitura dos receptadores GPS estaria errada de vários metros.

A. Einstein, *Prussische Akademie der Wissenschaft*, p. 844 (1915)

O PRÓTON

Fragmento do núcleo atômico

Rutherford demonstrou, em 1911, que um átomo compõe-se de um minúsculo núcleo maciço, envolto por uma nuvem de elétrons (quase) sem peso. A questão seguinte foi: de que é feito o núcleo? Elementos químicos distintos possuem núcleos com pesos diferentes, o que indica que os núcleos devem ser constituídos de partículas menores. Rutherford pôs sua equipe em Manchester a trabalhar no assunto. Ele já havia compreendido que as "partículas alfa" emitidas durante o decaimento radioativo da substância rádio eram de fato átomos de hélio, sem seus elétrons, e verificara que se as partículas alfa fossem lançadas contra um elemento pesado como o ouro ricochetariam. Mas o que aconteceria se as partículas alfa fossem lançadas contra elementos mais leves?

Esse programa de pesquisa infelizmente coincidiu com a Primeira Guerra Mundial. Rutherford foi trabalhar no esforço de guerra, desenvolvendo um aparelho de escuta para detectar submarinos, mas ia ao seu laboratório em Manchester sempre que podia. Confiou a seu colega Ernest Marsden a tarefa de fazer experimentos nos quais submetia o gás hidrogênio a partículas alfa em alta velocidade. A maior parte delas passava direto pelo gás, mas entre as partículas alfa que emergiam da câmara de gás havia outras, muito menores, movendo-se com velocidades muito altas. Em 1918, o envolvimento de Rutherford com o serviço militar começou a diminuir e ele teve tempo para investigar mais as partículas de Marsden. Demonstrou que possuíam carga elétrica positiva e que eram, na verdade, núcleos de átomos de hidrogênio que haviam sido atingidos frontalmente por partículas alfa. Ele então testou novamente o experimento, só que dessa vez substituindo o gás hidrogênio por ar comum. O resultado pareceu-lhe singular. Núcleos de hidrogênio emergiram da câmara em altas velocidades como se ali houvesse hidrogênio. Mas não há esse gás no ar comum, portanto de onde vinham? O ar consiste principalmente de nitrogênio e oxigênio, juntamente com quantidades menores de dióxido de carbono e de vapor de água. Rutherford investigou mais profundamente e mostrou para além de qualquer dúvida que os núcleos de hidrogênio provinham dos átomos de nitrogênio.

Parecia que o núcleo de um átomo de nitrogênio compõe-se, pelo menos em parte, de certa quantidade de núcleos de hidrogênio comprimidos e que uma colisão direta de partículas alfa pode, algumas vezes, fazer um ou mais desses núcleos de hidrogênio soltar-se. O próprio núcleo de hidrogênio deve ser um dos blocos indivisíveis de construção, a partir dos quais são formados os núcleos maiores. Rutherford decidiu que a partícula precisava de um nome específico, e, em 1920, cunhou o termo "próton" para o objeto.

O experimento de Rutherford tem sido descrito como a primeira vez que o átomo foi rompido com sucesso. Isso talvez seja um exagero – "lascar o átomo" seria a descrição mais acurada. Porém foi tal a impressão causada que Rutherford foi logo depois nomeado chefe do Laboratório Cavendish, em Cambridge, na época o principal laboratório de física do mundo. Até sua morte, dezesseis anos mais tarde, ele presidiu um programa de pesquisa que confirmou os modelos desenvolvidos pelos teóricos quânticos e nos deu o conhecimento básico da estrutura do átomo.

E. Rutherford, *Philosophical Magazine* (6th series), 37, 581-587 (1919)

O ÁTOMO QUÂNTICO

Por que os átomos são estáveis? Resposta da teoria quântica

Rutherford mostrara que os átomos compõem-se principalmente de espaço vazio, com quase toda a massa concentrada num minúsculo núcleo rodeado de elétrons. Ele imaginou essas partículas orbitando o núcleo da mesma maneira com que os planetas giram em torno do Sol. Isso soava muito claro e lógico, porém apresentava um grande problema. Havia mais vinte anos já se sabia que, ao oscilarem de um lado para outro, os elétrons emitem energia na forma de ondas eletromagnéticas. Isso é o que acontece na antena de um radiotransmissor. Mas no átomo de Rutherford os elétrons oscilam com enormes freqüências, portanto em teoria deviam irradiar toda a energia numa pequena fração de segundo e cair no núcleo. Claramente isso não ocorre, portanto o modelo de Rutherford deve estar errado em alguma parte.

Nesse ponto da história, a equipe de Rutherford, em Manchester, foi acrescida de um homem que se tornaria, talvez, o teórico mais influente do século XX: Niels Bohr. Ele estivera trabalhando em Cambridge com hidrogênio, pesquisando como esse gás emite luz em determinadas freqüências quando é aquecido, e usava a teoria quântica para encontrar uma explicação. Ele agora ampliava esse trabalho mostrando que a teoria quântica dava as respostas para o problema de Rutherford. Um elétron não pode perder energia continuamente e espiralar em direção ao núcleo: pode apenas ganhar ou perder energia de forma escalonada. Em cada etapa o elétron é aprisionado em uma determinada órbita em torno do núcleo e pelo tempo que ficar nessa órbita não emitirá nenhuma radiação. Nessa posição o átomo permanece estável.

A descoberta de Bohr tinha implicações que iam muito além dos limites da física teórica. No início da década de 1930, o químico Linus Pauling demonstrou que esse comportamento dos elétrons explicava como átomos se ligam para formar moléculas, o que se dá quando um átomo preenche uma órbita incompleta compartilhando-a com um elétron de outro átomo. A natureza quântica dos elétrons também é a base de nosso conhecimento sobre os semicondutores – os cristais de que são feitos os transistores.

Depois de ter trabalhado com Rutherford por alguns anos, Bohr retornou à sua pátria, a Dinamarca, onde fundou o Instituto de Física Teórica em Copenhague, financiado principalmente pela Cervejaria Carlsberg. Muitos dos grandes teóricos da metade do século XX estudaram ali, em períodos diversos, num ambiente ameno e informal. O próprio Bohr dedicou suas energias ao desenvolvimento do seu princípio da "complementaridade," o qual afirma que na física quântica os métodos que usamos para observar as partículas devem ser incluídos nas equações empregadas para descrevê-las. Quando a Dinamarca foi tomada pelos nazis na Segunda Guerra Mundial, Bohr permaneceu no país enquanto pôde ficar a salvo, apesar de ser um sincero pacifista de linhagem judaica. Por fim, ele teve que ser retirado clandestinamente, a bordo de um bombardeiro inglês numa apavorante ação noturna, a tempo de evitar sua prisão pela Gestapo. Ele passou a maior parte do restante da guerra nos Estados Unidos, aconselhando os físicos que trabalhavam no projeto da bomba atômica.

N. Bohr, *Physische Zeitung*, 24, 106 (1923)

O PRINCÍPIO DA INCERTEZA

O limite do que se pode conhecer

No início do século XVII, o filósofo René Descartes justificou o determinismo. O universo, disse ele, é como um gigantesco mecanismo de relojoaria. Uma vez posto em movimento, toda sua história futura ficava determinada pela rigorosa lei de causa e efeito. Pelos trezentos anos seguintes, essa foi a visão tanto de cientistas quanto de filósofos. Então, no século XX, chegou a física quântica e o determinismo foi finalmente posto de lado. No centro dessa revolução estava o Princípio da Incerteza de Heisenberg, que afirma que algumas coisas não podem, absolutamente, ser conhecidas com total exatidão.

Werner Heisenberg foi o exemplo clássico do jovem gênio científico. Em 1926, com apenas vinte e dois anos de idade, formulou uma teoria matemática denominada Mecânica Matricial, que visava a aplicação da teoria quântica ao comportamento dos elétrons. Porém, no período de um ano, uma teoria rival chamada Mecânica Ondulatória foi apresentada por Erwin Schrödinger e por um momento a façanha de Heisenberg parecia ter sido eclipsada. Então foi demonstrado que as duas teorias eram equivalentes – chegavam aos mesmos prognósticos, só que por métodos diferentes. A essa altura, Heisenberg foi trabalhar com Niels Bohr em seu Instituto de Física Teórica em Copenhague. Depois de debates com Schrödinger, Bohr concluiu que a Mecânica Ondulatória falhava em predizer completamente os movimentos dos elétrons. Havia mais trabalho a ser feito.

Por todo o inverno de 1926-7, Heisenberg trabalhou na produção de uma teoria completa da mecânica quântica que explicasse o movimento de átomos e elétrons, assim como a física de Newton havia explicado o movimento de objetos do cotidiano. Evidenciou-se ser impossível. Podem-se apenas explicar coisas possíveis de serem observadas num experimento, e nenhuma experiência pode jamais mostrar a posição exata e a precisa velocidade de um elétron (ou de qualquer outra partícula) simultaneamente. Isso, Heisenberg escreveu, é o Princípio da Incerteza: "*Quanto mais precisa for a determinação da posição, mais imprecisa será a medição da velocidade nesse momento e vice-versa.*" Significava o fim do universo-relógio de Descartes. Em sua idéia de que se conhecermos o presente poderemos calcular o futuro, "não é a conclusão que está errada, mas a premissa" – nunca podemos conhecer o presente com suficiente exatidão, portanto jamais poderemos predizer o futuro. O determinismo está morto.

A carreira posterior de Heisenberg foi controvertida. Muitos dos principais físicos quânticos da Europa eram judeus e se refugiaram na Inglaterra e nos Estados Unidos para fugir dos nazis. Heisenberg, não sendo judeu, decidiu ficar na Alemanha, apesar de ser perseguido pela SS, que considerava física quântica uma perversão judaica. Ele se envolveu com pesquisa nuclear, na qual seu principal interesse era a construção de um reator. Porém ele sabia que seus empregadores queriam a bomba. Fez pouco progresso. Ele acreditava que os cientistas deviam manter-se fora da política tanto quanto possível e durante o período nazista empenhou-se em sua principal meta, a de manter a física funcionando na Alemanha, mesmo à custa da colaboração com um regime que ele considerava detestável. Muitos dos seus colegas exilados acharam difícil perdoá-lo.

W. Heisenberg, *Zeitschrift fur Physik*, 43, 172-198 (1927)

O PÓSITRON

A primeira partícula prevista antes de ser vista

Há quem pense que ciência é apenas uma questão de acumular fatos. Contudo, para os próprios cientistas, o objetivo principal é criar teorias para explicar fatos. Uma teoria científica precisa tornar claros prognósticos que possam ser testados – e é pouco valorizada se parece explicar aquilo que já conhecemos, sem aventar quais descobertas nos aguardam no futuro. Essa era a opinião dos físicos na década de 1920. Eles estavam encontrando novas partículas subatômicas, porém suas explicações eram sempre a posteriori. Precisavam de uma teoria que lhes dissesse quais outras partículas aguardavam ser descobertas. Finalmente surgiu uma em 1930.

O físico teórico inglês Paul Dirac ocupava-se estudando um modo de unificar a teoria da Relatividade Especial, de Einstein, com a teoria da Mecânica Quântica desenvolvida por Werner Heisenberg e Erwin Schrödinger. As duas teorias tinham sido formuladas separadamente e à primeira vista pareciam matematicamente incompatíveis. Entretanto, Dirac verificou que, com um pequeno ajuste, a Mecânica Quântica poderia ser compatibilizada com a Relatividade Especial e, mais ainda, a nova versão poderia ser testada. Ficava clara a previsão de que deveria existir uma partícula jamais vista antes, uma partícula igual ao conhecido elétron, mas com propriedades elétricas opostas. Enquanto o elétron conduz uma carga negativa, essa nova partícula carregaria uma carga positiva. Se esse "elétron positivo" colidisse com um elétron normal, os dois se aniquilariam mutuamente, transformando suas massas (minúsculas) num lampejo de radiação, com energia de acordo com a famosa equação $E=mc^2$.

Isso quanto à teoria – agora a busca era para verificar se esses "elétrons positivos," ou "pósitrons," como atualmente são chamados, existem mesmo. Sem dúvida, dariam trabalho para ser encontrados. Há tantos elétrons normais por todos os lados que seria de presumir que um pósitron solitário durasse apenas uma fração de segundo antes que atingisse um deles e se aniquilassem mutuamente. Entretanto, Dirac predisse que quando os raios cósmicos atingissem a atmosfera da Terra gerariam (entre outras coisas) elétrons e pósitrons aos pares, voando em direções opostas. Foram devidamente observados em 1931, por Carl David Anderson, do California Institute of Technology. Entretanto, Anderson não percebeu que eram as partículas da teoria de Dirac. Isso somente ocorreu no ano seguinte, quando Patrick Blackett e Giuseppe Occhialini, da University of Cambridge, repetiram os experimentos de Anderson mais detalhadamente. A física das partículas atingira a maioridade – evoluiu da listagem de partículas conforme iam sendo descobertas e estava agora predizendo o que seria encontrado a seguir.

Hoje sabemos que não só os elétrons, mas todas as outras partículas, devem ter seus correspondentes simétricos, ou "antipartículas." Quando o universo surgiu no Big Bang, havia, na primeira fração de segundo, quase tanta antimatéria quanto matéria. Entretanto, as partículas e antipartículas mantiveram-se colidindo e se aniquilando mutuamente, até não sobrar nenhuma antimatéria. Por que, no início, havia ligeiramente mais matéria do que antimatéria é algo que ainda não se conseguiu compreender.

C.D. Anderson, *Science*, 76, 238-239 (1932)

O NÊUTRON

Uma partícula sem carga elétrica e com a massa de um próton

Atualmente, todos sabemos que um núcleo atômico é composto de dois tipos de partículas: prótons, que possuem uma carga elétrica positiva, e nêutrons, que não têm carga. Todo elemento químico contém um número específico de prótons, mas o número de nêutrons pode, algumas vezes, variar um pouco. Normalmente, um núcleo contém, de uma forma aproximada, tantos nêutrons quanto prótons. Se o núcleo contiver nêutrons em demasia, ou de menos, torna-se instável e radioativo.

Chegar a essa conclusão foi a grande façanha dos físicos nucleares do início do século XX, que imaginaram diferentes modos de retirar constituintes do núcleo atômico. O primeiro método empregado foi simplesmente estudar a radiação dos elementos radioativos; depois usaram essa radiação para bombardear átomos e observar o que acontecia. A primeira partícula subatômica a ser descrita por esses meios foi a partícula alfa, carregada positivamente, que sabemos agora consistir de dois prótons e dois nêutrons. A seguinte foi o próton, observado pela primeira vez por Rutherford, em 1919. Entretanto, por toda a década de 1920, os físicos cada vez mais se convenciam de que devia haver partes do núcleo que não possuíam carga positiva: seus cálculos apontavam fortemente para a existência também de partículas neutras. O problema estava em achar um meio de confirmá-las. Rutherford descreveu o nêutron como "um homem invisível atravessando Piccadilly Circus: seu caminho só pode ser traçado pelas pessoas que ele empurrar." Rutherford entregou o problema para seu colega James Chadwick, que passou vários anos tentando diversos meios de fazer um nêutron se apresentar. Chadwick descreveu mais tarde algumas de suas experiências como sendo "tão improváveis quanto aquelas realizadas nos tempos da alquimia." O êxito finalmente chegou em 1932.

Chadwick não foi quem primeiro observou os nêutrons: essa honra é de dois alemães chamados Walter Bothe e Herbert Becker. Em 1930, constataram que o elemento berílio, ao ser bombardeado com partículas alfa, emitia uma nova radiação sem carga elétrica. Chadwick, presumindo a verdadeira natureza da radiação, efetuou uma série de experimentos e provou que ela se compunha de partículas com a mesma massa dos prótons, porém sem carga elétrica. A busca tinha acabado.

Para a maioria das finalidades práticas, a descrição do átomo estava agora substancialmente completa. A composição do núcleo – prótons e nêutrons – fora evidenciada por Rutherford e Chadwick, enquanto Niels Bohr demonstrara o comportamento dos elétrons envolventes. Pesquisas adicionais sobre estruturas em escala ainda menor tiveram que esperar até depois da Segunda Guerra Mundial e culminaram com a revelação dos quarks, na década de 1970. (Resta saber se esse conhecimento terá ou não uso prático algum dia, mas, caso tenha, provavelmente isso ocorrerá em um futuro longínquo.) Entretanto, o nêutron era a chave para a reação nuclear em cadeia: em 1938 descobriu-se que um nêutron poderia desintegrar um núcleo de urânio, liberando dois nêutrons adicionais que poderiam repetir o processo. Esse é o princípio por trás da energia nuclear usado tanto em reatores quanto em bombas, e pesquisas a esse respeito ocupariam a maioria dos físicos durante a década de 1940.

J. Chadwick, *Nature*, 129, 312 (1932)

FUSÃO NUCLEAR

O triunfo final de Rutherford

Na década de 1930, Rutherford era o Grande Ancião da física. O filho do agricultor da Nova Zelândia era agora Lord Rutherford of Nelson, presidente da Royal Society, diretor do Laboratório Cavendish, e com um Prêmio Nobel no currículo (*ver figura 2*). Com sua presença dominante e voz tonitruante, ele era famoso tanto no Athenaeum Club como nos gabinetes de Cambridge. Contavam-se muitas anedotas simpáticas a seu respeito. Cientistas nesse estágio de suas carreiras muitas vezes se tornam administradores, com suas melhores idéias a apoiá-los, deixando as pesquisas para seus colegas mais jovens. Rutherford, na verdade, envolvia-se intensamente nas questões políticas da ciência, promovendo a causa da física nuclear nos corredores do poder. No entanto, achou tempo para prosseguir nos experimentos até o fim da vida e, em 1933, apresentou um de seus mais surpreendentes feitos: nada menos que uma demonstração da bomba-H em bancada.

No ano anterior, dois alunos de Rutherford, Cockroft e Walton, haviam desintegrado o átomo usando um gerador capaz de acelerar prótons e outras partículas carregadas positivamente a velocidades até então sem precedentes. A providência seguinte de Rutherford foi montar um trabalho de equipe utilizando a nova máquina para arremessar núcleos de átomos de "hidrogênio pesado" – deutério – contra uma fina lâmina de lítio. O resultado foi a fusão nuclear, precisamente da mesma espécie que seria usada na bomba. Sempre que um núcleo de deutério colide de frente com um núcleo de lítio, os dois se fundem antes de se partirem em dois átomos de hélio movendo-se em direções opostas com velocidades imensas. No ano seguinte, a equipe repetiu o experimento, dessa vez fundindo dois átomos de deutério. Rutherford escreveu: "detectou-se uma emissão enorme de prótons rápidos com energia de até 20 mil elétrons-volts. Com 100 mil elétrons-volts, os efeitos são grandes demais para serem acompanhados por nosso amplificador... É provável que (os íons de deutério) se unam para formar novos núcleos de hélio..."

Podemos supor que Rutherford teria percebido que logo se estaria procurando por aplicações para as novas fontes de energia que ele havia descoberto, mas, na verdade, ele nem cogitara o assunto. Isso pode ter acontecido porque ele executou todos os experimentos com aparelhos pequenos, muitas vezes unidos com cera de lacrar cartas, montados na bancada de seu laboratório. Então, em discurso feito na British Association em 1933, ele disse: "Essas transformações do átomo são de extraordinário interesse para os cientistas, mas não podemos controlar a energia atômica até o ponto de ser de algum valor comercial, e eu acredito ser pouco provável que jamais o façamos. Muito absurdo tem sido dito sobre transmutação. Nosso interesse no assunto é puramente científico." Rutherford não estava tentando achar novas fontes de energia. Simplesmente procurava saber de que eram feitos os átomos, quebrando-os em pedaços e pesando seus fragmentos. Ele nunca veria a energia atômica em uso, porque morreu subitamente, em 1937, com sessenta e seis anos de idade.

Rutherford et al, *Proceedings of the Royal Society A*, 141, 722-733 (1933)

FISSÃO NUCLEAR

O início da Era Nuclear

A resposta para a pergunta "Quem primeiro desintegrou o átomo?" depende de se definir "desintegração do átomo." Em 1919, Ernest Rutherford usou partículas alfa (núcleos rápidos de hélio) para arrancar prótons isolados de átomos de hidrogênio, que, aliás não era tanto desintegrar o átomo, mas desbastá-lo. Em 1932, John Cockroft e Ernest Walton, trabalhando no laboratório de Rutherford, em Cambridge, bombardearam lítio com prótons de alta velocidade e viram os núcleos de lítio desintegrarem-se em partículas alfa. O romancista C.P. Snow descreveu Cockroft passando pela King's Parade e dizendo a todos os conhecidos que encontrava: "Quebramos o átomo! Quebramos o átomo!" No entanto, o próprio Cockroft disse que essa história "continha mais fantasia que fato."

A verdadeira fissão nuclear, como as usadas em reatores e bombas, foi obtida pela primeira vez em 1938 por Otto Hahn e Fritz Strassmann, trabalhando no Kaiser Wilhelm Institute for Chemistry, em Berlim. Eles dispararam nêutrons contra urânio (o elemento mais pesado que ocorre na natureza) e constataram que um impacto direto no núcleo podia partir o átomo em duas partes quase iguais. Isso foi surpreendente, porque não podiam entender como um único nêutron poderia conseguir um impacto suficientemente forte. A explicação foi achada por Lise Meitner, uma antiga colega de Hahn. (Por ser judia, ela havia fugido de sua terra natal, a Áustria, alguns meses antes do domínio de Hitler e morava então na Suécia.) Ela presumiu que o núcleo de urânio não devia se comportar como um objeto sólido, mas sim como uma gota líquida que estremecia e se partia quando atingida por um nêutron. As metades, ambas com cargas elétricas positivas, repelindo-se mutuamente, saltariam em pedaços com grande velocidade. O mais intrigante de tudo, no entanto, era a possibilidade de, com a divisão do núcleo, sobrar um ou mais nêutrons, os quais poderiam então se chocar com outros núcleos, fazendo com que eles, por sua vez, também se dividissem. Essa "reação em cadeia" logo seria comprovada.

As possibilidades que se abriam com essa descoberta não passaram despercebidas dos cientistas envolvidos. Significavam que um único grama de urânio poderia liberar energia equivalente à queima de três toneladas de carvão e que isso poderia transformar-se num processo sem controle, resultando em gigantesca explosão. Entre os muitos cientistas judeus que agora viviam na América, na Inglaterra e na Escandinávia havia o pressentimento de que essa pesquisa estava sendo feita na Alemanha nazi. O húngaro Leo Szilard, que foi o primeiro a pôr em prática a teoria que Hahn e Strassmann estavam testando quando fizeram a descoberta, redigiu uma carta para o presidente Roosevelt, advertindo-o dos perigos. A fim de assegurar que Roosevelt lesse a carta, persuadiu o mundialmente famoso professor Einstein a assiná-la. Essa carta, por fim, levou ao Projeto Manhattan e à construção dos primeiros reatores e bombas nucleares. Os nazistas, entretanto, jamais concentraram suas pesquisas num só grande projeto, e como resultado nunca chegaram nem perto da produção da bomba.

O. Hahn e F. Strassmann, *Naturwissenschaften*, 27, 111 (1939)

O TRANSISTOR

Efeitos quânticos aprestados para causar uma revolução social

Muitas vezes perguntam: Para que essa ciência toda? É fácil justificar estudos praticados com uma clara finalidade, como na medicina. Mas como podem os físicos justificar a duração e o custo das suas pesquisas que consistem no acúmulo de conhecimento pelo conhecimento, aparentemente inútil, muitas vezes com grande dispêndio? Quem faz tais perguntas devia considerar a história do transistor, dispositivo do qual se pode dizer que mudou o mundo tanto quanto qualquer outro desenvolvimento científico do século XX. Além de seu uso em rádios, televisores e aparelhos de som, tornou-se onipresente, em miniatura, nos chips de silício. As diversas maneiras com que o usamos atestam seu lugar na infra-estrutura da civilização ocidental. Além disso, a eficácia do transistor foi profetizada pelos físicos teóricos Enrico Fermi e Paul Dirac, que por sua vez basearam seus trabalhos na eletrônica quântica de Niels Bohr, o mais genuíno dos acadêmicos; seu Instituto de Física Teórica, em Copenhague, era o que mais se aproximava da idéia popular da perfeita torre de marfim. Nem ele, nem a Cervejaria Carlsberg, que financiava o instituto, tinham idéia das aplicações práticas que adviriam de suas teorizações.

As possibilidades do transistor foram primeiramente percebidas por William Shockley, dos Bell Telephone Laboratories, em Nova Jersey, EUA. Um registro em seu bloco de notas, datado da véspera do Natal de 1939, começa com as palavras: "Ocorreu-me que, em princípio, é possível um amplificador usando semicondutores em vez de válvulas..." "Semicondutores" são substâncias cristalinas tais como o germânio ou o silício, que possuem propriedades intermediárias entre os metais e os não-metais. No modelo atômico de Bohr, com elétrons ocupando órbitas discretas, os átomos de semicondutores têm apenas algumas poucas vazias. Quando uma corrente elétrica flui através de um semicondutor, os elétrons saltam de um átomo para o próximo, deixando desocupadas as órbitas atrás deles. De acordo com a teoria Fermi-Dirac, essas órbitas vazias, chamadas de "buracos," agem como partículas positivas viajando em direção oposta à dos elétrons. A corrente elétrica se comporta simultaneamente como um fluxo de elétrons em um sentido e outro de buracos, no sentido contrário. A novidade no funcionamento do transistor é usar a corrente de buracos entre dois pontos para controlar o fluxo de elétrons num terceiro local. Um sinal fraco, com leves flutuações no fluxo de buracos, torna-se um sinal forte com grandes variações no fluxo de elétrons. Shockley não foi o primeiro a perceber a natureza da corrente elétrica num semicondutor, mas foi o primeiro a compreender seu pleno potencial.

Após a Segunda Guerra Mundial, Shockley formou uma equipe, com John Bardeen e Walter Brattain, a fim de pôr sua idéia em prática. Depois de alguns tropeços iniciais, Bardeen e Brattain desenvolveram um transistor de germânio, deram início ao processo de patenteamento e publicaram um artigo na *Physical Review.* Shockley, que se considerava merecedor do maior crédito pela idéia, teve seu nome em artigos e em patentes de pesquisas afins. Os três ganharam o Prêmio Nobel em 1956.

J. Bardeen e W.H. Brattain, *Physical Review*, 74, 230-239 (1948)

O NEUTRINO

Ele é todo *spin* e nenhuma substância

De todas as investigações estranhas a que os cientistas se propuseram, poucas se mostraram tão ambiciosas quanto a busca pelo neutrino: uma partícula sem massa e sem carga elétrica, que pode passar direto através da Terra como se ela não existisse.

O neutrino foi pela primeira vez considerado em 1933, por Wolfgang Pauli, um dos grandes físicos teóricos da primeira metade do século XX, cujo interesse específico era a radioatividade. Quando um átomo radioativo decai, parte de seu núcleo se rompe. Um tipo de desintegração é chamado de "decaimento beta," quando um nêutron se divide em duas partes: um próton e um elétron em alta velocidade, conhecido como "partícula-beta." Entretanto, nesse processo uma fração significativa da energia envolvida parece se perder. Portanto, Pauli alvitrou a possibilidade de a energia ter se afastado na forma de uma partícula quase não-detectável, cuja única propriedade era o "*spin*." Todas as partículas subatômicas se comportam como se girassem em grandes velocidades. Com efeito, a partícula de Pauli consistia de absolutamente nada, girando rapidamente. Até mesmo seus colegas, acostumados à natureza, aparentemente absurda, do mundo subatômico, inicialmente acharam a idéia difícil de aceitar.

Pauli não era um experimentador. Na verdade, seus amigos diziam que bastava ele entrar num laboratório para que todos os equipamentos começassem a falhar. Portanto, não foi senão vinte anos mais tarde que Frederick Reines e Clyde

Cowan, no Los Alamos National Laboratory, em Nevada, EUA, encontraram uma maneira de detectar essas partículas fantasmas. Num hábil truque de prestidigitador particularmente lógico, aplicaram a matemática de Pauli ao contrário, para ver o que aconteceria se o neutrino colidisse de frente com um próton – uma raríssima ocorrência, mas que poderia acontecer ocasionalmente. Munidos dos resultados de seus cálculos, projetaram um detector especial de neutrino consistindo de vários compartimentos cheios de água em que dissolveram cloreto de cádmio e o colocaram num lugar onde era de esperar que se encontrasse uma fartura de neutrinos: perto de um reator nuclear. Seus cálculos lhes disseram para ficarem na expectativa de verem minúsculos lampejos de raios gama, ocorrendo aos pares. Esses lampejos apareceram exatamente como previstos e, mais importante ainda, a freqüência deles dependia da potência com que o reator estivesse funcionando. O detector estava blindado contra todos os outros tipos de radiação, portanto seus lampejos só podiam ser causados por neutrinos.

Desde esse experimento inicial, vários detectores de neutrinos foram construídos, a maior parte para captar as partículas provenientes do espaço exterior. Alguns vêm das estrelas, enquanto que outros são restos do "Big Bang," no começo do universo. Paradoxalmente, os detectores precisam ser construídos a grandes profundidades, a fim de protegê-los de outros tipos de radiação. A indagação principal sobre os neutrinos é: realmente não têm massa, de forma alguma? No final do século XX, a resposta não tinha ainda sido estabelecida de modo conclusivo, mas a melhor conjectura é a de que eles tenham, na verdade, massa absolutamente insignificante. Foi na cosmologia que esse fato apresentou implicações maiores. Os neutrinos são tão abundantes que, se pesarem alguma coisa, certamente constituem substancial fração de toda a massa do universo.

F. Reines e C.L. Cowan, *Nature*, 178, 446-449 (1953)

A CAÇA AOS QUARKS

Os derradeiros blocos de construção da matéria

No início do século XX, a maioria achava que os átomos eram as menores partículas existentes. Então, descobriu-se que eram feitos de elétrons, prótons e nêutrons. Finalmente, na década de 1970, provou-se que os próprios prótons e nêutrons eram formados de partículas ainda menores.

Na década de 1950, muitas espécies diferentes de partículas subatômicas estavam identificadas. Aos familiares próton e nêutron juntaram-se nada menos do que seis irmãos incomuns (os oito foram denominados "bárions") e também sete partículas bem mais leves chamadas "mésons." Nem todas se apresentam confinadas em laboratório. Algumas ocorrem na natureza, quando um raio cósmico vindo do espaço exterior penetra na atmosfera terrestre, deixando em seu rastro átomos desintegrados. Foi necessária uma teoria para explicá-las todas.

A solução foi encontrada de forma independente por dois físicos, Murray Gell-Mann e George Zweig. Recorreram a um intricado ramo da matemática chamado "teoria dos grupos" (que nada tem a ver com "grupos," do modo como a maioria das pessoas usaria a palavra) e descobriram que essa ferramenta podia fornecer um modelo bastante elegante. Era como se todas as partículas subatômicas fossem feitas de duas ou três partículas ainda menores. Gell-Mann, que tinha uma imaginação extravagante, chamou-as de "quarks," por nenhuma razão em particular. De acordo com a teoria, havia três diferentes tipos de quark chamados (novamente por Gell-Mann) Up, Down e

Strange. (Desde então a teoria evoluiu para incluir mais três, chamados Top, Bottom e Charm.) Há também um "antiquark" correspondendo a cada quark. Os bárions são feitos de quarks e os mésons, de um quark e de um antiquark adequado. Um quark isolado não pode jamais existir por si mesmo - seria como ter um pedaço de barbante com apenas uma ponta. Nessa teoria, nosso familiar próton é descrito como formado por três quarks - dois Ups e um Down; e o nêutron, por dois quarks Down e um Up.

A teoria rapidamente se tornou um sucesso. Era compatível, nitidamente, com a existência de todas as partículas que haviam sido descobertas e com mais uma, chamada de ômega-menos, que foi devidamente observada em 1964. No entanto, isso apenas provava que a teoria era útil. Não provava que os quarks existem realmente. Gell-Mann, por sua vez, acreditava que eram apenas abstrações matemáticas, que existiam somente no papel. Outros, no entanto, tinham suas suspeitas.

Jerome Friedman, Henry Kendall e Richard Taylor são os três nomes associados com a experimentação "espalhamento elástico profundo," conduzida em 1967, utilizando o mais recente acelerador da Stanford University, nos EUA, para disparar elétrons contra prótons, com tamanha força que a penetração era direta. Os resultados foram claros. Tal como cinqüenta e seis anos antes, quando Rutherford descobrira que bem fundo no átomo havia um minúsculo núcleo sólido, verificando-se depois que era formado por prótons e nêutrons, assim também Friedman, Kendall e Taylor descobriram que dentro de um próton havia três minúsculas partículas sólidas. Portanto, podemos hoje dizer com toda a segurança que os quarks realmente existem. E estamos quase certos de que não existe nada menor - eles são os derradeiros blocos de construção da matéria.

J. Friedman et al, *Annual Review of Nuclear Science*, 22, 203 (1972)

AS PARTÍCULAS "*W*" E "*Z*"

A confirmação do Modelo-Padrão das forças atômicas

Uma das realizações de coroamento da física do século XX, depois da prova da existência dos átomos e da revelação das partículas que os constituem, foi determinar como elas se mantinham unidas; e também a descoberta das forças envolvidas quando os átomos de elementos radioativos, como o urânio, decaem com partículas arremessadas para longe. A compreensão foi sendo adquirida lentamente, a partir da década de 1920, mas por volta da década de 1970 os físicos falavam de um "Modelo-Padrão" de partículas subatômicas e das forças que governavam seus comportamentos. A justificativa final do Modelo-Padrão ocorreu no início da década de 1980, quando duas partículas muitíssimo incomuns, a W e a Z, foram observadas.

De acordo com o Modelo-Padrão, existem três forças agindo dentro do átomo: a Força Eletromagnética, que liga entre si elétrons, prótons e nêutrons; a Força Nuclear Forte, que mantém os quarks juntos, formando prótons e nêutrons; e a Força Nuclear Fraca, que se relaciona com certas formas de decaimento radioativo. Cada força é transportada por uma partícula. A força Eletromagnética é transportada por fótons – as partículas de que são feitas as ondas de luz e de rádio. Pode-se imaginar os fótons movendo-se para um lado e outro no interior dos átomos, mantendo unidos os elétrons, prótons e nêutrons. Isso foi revelado por Enrico Fermi na década de 1920, numa teoria conhecida como Eletrodinâmica Quântica. A força Nuclear Forte é, do mesmo modo, conduzida por partículas apropriadamente chamadas "glúons" - observadas pela primeira vez em 1979.

A Força Nuclear Fraca, entretanto, é muito mais enigmática. De acordo com o Modelo-Padrão, essa interação não mantém união de objetos, apenas participa de ações momentaneamente, nas ocasiões em que uma espécie de partícula decai em outra. Pode ser transportada por dois tipos de partículas chamadas W e Z. Entretanto, sob circunstâncias normais essas são "partículas virtuais" - abstrações matemáticas que não existem na realidade. Somente quando partículas verdadeiras colidem entre si, com energias extremamente altas, é que partículas W e Z reais se manifestam momentaneamente. O Modelo-Padrão prediz que quando isso ocorre essas partículas deverão ser extremamente pesadas - uma partícula W deverá pesar tanto quanto um átomo inteiro de ferro e uma Z deverá ser ainda mais pesada. Essa massa é gerada da energia de colisão, conforme descrita pela teoria da Relatividade Especial.

Foi um feito da equipe do CERN, liderada por Carlo Rubia e Simon van der Meer, a detecção das partículas W e Z no final dos anos 1982 e 1983. Para conseguirem isso, usaram o colisor próton-antipróton, uma gigantesca máquina construída no subsolo perto de Genebra, Suíça, que gerou feixes de prótons e antiprótons movimentando-se em trajetórias circulares, em sentidos opostos, com velocidade próxima à da luz. Sempre que um próton e um antipróton colidiam, aniquilavam-se mutuamente. Apenas ocasionalmente as colisões criavam partículas W e Z, que então decaíam instantaneamente para partículas mais comuns. Foram esses produtos do decaimento, afastando-se dos pontos de colisão em ângulos agudos, que deram a indicação clara da existência das partículas W e Z, confirmando assim uma teoria que demorou mais de sessenta anos para ser desenvolvida.

G. Arnison et al, *Physics Letters B*, 122, 103-116 (1983); *Physics Letters B*, 126, 398 (1983)

O CONDENSADO BOSE-EINSTEIN

Átomos individuais fundem identidades em temperaturas baixas extremas

Em temperaturas extremamente baixas, a matéria se comporta de modo muito estranho. A menor temperatura possível, conhecida como "zero absoluto," é -273º C. Todos os átomos vibram e se movem em todas as direções, porém, conforme vão esfriando, suas vibrações se tornam cada vez menores, e no zero absoluto não teriam, em princípio, nenhum movimento além do correspondente à "energia do ponto zero" residual. Entretanto, jamais é possível alcançar o zero absoluto exatamente: o mais perto que se pode chegar é a cerca de alguns bilionésimos de grau acima. Um fenômeno que pode ocorrer a essas temperaturas é o condensado Bose-Einstein: um aglomerado de matéria contendo milhares de átomos que se comportam como se consistissem de apenas um átomo de tamanho imenso.

Conforme o nome indica, o condensado Bose-Einstein possui um histórico honroso. A teoria fundamental foi desenvolvida por Einstein em 1924, com base nas idéias originalmente propostas pelo físico indiano Satyendra Nath Bose. Einstein observou que todos os átomos (na verdade, todas as partículas subatômicas) podem ser descritos pelas mesmas equações matemáticas que podemos usar para descrever uma onda. Conforme um átomo vai esfriando, pode-se descrevê-lo como se estivesse aumentando seu comprimento de onda. A temperaturas extremamente baixas, dois ou mais átomos adjacentes podem ter comprimentos de onda tão grandes que se sobrepõem, causando uma interferência mútua, e, por fim, as ondas dos átomos poderiam fundir-se. Caso isso aconteça, todos os átomos terão exatamente as mesmas propriedades e comportamento e não poderão mais ser descritos separadamente. Farão tudo em perfeita sincronia, como um corpo de dançarinos impecavelmente treinados, ou soldados desfilando.

A maioria dos físicos considerava o condensado Bose-Einstein um intrigante trabalho teórico, mas não esperava que alguém jamais transformasse um grupo de átomos no vácuo em um condensado. Entretanto, em 1995, uma equipe liderada por Eric Cornell e Carl Wieman, da University of Colorado, fez exatamente isso, exemplo seguido pouco tempo depois por Wolfgang Ketterle, no Massachusetts Institute of Technology, que estivera trabalhando no problema de forma independente. Para conseguir o objetivo, tiveram que resfriar alguns átomos do elemento rubídio a uma temperatura mais baixa do que jamais se obtivera antes – exatamente 20 bilionésimos de grau acima do zero absoluto. Isso foi feito por um processo em duas etapas, primeiro diminuindo a velocidade dos átomos com um banho de luz de laser na freqüência precisamente correta e depois confinando-os em campos magnéticos projetados de tal forma que os átomos menos frios se escoariam, permanecendo apenas os átomos com temperaturas mais baixas.

Ninguém sabe ainda onde as pesquisas com os condensados Bose-Einstein podem levar, mas existem algumas empolgantes possibilidades. Em 2001, físicos da Universidade de Munique criaram um condensado na superfície de uma pastilha de silício. Esse feito deixou mais próximo o muito sonhado "computador quântico," cujo processador central exploraria as propriedades quânticas de um único átomo, para realizar mais de um cálculo simultaneamente. Um condensado Bose-Einstein comporta-se como um átomo solitário, mas como é milhares de vezes maior, seria mais facilmente "conectado" como parte de um circuito eletrônico.

M.H. Anderson et al, *Science*, 269, 168-201 (1995)

A CIÊNCIA NO ANO 2000

A MAIOR PARTE DESTE LIVRO foi escrita em 2001, menos de dois anos após o término do século XX. Isso trouxe problemas na escolha das descobertas científicas a serem incluídas. Algumas são imediatamente aclamadas como grandes conquistas, porém em muitos casos podem decorrer anos ou décadas para que a verdadeira importância de uma descoberta se torne evidente. Além disso, algumas vezes ocorre que uma solução considerada significativa ao ser anunciada se torne mais tarde bem menos importante do que se pensava. Por razões como essa, foi difícil fazer justiça aos avanços científicos alcançados nos últimos anos do século. Os esforços despendidos em pesquisa científica no mundo inteiro continuam a crescer ano após ano, por isso é esperado que o decurso de cada decênio traga descobertas mais importantes que o anterior. Mas da centena de descobertas descritas neste livro, apenas sete ocorreram na década de 1990. Não faltaram inovações credenciáveis nesse período, mas em muitos casos é cedo demais para nos manifestarmos sobre a importância delas.

Este capítulo final visa dar uma amostra do que está acontecendo na ciência do início do século XXI, pela observação dos diversos setores onde avanços especialmente promissores estão sendo feitos ou previstos para os próximos anos. Inevitavelmente, isso é algo muito parcial e subjetivo. A maioria dos cientistas, sem dúvida, dirá que seu próprio setor está iniciando um período particularmente empolgante e muitos deles provavelmente têm razões para pensar assim. Um resumo abrangente de suas assertivas seria impossível. Aqui, em vez disso, estão apenas algumas das áreas de pesquisa que foram manchetes no ano 2000.

Ciências da Vida

Em 2000, todas as atenções se voltaram para o Projeto Genoma Humano. Técnicas para decifrar a informação codificada no DNA, tendo como pioneiro Sir Frederick Sanger na década de 1970, automatizaram-se tanto que foi possível seqüenciar todo o genoma de um ser humano em poucos anos. Na década de 1990, dois projetos avançaram juntos: o Projeto Genoma Humano, "oficial," dos National Institutes of Health do governo dos Estados Unidos, sob a chefia de James Warson; e o projeto comercial da Celera Genomics Inc, sob a orientação do Dr Craig Venter. A Celera começou alguns anos após o projeto "oficial," mas ambos produziram seus "esboços incompletos" iniciais do genoma humano no verão de 2000. Previsivelmente, o plano da Celera mostrou-se o mais incompleto dos dois. Os pesquisadores dos National Institutes of Health depositaram toda a informação do projeto no banco de dados GenBank, a que qualquer pessoa pode ter acesso. A Celera também anunciou que sua versão estaria disponível gratuitamente, porém seu principal propósito era recuperar o custo do projeto vendendo informação genética para a indústria farmacêutica. O genoma humano não é em si uma descoberta, apenas uma grande quantidade de informações, mas nos anos vindouros os biólogos e médicos pesquisadores esperam fazer muitas inovações explorando as informações disponíveis. Uma das primeiras constatações é de que parece contarmos com bem menos genes do que inicialmente foi estimado. Alguns estudos indicam que o total talvez não ultrapasse 35.000 genes diferentes, embora outras análises apontem para cerca do dobro dessa quantidade.

O *Homo sapiens* não foi o único organismo vivo a ter seu genoma seqüenciado no ano 2000. Os genomas completos de grande número de plantas e animais, inclusive da famosa mosca-das-frutas, a *Drosophila melanogaster*, foram também seqüenciados nesse ano. Para os biólogos, é melhor terem à disposição maior variedade de genomas, porque se torna possível comparar e distinguir os diferentes tipos. Sem dúvida, saberemos bem mais sobre os genes humanos comparando-os com genes já conhecidos de outros organismos. As moscas-das-frutas não têm nem de longe a quantidade de genes dos humanos, mas grande parte de seus genes está também presente em nós, onde nem sempre têm exatamente a mesma função. Compartilhamos um número considerável de nossos genes com as plantas, onde as funções podem também ser diferentes. Estudar como genes iguais têm funções semelhantes ou distintas nos diferentes organismos propiciará muitas revelações sobre o modo de interação.

Ainda em biologia, periódicos científicos no ano 2000 estavam cheios de referências à "apoptose." É o nome do processo pelo qual células num organismo vivo morrem por prescrição. Pode parecer estranho haver células programadas para morrer, em vez de viver o maior tempo possível, porém isso é necessário para o crescimento controlado e para a manutenção de tecidos saudáveis. No corpo humano, cerca de dez bilhões de células morrem e são repostas cada dia. Algumas podem ter sido invadidas por bactérias ou vírus, mas outras, em maior número, estão perfeitamente saudáveis. Em particular os sistemas nervoso e imunológico humanos produzem muito mais células do que precisam, e por isso grande parte delas é destruída. O conhecimento do mecanismo que controla esse processo poderá ter muitas aplicações na medicina como, por exemplo, fazer com que as células doentes "cometam suicídio" no tratamento de moléstias do sistema nervoso ou na destruição de cânceres. As pesquisas nesse campo tiveram rápido progresso nos últimos dois anos do século. Uma descoberta particularmente notável foi a dos "receptores de morte celular CD95," estruturas moleculares fixadas na membrana que envolve a célula e que atuam captando os sinais químicos que ordenam o suicídio.

História da Vida

O progresso na paleontologia se acelerou no fim do século XX. Para o público, talvez as mais empolgantes descobertas tenham sido os fósseis de dinossauros em quantidade cada vez maior. Os mais conhecidos, como o *Tyrannosaurus rex*, acharam-se na Europa e na América do Norte, no século XIX, com um surto posterior de descobertas na Mongólia, na década de 1920. Os fósseis dessas regiões são agora bem conhecidos, e, nas décadas de 1980 e 1990, os caçadores de fósseis foram procurar noutros territórios e logo houve novos achados espetaculares, particularmente na Argentina, na China e na África Ocidental. Alguns eram maiores do que os encontrados anteriormente. Os saurópodes (dinossauros herbívoros, de pescoço longo) da América do Sul podem ter rivalizado em tamanho com as grandes baleias. Enquanto isso, na China, fósseis de pequenos dinossauros carnívoros, muito bem conservados, confirmaram o que já se suspeitava: muitos possuíam penas ou algo bastante similar. As penas nos *Archaeopteryx*, o famoso "elo perdido" entre répteis e aves, não evoluíram repentinamente do nada. Elas eram uma versão ampliada de algo que muitos répteis já possuíam.

Na África, enquanto isso, a busca pelos ancestrais recentes da humanidade estava também fazendo excelentes progressos. O achado mais notável foi o esqueleto de um macaco denominado *Ardipithecus ramidus*, descoberto perto de Afar, na Etiópia, em 1993, por Yohannes Haile-Selassie, membro de uma equipe liderada pelo veterano caçador de fósseis Tim White. O *Ardipithecus* é no mínimo meio milhão de anos mais antigo do que a famosa "Lucy" (que foi achada apenas a poucos quilômetros de distância) e, de acordo com pessoas que já o viram, lembra mais um chimpanzé. No entanto, o fóssil é extremamente frágil e, no momento que este texto está sendo escrito, White e seus colegas estão ainda juntando seus fragmentos. Acredita-se que o fóssil esclareça o ainda misterioso período em que nossa espécie ancestral divergiu da linhagem dos chimpanzés.

Ciências da Terra e do Meio Ambiente

Com as preocupações ambientais virando assunto político, as ciências da Terra têm perfil mais alto que nunca. Em 2000, a maioria dos cientistas estava convencida de que o "efeito estufa" era real (embora houvesse ainda uns poucos cépticos, nem todos ligados às indústrias de petróleo e carvão). Simulações em computador aperfeiçoadas mostraram que a queima de combustíveis fósseis tinha ligação estreita com o aumento da quantidade de dióxido de carbono na atmosfera e poderia causar a elevação da temperatura em todo o mundo. Mas os modelos mostravam também que o processo era imprevisível. O aquecimento global levaria a rápidas mudanças nos padrões atmosféricos, com importantes correntes oceânicas, como a Corrente do Golfo, mudando de curso ou mesmo cessando completamente. Parece que tais mudanças já ocorreram no passado. O exame de amostras colhidas nas capas de gelo da Groenlândia e da Antártida mostrou quão rápido as temperaturas mudaram durante os vários períodos glaciais dos últimos milhões de anos. Parece que estes começaram e terminaram de forma bastante abrupta. Ninguém sabe ainda ao certo o que os causou, mas é provável que alguma perturbação no sistema climático da Terra, inicialmente pequena, tenha tido enormes conseqüências. As implicações não tranqüilizam quem tente prever mudanças de longo prazo. Parece que o clima global pode ser apenas parcialmente estável, podendo "saltar" de um estado confiável para um outro totalmente imprevisível.

Mais extremos do que as eras glaciais de épocas recentes foram os períodos de "Terra bola-de-neve." Em 1999, alguns geólogos mostraram que várias vezes, no passado distante, a Terra esteve coberta por camadas de gelo que chegaram aos trópicos, podem até ter coberto todo o planeta e refletiam tanto a luz solar que normalmente aquece a Terra, que o planeta teve longos períodos de frio intenso. Cada caso de "bola-de-neve" findava quando erupções vulcânicas lançavam grandes quantidades de dióxido de carbono e outros tipos de "gás estufa" na atmosfera, derretendo as camadas de gelo tão repentinamente quanto elas tinham surgido. Consta que a mais recente bola-de-neve acabou há uns 570 milhões de anos, pouco antes de os fósseis começarem a se tornar abundantes. O cenário da Terra bola-de-neve tem sido intensamente discutido, podendo-se dizer que as provas ainda não são conclusivas. Climatologistas fazem simulações em computador, e todas mostram que seria improvável, se não impossível, a Terra congelar por inteiro. Pelo menos os trópicos permaneceriam livres do gelo.

Química

As áreas de maior interesse, ao menos para os não-químicos, permaneciam os fullerenos, nanotubos (*ver "Buckminsterfullereno," página 196*) e os supercondutores de alta temperatura (*ver página 198*). Em 2000, esses materiais pareciam à beira de possibilitar importantes aplicações práticas e comerciais. Havia até mesmo alguns compostos de fulereno em que a supercondutividade fora observada. Infelizmente, essa propriedade não mostrou bons resultados nas temperaturas altas o suficiente para serem de utilidade industrial, porém os compostos apresentavam a vantagem de serem muito mais maleáveis do que os supercondutores de alta temperatura, a maioria muito frágil e difícil de lidar.

Uma descoberta notável feita em 2000 foi a nova maneira de extrair o metal titânio de seu minério. O titânio é elemento abundante, com propriedades que o fazem muito atraente para os engenheiros. É quase tão leve quanto o alumínio, porém muito mais duro. Tem um ponto de fusão muito elevado e dificilmente sofre corrosão. Na segunda metade do século XX foi empregado na construção de aviões supersônicos, mas era muito caro para fins mais comuns – custava cerca de seis vezes mais que o aço inoxidável, por exemplo. (Seu óxido, porém, é o pigmento da maioria das marcas de tinta branca.) O problema do titânio é sua extração do minério. O método usado até agora tem sido o Processo Kroll, a conversão do minério de titânio em tetracloreto de titânio e o posterior tratamento com magnésio fundido para obter titânio metálico e cloreto de magnésio – procedimentos nada simples. Mas, em 2000, uma equipe liderada por Derek Fray, na University of Cambridge, descobriu de modo totalmente acidental outro método que poderia reduzir os custos da produção de titânio em até 75%. Eles faziam experiências com eletrólise, como um possível meio de remover a fina película de óxido que se forma na superfície de toda peça de titânio. Passaram uma corrente elétrica através de um eletrodo revestido de óxido de titânio, imerso num banho de cloreto de cálcio fundido. Para surpresa da equipe, o óxido de titânio rapidamente perdeu seu oxigênio e se tornou titânio metálico puro. Caso esse processo funcione em escala industrial, podemos esperar que o titânio venha a ser tão universal e comum, no século XXI, quanto foram o alumínio no século XX e o ferro fundido no século XIX.

Astronomia

A astronomia está num período estimulante, em boa parte devido a telescópios aperfeiçoados, muitas vezes em órbita. O Telescópio Espacial Hubble é o mais famoso, mas outros também foram colocados em órbita para registrar radiações infravermelha, ultravioleta e até mesmo raios gama. O próprio telescópio Hubble está também competindo com observatórios em terra equipados com "óptica adaptável," que lhes permite reajustar constantemente o foco a fim de compensar a turbulência na atmosfera. Por esse meio, podem ser obtidas fotografias tão nítidas como as tiradas por um telescópio no espaço exterior. Enquanto isso, o desenvolvimento gradual da "interferometria" – métodos de combinar dados registrados por dois ou mais telescópios afastados – permitiu aos astrônomos observarem objetos distantes com detalhes muito mais apurados, a ponto de poderem ver bem de perto planetas orbitando estrelas longínquas.

Na ampla escala da cosmologia, duas questões destacam-se: as que se mencionam como a "constante cosmológica" e a "massa perdida."

A "constante cosmológica," se existe, é fator a ser incluído nas equações da teoria da Relatividade Geral para descrever uma força que faz o universo se expandir. Sabe-se, desde as descobertas de Edwin Hubble, na década de 1920, que o universo está em expansão. Mas desde que a teoria do Big Bang foi confirmada nos anos 1960, admite-se que essa expansão diminui de velocidade, devido à força da gravidade. Porém, na década de 1990, foram observados alguns quasares extremamente distantes (e portanto antigos) que parecem mostrar a expansão, na realidade, se acelerando. Isso implicaria algum tipo de "antigravidade" em ação, espalhando o universo. Faltam observações para que o fato seja confirmado, mas se for verdade, então todo um ramo novo da cosmologia precisará ser desenvolvido a fim de explicá-lo.

A "massa perdida" parece ser um problema ainda mais intratável. Estudos mostram que os campos gravitacionais das galáxias correspondem a massas cerca de dez vezes maiores do que a matéria total de todas as estrelas, planetas, buracos negros, poeira, gás e outros elementos conhecidos que formam as galáxias. O que lhes dá toda essa massa extra? Os cosmólogos são geralmente forçados a concluir que existem alguns tipos de estrutura no espaço que não são feitos de matéria convencional, mas que, apesar disso, possuem fortes campos gravitacionais. Várias teorias foram esboçadas, freqüentemente com base na idéia de que existem de fato mais do que quatro dimensões espaço-temporais. No entanto, evidenciou-se ser muito difícil formular essas teorias de modo a serem testadas.

Mais aqui perto, no ano 2000 cresceu o interesse na possibilidade de vida extraterrestre. Embora não haja ainda, no espaço exterior, sinais de forma de vida inteligente ou particularmente complexa, muitos cientistas acham possível haver organismos simples em outros planetas do nosso Sistema Solar.

Duas descobertas provocaram um renovado interesse. O primeiro foi que Europa, uma das luas do planeta Júpiter, têm água no estado líquido. O satélite é todo coberto de gelo, mas fotografias a pequena distância, tiradas por sondas espaciais, revelam que o gelo pode estar flutuando num oceano. Isso significaria que algo mantém aquecido o interior de Europa, e, onde existe tanto calor quanto água, imagina-se que a vida possa existir.

O outro indício de vida extraterrestre alega-se vir de um meteorito marciano. Sabe-se há algum tempo que alguns dos pequenos meteoritos que caem na Terra são fragmentos de rochas de Marte lançados daquele planeta há milhões de anos pelo impacto de um asteróide. Um deles, encontrado em 1984 no gelo da Antártida, dizem conter restos fósseis de organismos semelhantes a bactérias. A maioria dessas supostas provas não resiste a um exame mais minucioso, mas em 2000 admitiu-se que o caso ainda não estava encerrado. Fotografias de Marte tiradas por sondas espaciais indicam fortemente que houve outrora grande quantidade de água em estado líquido no planeta e também a possibilidade de existir grandes quantidades de gelo sob sua superfície arenosa. Portanto, embora Marte seja hoje em dia inadequado à vida por ser muito frio e ter insuficiente atmosfera, seria possível ter abrigado vida no passado. Se alguma vez existiu vida em Marte, é provável que sua origem seja a Terra, tendo sido transportada em um meteorito ou, talvez, tanto a Terra quanto Marte tenham recebido vida proveniente do espaço exterior – uma hipótese já considerada absurda outrora, mas que agora obtém crescente apoio dos modernos cientistas.

Física

Em 2000, considerou-se que o Modelo-Padrão que descreve as partículas subatômicas e as formas pelas quais interagem, era plenamente justificado. Tantos de seus prognósticos estavam certos que ninguém achou necessário mudá-lo ou substituí-lo. Uma importante predição, porém, aguardava confirmação: a existência de um "Campo de Higgs" que tudo permeia e que, de acordo com o Modelo-Padrão, determina a massa das diferentes partículas. O Campo de Higgs revelaria sua presença na forma de uma "Partícula de Higgs" bastante maciça, uma distorção no Campo quando duas partículas comuns colidissem com força suficiente. Acreditava-se que o maior acelerador de partículas do mundo, o LEP *(ver figura 5)*, perto de Genebra, Suíça, não fosse potente o suficiente para gerar Partículas de Higgs, porém, no outono de 2000, alguns pesquisadores analisaram dados do equipamento e afirmaram ter observado indícios da existência das partículas. O LEP seria desligado no fim de 2000 para uma máquina mais poderosa ser montada em seu lugar. Mas a busca da Partícula de Higgs tem tal prioridade que se decidiu manter o LEP funcionando mais alguns meses para obter mais dados. Nada apareceu, e os cientistas agora admitem que sua afirmação foi prematura. Permanece o consenso de que Partículas de Higgs surgirão em pouco tempo, talvez pelo Tevatron, o acelerador de partículas do Fermi National Accelerator Laboratory (o "Fermilab"), em Batavia, Illinois, nos Estados Unidos.

Um importante objetivo da física teórica é desenvolver uma estrutura matemática que explique todas as forças que agem sobre a matéria. No século XIX, demonstrou-se que a eletricidade e o magnetismo eram uma só força, denominada então de "força eletromagnética." O Modelo-Padrão une essa interação com a força nuclear fraca e o conjunto em geral recebe o nome de "força eletrofraca." No final do século XX, teóricos trabalhavam em várias versões de uma "Grande Teoria Unificada" que reuniria a força eletrofraca com a força nuclear forte. A união com a última das forças da natureza, a gravidade, não parece ser ainda possível num futuro próximo.

O futuro

É tentador encerrar este livro com algumas especulações sobre quais descobertas científicas poderão ser realizadas nos próximos cem anos. Mas há o risco de arrogância. Pode-se apenas recuar o pensamento para o ano 1900 e perguntar: Quantas das descobertas descritas neste livro teriam sido vaticinadas então? Até mesmo H.G. Wells, talvez o profeta mais perspicaz que a ciência jamais teve, previu apenas uma mínima fração do que estava por vir. Em 1900 ninguém jamais adivinharia descobertas como o DNA, o Big Bang, as vitaminas ou mesmo os nêutrons. Arthur C. Clarke, em muitos aspectos o mais importante dos sucessores de Wells, disse que toda ciência suficientemente avançada seria indistinguível da mágica para pessoas que não a compreendessem. A ciência do ano 2000 apareceria, com toda certeza, como mágica pura aos cientistas de 1900.

Com essa advertência em mente, aqui apresento apenas algumas poucas profecias sobre o tipo de descobertas que nos aguardam nas próximas décadas.

Medicina. O conhecimento da genética nos levará a medicamentos feitos sob medida para pacientes específicos ou, pelo menos, a cepas individuais de bactérias e vírus, em vez dos atuais antibióticos e drogas antivirais de uso geral. Entretanto, essas inovações terão apenas impacto limitado no estado geral da saúde da população. O principal caminho para um melhor bem-estar para todos encontra-se não em descobertas científicas, mas em programas de saúde pública, dieta melhorada, saneamento e educação. Isso é especialmente verdadeiro no Terceiro Mundo, mas se aplica também às nações industrialmente desenvolvidas.

Biologia Geral. Haverá descobertas sobre o modo com que os organismos regulam seu crescimento. As funções do cérebro, particularmente a memória, serão mais bem entendidas.

Genética. Será descoberta a verdadeira função do aparentemente inútil "lixo genético," que ocupa parte tão grande de nossos genomas. Melhores técnicas serão criadas para a manipulação dos genes, tornando a clonagem e a terapia genética mais práticas e confiáveis.

História da Vida. A pergunta de como a vida começou permanecerá em grande parte sem resposta ainda por um bom tempo. Descobertas serão feitas de como o DNA, o RNA e as proteínas começaram a existir, mas será difícil verificar como eles se reuniram para criar os primeiros organismos vivos. Serão descritos mais fósseis de primatas com cinco a seis milhões de anos, da época em que as linhagens dos humanos e dos chimpanzés divergiram. Entretanto, nenhuma dessas descobertas impedirá alguns fanáticos religiosos de negarem o fato da evolução e de ensinarem o "criacionismo" em seu lugar.

Química. Futuras descobertas, concernentes ao que realmente ocorre em escala atômica durante uma reação química, permitirão que os químicos sintetizem novas substâncias a um custo bem menor e com níveis de pureza bem maiores do que presentemente. Tornará também possível a síntese de substâncias em quantidades precisas – inclusive moléculas isoladas, com uma arquitetura adequada à configuração desejada. Isso levará a uma revolução na "nanotecnologia," a construção de máquinas microscopicamente pequenas.

Ciências da Terra e do Meio Ambiente. Uma das maiores perguntas é: Estarão, os cientistas ambientais corretamente preparados para predizer os efeitos do aquecimento global, antes que aconteçam, quando então será tarde demais para fazer algo? Houve grandes progressos nesse campo nos últimos vinte anos, mas há ainda um longo caminho a percorrer.

Astronomia. A verdadeira natureza da "massa perdida" do universo será determinada. Descobriremos se a velocidade de expansão do universo está de fato crescendo ou diminuindo.

Seremos finalmente capazes de responder se a vida alguma vez existiu em outro lugar do Sistema Solar.

Física. A Partícula de Higgs será encontrada. O Modelo-Padrão será revisto a fim de incorporar a Grande Teoria Unificada, na qual as forças nucleares, forte e fraca, juntamente com a eletromagnética, serão todas unificadas numa só estrutura matemática. A tarefa de unir essas forças com a gravidade fica para muito além, no futuro. Será necessário criar uma versão quântica da teoria da Relatividade Geral de Einstein, de um modo que seja compatível com as descrições das outras forças.

O montante de trabalho e de custos que o mundo empregou na ciência cresceu enormemente no último século. A ciência continuará a se expandir, embora, talvez, não de forma tão rápida. (Depende em boa parte de continuar constante o crescimento econômico das nações industrializadas.) Na próxima década, pelo menos, muito dessa expansão ocorrerá na genética e na biologia, onde cada vez mais pesquisas serão feitas por companhias comerciais, mais do que pelos laboratórios acadêmicos que no passado lideraram a atividade. Os interesses comerciais podem também ficar em primeiro plano na física quântica, provocando mais revoluções na tecnologia da computação.

Em 1900, alguns cientistas pensavam que chegara o fim de suas buscas. Pelo contrário, estavam apenas no começo. No ano 2100, a ciência de 2000 poderá parecer tão antiquada quanto a de 1900 nos parece hoje.

Índice

Índice

Índice